Charles M. Sheldon

EM SEUS PASSOS
O QUE FARIA
JESUS?

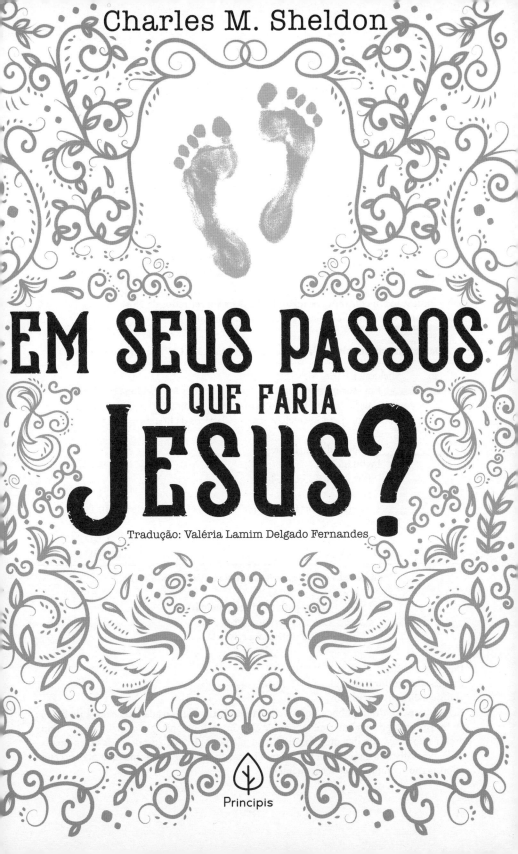

Esta é uma publicação Principis, selo exclusivo da Ciranda Cultural
© 2020 Ciranda Cultural Editora e Distribuidora Ltda.

Traduzido do original em inglês
In His Steps

Texto
Charles M. Sheldon

Tradução
Valéria Lamim Delgado Fernandes

Preparação
Fernando Pires

Revisão
Rosa M. Ferreira

Produção editorial e projeto gráfico
Ciranda Cultural

Imagens
Vectorcarrot/Shutterstock.com;
Naddya/Shutterstock.com;
Golden Shrimp/Shutterstock.com

Salvo indicação em contrário, os textos bíblicos foram retirados da Nova Versão Internacional (NVI), da Sociedade Bíblica Internacional.

Dados Internacionais de Catalogação na Publicação (CIP) de acordo com ISBD

S544e   Sheldon, Charles M.
         Em seus passos o que faria Jesus? / Charles M. Sheldon ; traduzido por Valéria Lamim Delgado Fernandes. - Jandira, SP : Principis, 2020.
         272 p. : il. ; 15,5cm x 22,6cm. - (Clássicos da literatura cristã)

         Tradução de: In His Steps
         Inclui índice.
         ISBN: 978-65-5552-164-1

         1. Literatura cristã. I. Fernandes, Valéria Lamim Delgado. II. Título. III. Série.

2020-2311

CDD 242
CDU 242

Elaborado por Vagner Rodolfo da Silva - CRB-8/9410

Índice para catálogo sistemático:
1. Literatura cristã 242
2. Literatura cristã 242

1ª edição em 2020
www.cirandacultural.com.br
Todos os direitos reservados.
Nenhuma parte desta publicação pode ser reproduzida, arquivada em sistema de busca ou transmitida por qualquer meio, seja ele eletrônico, fotocópia, gravação ou outros, sem prévia autorização do detentor dos direitos, e não pode circular encadernada ou encapada de maneira distinta daquela em que foi publicada, ou sem que as mesmas condições sejam impostas aos compradores subsequentes.

SUMÁRIO

CAPÍTULO 1 7

CAPÍTULO 2 18

CAPÍTULO 3 27

CAPÍTULO 4 35

CAPÍTULO 5 44

CAPÍTULO 6 53

CAPÍTULO 7 61

CAPÍTULO 8 72

CAPÍTULO 9 84

CAPÍTULO 10 95

CAPÍTULO 11 104

CAPÍTULO 12 114

CAPÍTULO 13 122

CAPÍTULO 14 129

CAPÍTULO 15 135

CAPÍTULO 16 143

CAPÍTULO 17 150

CAPÍTULO 18 159

CAPÍTULO 19 167

CAPÍTULO 20 175

CAPÍTULO 21 181

CAPÍTULO 22 188

CAPÍTULO 23 195

CAPÍTULO 24 204

CAPÍTULO 25 211

CAPÍTULO 26 218

CAPÍTULO 27 226

CAPÍTULO 28 233

CAPÍTULO 29 242

CAPÍTULO 30 251

CAPÍTULO 31 262

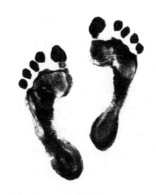

CAPÍTULO 1

"Para isso vocês foram chamados, pois também Cristo sofreu no lugar de vocês, deixando-lhes exemplo, para que sigam os seus passos." (1Pe 2.21)

Era manhã de sexta-feira, e o reverendo Henry Maxwell tentava terminar o sermão para a manhã de domingo. Ele havia sido interrompido várias vezes e estava ficando ansioso à medida que a manhã passava e o sermão avançava muito lentamente para uma conclusão satisfatória.

– Mary – chamou pela esposa enquanto subia as escadas após a última interrupção –, se aparecer mais alguém, gostaria que você dissesse que estou muito ocupado e só posso atender se for algo muito importante.

– Sim, Henry. Mas vou até o jardim de infância, e você ficará sozinho em casa.

O ministro de Deus subiu para o escritório e fechou a porta. Ouviu a esposa sair depois de alguns minutos, e ficou tudo em silêncio. Com um suspiro de alívio, sentou-se à sua escrivaninha e começou a escrever.

O texto sobre o qual escrevia era 1Pedro 2.21: "Para isso vocês foram chamados, pois também Cristo sofreu no lugar de vocês, deixando-lhes exemplo, para que sigam os seus passos".

Na primeira parte do sermão, ele havia enfatizado a Expiação como sacrifício pessoal, chamando a atenção para o fato de Jesus ter sofrido de várias maneiras, tanto em vida como na morte. Depois, passou a enfatizar a Expiação sob a perspectiva do exemplo, dando ilustrações da vida e dos ensinamentos de Jesus para mostrar como a fé em Cristo ajudava a salvar o homem graças ao modelo ou caráter que Jesus exibiu para ser imitado. Nesse momento, ele estava no terceiro e último ponto: a necessidade de seguir Jesus em seu sacrifício e exemplo.

Havia escrito "Os três passos. Quais são eles?" e estava prestes a enumerá-los em ordem lógica, quando ouviu o som brusco da campainha. Era uma daquelas campainhas com sons de vários sinos afinados que sempre parava como se fosse um relógio tentando dar doze batidas de uma só vez.

Sentado diante de sua escrivaninha, Henry Maxwell franziu levemente a testa. Não fez movimento algum para atender a campainha. Logo ela tocou mais uma vez; então ele se levantou e foi até uma das janelas de onde podia ver a porta da frente. Havia um homem em pé na escada. Era um jovem muito malvestido.

– Parece um mendigo – disse o ministro. – Pelo visto, vou ter que descer e...

Sem terminar a frase, desceu as escadas e abriu a porta. Houve uma pequena pausa enquanto os dois se olhavam, e então o rapaz maltrapilho disse:

– Estou desempregado, senhor, e imaginei que talvez o senhor pudesse me ajudar a arrumar alguma coisa para fazer.

– Não sei de nada. Quase não há trabalho por aqui – respondeu o ministro, enquanto fechava a porta devagar.

– Eu não sabia, mas talvez o senhor pudesse me indicar para a ferrovia da cidade, me recomendar para o responsável pela oficina ou algo assim – continuou o jovem, enquanto passava, ansioso, o chapéu puído de uma mão para a outra.

– Não adiantaria. Desculpe, mas estou muito ocupado agora. Espero que encontre alguma coisa. Sinto muito não ter nada para você aqui. Tenho só um cavalo e uma vaca, e eu mesmo cuido do trabalho deles.

O reverendo Henry Maxwell fechou a porta e ouviu o rapaz descer a escada. Enquanto voltava para o escritório, olhou pela janela do corredor e viu que o homem seguia devagar pela rua, ainda com o chapéu nas mãos. Havia algo naquela figura sem ânimo, sem-teto e sem amparo que fez o ministro hesitar por um instante enquanto olhava para ela. Então ele voltou para a escrivaninha e, com um suspiro, retomou de onde havia parado.

Não houve mais interrupções, e, quando sua esposa chegou, duas horas depois, o sermão estava concluído, e as folhas espalhadas, agora agrupadas e organizadas sobre sua Bíblia, estavam prontas para o culto da manhã de domingo.

– Aconteceu algo estranho lá no jardim de infância hoje de manhã, Henry – disse a esposa enquanto jantavam. – Fui visitar a escola com a senhora Brown e, logo depois das brincadeiras, enquanto as crianças estavam em suas mesas, a porta se abriu e entrou um rapaz segurando um chapéu esfarrapado. Ele se sentou perto da porta e não disse uma palavra; ficou ali olhando para as crianças. Dava para ver que era um mendigo, e a senhorita Wren e a assistente dela, a senhorita Kyle, ficaram um pouco assustadas no começo, mas ele continuou sentado lá em silêncio e, depois de alguns minutos, foi embora.

– Talvez ele estivesse cansado e quisesse descansar em algum lugar. Acho que foi o mesmo homem que veio aqui. Você disse que ele parecia um mendigo?

– Sim, parecia um mendigo, bem sujo e esfarrapado. Não devia ter mais que 30 ou 33 anos.

– É o mesmo – disse o reverendo Henry Maxwell, pensativo.

– Você terminou o sermão, Henry? – perguntou a esposa, após uma pausa.

– Sim, tudo pronto. Foi uma semana bem cheia para mim. Os dois sermões me deram bastante trabalho.

– Espero que gostem deles no domingo – respondeu a esposa, com um sorriso. – Sobre o que você vai pregar pela manhã?

– Seguir Cristo. Falo sobre a Expiação do ponto de vista do sacrifício e do exemplo, e depois mostro os passos necessários para seguir o sacrifício e o exemplo de Jesus.

– Tenho certeza de que será um bom sermão. Espero que não chova domingo. Temos tido domingos tão chuvosos ultimamente.

– Sim, já faz um tempo que o número de pessoas está bem reduzido. As pessoas não costumam ir à igreja em meio a um temporal.

O reverendo Henry Maxwell suspirou ao dizer isso. Pensava no esforço árduo e no cuidadoso trabalho dedicado no preparo de sermões para grandes plateias que acabavam não aparecendo.

Entretanto, a manhã de domingo despontou sobre a cidade de Raymond como um daqueles dias perfeitos que às vezes surgem após longos períodos de vento, lama e chuva. O dia estava claro e agradável, o céu não mostrava nenhum sinal de ameaça e todos os membros da paróquia do reverendo Maxwell se preparavam para ir à igreja. Quando o culto começou, às onze horas, uma plateia com as pessoas mais elegantes e prósperas de Raymond lotou o grande edifício.

A Primeira Igreja de Raymond acreditava ter a melhor música que o dinheiro podia comprar, e o quarteto vocal nessa manhã foi motivo de grande prazer para a congregação. O coral estava inspirador. Toda a programação musical estava alinhada com o tema do sermão. E o hino era uma adaptação elaborada em uma versão mais moderna que dizia:

"Jesus, tomei minha cruz,
Deixei tudo para te seguir."

Pouco antes do sermão, a soprano fez o solo de um hino bem conhecido:

"Aonde Ele for, eu o seguirei,
Irei com Ele, com Ele, até o fim."

Rachel Winslow estava muito bonita nessa manhã em pé atrás do parapeito de carvalho esculpido que evidenciava os símbolos da cruz e da coroa. Sua voz era ainda mais bonita que seu rosto, e isso significava muito. Ouviu-se um burburinho geral provocado pela expectativa da congregação quando Rachel se levantou. O reverendo Maxwell acomodou-se atrás do púlpito com ar de contentamento. O canto de Rachel Winslow sempre o ajudava. Ele geralmente cuidava para que houvesse uma música antes do sermão. Isso ajudava a inspirar sua pregação, tornando-a ainda mais impressionante.

As pessoas diziam umas às outras que nunca haviam ouvido algo tão bonito, mesmo na Primeira Igreja. É certo que, se não fosse um culto, o solo de Rachel teria sido aplaudido com entusiasmo. Quando ela se sentou, o reverendo teve a impressão de ter ouvido algo como uma tentativa de as pessoas aplaudirem ou baterem os pés no chão por toda a igreja. Isso o surpreendeu. No entanto, ao se levantar e iniciar seu sermão sobre a Bíblia, disse a si mesmo que havia se enganado. Era óbvio que isso não poderia acontecer. Em poucos instantes, ele se envolveu com o sermão, e tudo foi esquecido com o prazer de sua pregação.

Ninguém jamais havia acusado Henry Maxwell de ser um pregador sem graça. Pelo contrário, ele muitas vezes era visto como sensacionalista; não tanto pelo que dizia, mas pelo modo como dizia. As pessoas da Primeira Igreja, porém, gostavam disso. Essa característica conferia ao seu pregador e à paróquia uma gratificante distinção que agradava a todos.

Também era verdade que o pastor da Primeira Igreja gostava de pregar. Eram raras as vezes em que cedia lugar a outro. Ficava ansioso para estar no púlpito quando chegava o domingo. Aquela meia hora em que se colocava diante da igreja cheia, sabendo que as pessoas iriam ouvi-lo, era um estímulo para ele. Ele era especialmente sensível ao número de pessoas presentes. Nunca conseguia pregar bem quando a audiência era pequena. O clima também era outro fator que claramente o influenciava. Era quando estava diante de um público como esse, em uma manhã como aquela, que ele dava o melhor de si. Sua satisfação aumentava à medida que prosseguia. A igreja era a primeira da cidade. Tinha o melhor coral. Entre seus membros estavam pessoas importantes, representantes da riqueza, da sociedade e da elite intelectual de Raymond. Ele estava indo viajar para o exterior nas férias de três meses no verão, e as circunstâncias de seu pastorado, sua influência e sua posição como pastor da Primeira Igreja na cidade...

Não é possível afirmar com certeza que o reverendo Henry Maxwell soubesse como podia ter tido esses pensamentos durante o sermão, mas, à medida que se aproximava do fim, ele sabia que em algum momento havia tido esses sentimentos. Eles haviam entrado na própria essência de seu raciocínio; tudo isso pode ter acontecido por alguns segundos, mas ele estava ciente de ter definido sua posição e suas emoções também, como se estivesse em um monólogo, e de que sua pregação fazia parte da sensação de uma profunda satisfação pessoal.

O sermão foi interessante. Estava repleto de frases impactantes que teriam chamado a atenção se estivessem impressas. Proferidas com a eloquência de um discurso dramático que tinha o bom senso de nunca ofender com devaneios ou invectivas, elas foram muito eficazes. Se naquela manhã o reverendo Henry Maxwell se sentiu satisfeito com as condições de seu ministério pastoral, a Primeira Igreja também sentiu algo semelhante ao se congratular por ter no púlpito uma pessoa tão erudita, refinada, de rosto expressivo, pregando com tanto entusiasmo e sem nenhum maneirismo vulgar, barulhento ou desagradável.

De repente, em meio a essa perfeita concordância entre pregador e ouvintes, houve uma interrupção inesperada. Seria difícil explicar a extensão do choque que essa interrupção causou. Foi tão inesperada, tão contrária à lógica de qualquer pessoa presente, que não houve espaço para argumentação ou, naquele momento, para resistência.

Em seus passos o que faria Jesus?

O sermão havia terminado. O reverendo Maxwell tinha acabado de fechar a grande Bíblia, colocando o rascunho do sermão no meio dela, e estava prestes a se sentar enquanto o quarteto se preparava para se levantar e cantar a música de encerramento:

"Tudo por Jesus, tudo por Jesus,
Todo o meu ser está remido dos poderes deste mundo..."

Nesse momento, toda a congregação se assustou com o som da voz de um homem. Veio da parte de trás da igreja, de um dos assentos debaixo da galeria. Em seguida, a figura de um homem saiu das sombras e começou a caminhar pelo corredor central da igreja.

Antes que a congregação assustada percebesse bem o que estava acontecendo, ele se dirigiu ao espaço aberto em frente ao púlpito e virou-se para as pessoas.

– Estou me perguntando desde que entrei aqui – foram as palavras que ele proferiu ainda debaixo da galeria, e as repetiu – se seria conveniente dizer algo no final do culto. Eu não estou bêbado, não sou louco e sou completamente inofensivo, mas, se eu morrer, como é muito provável que vá acontecer daqui a alguns dias, gostaria de ter a satisfação de pensar que falei o que precisava ser dito em um lugar como esse e diante de uma audiência como essa.

Henry Maxwell, que ainda não havia se sentado, nesse momento estava estático, debruçado sobre o púlpito, olhando para o estranho lá embaixo. Era o homem que havia passado em sua casa na sexta-feira anterior, o mesmo jovem sujo que parecia um maltrapilho. Carregava o mesmo chapéu desbotado nas mãos. Parecia um hábito que lhe agradava. Não havia feito a barba, e o cabelo estava sujo e despenteado. Era pouco provável que alguém como ele já tivesse confrontado a Primeira Igreja dentro do santuário. Essa condição humana era algo que as pessoas viam e toleravam nas ruas, perto da oficina da ferrovia, andando para cima e para baixo na avenida, mas nunca tinham imaginado um incidente desses tão próximo delas.

Não havia nenhum sinal de ofensa na maneira ou no tom do homem. Ele não estava exaltado e falava com a voz baixa, mas distinta. O reverendo Maxwell, enquanto permanecia ali mudo e atônito com o ocorrido, sabia que, de alguma forma, a ação do homem fez que se lembrasse de uma pessoa que ele uma vez vira em um sonho caminhando e falando.

Ninguém na congregação fez qualquer movimento a fim de deter o homem ou para, de algum modo, interrompê-lo. Talvez o choque inicial provocado por sua súbita aparição tenha se transformado em uma verdadeira perplexidade em relação ao que deveria ser feito. De qualquer forma, ele continuou, como se não imaginasse que pudesse ser interrompido e sem pensar no elemento inusitado que havia introduzido na liturgia da Primeira Igreja.

E, enquanto o homem falava, o ministro permaneceu debruçado sobre o púlpito, com o rosto cada vez mais pálido e mais triste a cada instante. Contudo, não fez nada para detê-lo, e as pessoas continuaram sentadas, tomadas por um silêncio tenso. Outro rosto, o de Rachel Winslow do coral, estava pálido e voltado para aquela figura maltrapilha com o chapéu desbotado. O rosto dela estava impressionante. Sob a pressão daquele incidente jamais visto, seu rosto se distinguia tanto que parecia emoldurado por chamas.

– Eu não sou um mendigo comum, embora não conheça nenhum ensino de Jesus que diga que certo tipo de mendigo é menos digno de salvação do que outro. Alguém conhece? – fez a pergunta com tanta naturalidade que era como se toda a congregação estivesse em uma pequena classe de estudo bíblico. Parou por um instante e tossiu, expressando dor. Então continuou.

– Perdi o emprego há dez meses. Sou tipógrafo. As novas máquinas de linotipo são belos exemplos de invenção, mas conheço seis homens que se suicidaram em um período de um ano por causa dessas máquinas. É claro que não culpo os jornais por comprarem essas máquinas. No entanto, o que se pode fazer? Eu sei que nunca aprendi nada além do meu ofício, e é só isso que sei fazer. Andei por todo o país tentando encontrar alguma coisa. Há muita gente na mesma situação que a minha. Eu não estou reclamando, estou? Apenas apresentando fatos. Mas fiquei me perguntando, enquanto estava sentado ali debaixo da galeria, se o que vocês chamam de seguir Jesus é a mesma coisa que Ele ensinou. O que Ele quis dizer quando falou: "Sigam-me"? O reverendo alertou – e nesse momento ele se virou e olhou para o púlpito – que é necessário que o discípulo de Jesus siga os passos dele, e explicou que esses passos são "obediência, fé, amor e imitação". Mas eu não o ouvi explicar exatamente o que ele quis dizer com isso, sobretudo o último passo. O que vocês, cristãos, entendem por seguir os passos de Jesus?

– Passei três dias perambulando por essa cidade à procura de um emprego; e, durante todo esse tempo, não recebi uma palavra de solidariedade ou de consolo, exceto do reverendo de vocês que aqui está, que disse que sentia muito por mim e esperava que eu encontrasse um emprego. Acho que isso acontece porque vocês se sentem tão constrangidos pelos mendigos profissionais que perderam o interesse por qualquer tipo de mendigo. Não estou culpando ninguém, estou? Apenas apresentando fatos. É claro que eu entendo que vocês não podem parar o que estão fazendo para saírem por aí à procura de empregos para pessoas como eu. Nem estou pedindo isso; mas o que me deixa confuso é o que se entende por seguir Jesus. O que vocês querem dizer quando cantam: "Irei com Ele, com Ele, até o fim?". Vocês querem dizer que estão sofrendo, negando a si mesmos e tentando salvar a humanidade perdida e sofrida como eu entendo que Jesus fez? O que isso significa para vocês? Eu vejo muito bem a realidade das coisas. Entendo que há mais de quinhentos homens nesta cidade na mesma condição. A maioria deles tem família. Minha esposa morreu há quatro meses. Que bom que ela não passou por essa dificuldade! Minha filha pequena vai ficar com a família de um tipógrafo até eu encontrar um emprego. De qualquer forma, fico confuso quando vejo tantos cristãos vivendo no luxo e cantando "Jesus, tomei minha cruz, deixei tudo para te seguir", e me lembro de como minha esposa morreu em um cortiço na cidade de Nova Iorque, com falta de ar e pedindo a Deus que levasse a filha também. É claro que não estou pedindo que vocês impeçam que todos morram de fome, de desnutrição e de falta de ar em um cortiço, mas o que significa seguir Jesus? Sei que os cristãos são donos de muitos cortiços. Um membro de uma igreja era dono daquele onde minha esposa morreu, e fiquei me perguntando se seguir Jesus até o fim era algo real na vida dele. Ouvi algumas pessoas cantando em uma reunião de oração de uma igreja uma noite dessas:

"Tudo por Jesus, tudo por Jesus,
Todo o meu ser está remido dos poderes deste mundo,
Todos os meus pensamentos e todas as minhas ações,
Todos os meus dias e todas as minhas horas."

– E fiquei pensando, enquanto estava sentado na escadaria do lado de fora da igreja, o que elas queriam dizer exatamente com isso. Pelo que vejo, há um monte de problemas no mundo que, de alguma forma, não existiriam se todas as pessoas que cantam essas músicas saíssem e vivessem o que cantam. Acho que não sou capaz de entender. Mas o que Jesus faria? É isso que vocês querem dizer com seguir os passos dele? Às vezes me parece que as pessoas nas igrejas grandes têm boas roupas e belas casas para morar, dinheiro para gastar com luxos, podem viajar nas férias de verão e tudo mais, enquanto as pessoas fora das igrejas, milhares de pessoas, morrem em cortiços, andam pelas ruas à procura de emprego, nunca terão um piano ou um quadro pendurado em casa e crescem em meio à miséria, à embriaguez e ao pecado.

De repente, o homem cambaleou de forma estranha em direção à mesa da ceia e apoiou uma das mãos sujas nela. O chapéu caiu aos seus pés sobre o tapete. Houve certa agitação na igreja. O doutor West levantou-se um pouco do banco, mas nem assim o silêncio foi quebrado por alguma voz ou movimento digno de ser mencionado. O homem passou

a outra mão sobre os olhos e então, sem mais nem menos, caiu com o rosto no chão, o corpo de frente para o corredor. Henry Maxwell falou:
– O culto está encerrado.

Desceu a escada do púlpito e, antes de qualquer outra pessoa, ajoelhou-se ao lado do corpo prostrado. O público se levantou no mesmo instante e os corredores ficaram cheios. O doutor West anunciou que o homem estava vivo. Ele havia desmaiado.

– Algum problema cardíaco – o doutor também murmurou enquanto ajudava a carregar o homem para o gabinete pastoral.

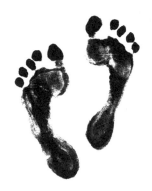

CAPÍTULO 2

Henry Maxwell e um grupo de membros de sua igreja permaneceram um tempo na sala pastoral. O homem estava deitado no sofá e respirava com dificuldade. Quando surgiu a questão do que fazer com o homem, o ministro insistiu em levá-lo para sua casa; ele morava perto dali e tinha um quarto extra. Rachel Winslow disse:
– Minha mãe não tem companhia no momento. Tenho certeza de que seria um prazer para nós dar abrigo a ele.
Ela parecia muito agitada. Ninguém, em particular, notou isso. Todos estavam perturbados com o estranho evento, o mais estranho de que as pessoas da Primeira Igreja podiam se lembrar. Entretanto, o ministro insistiu em cuidar do rapaz, e, quando o meio de transporte chegou, aquele homem inconsciente, mas ainda vivo, foi levado para sua casa; com a chegada dele ao quarto de hóspedes do ministro, começou um novo capítulo na vida de Henry Maxwell, e, ainda assim, ninguém, muito menos ele, sonhava com a grande mudança que isso traria para toda a sua definição posterior de discipulado cristão.
Esse acontecimento provocou uma grande agitação na Primeira Igreja. As pessoas não falaram em outra coisa durante a semana. Dava a impressão de que o homem havia perambulado até a igreja em um

estado de perturbação mental causado por seus problemas e de que, durante o tempo todo em que falou, ele estava em um estranho estado de delírio febril e de fato não tinha consciência de nada a seu redor. Essa era a conclusão mais plausível para o comportamento do homem. Também era consenso que não havia nenhuma amargura ou queixa no que ele havia dito. Ele tinha falado tudo em um tom calmo e contrito, quase como se fosse um membro da congregação procurando entender algum assunto muito complicado.

No terceiro dia na casa do ministro, houve uma notável mudança em seu estado de saúde. O médico comentou sobre ela, mas não deu esperanças. No sábado de manhã, ele ainda estava com vida, embora houvesse piorado rapidamente à medida que o final de semana se aproximava. No domingo de madrugada, pouco antes de o relógio marcar uma da manhã, ele reuniu toda a força que lhe restava e perguntou se sua filha havia chegado. O ministro pediu que a buscassem assim que encontrou o endereço em algumas cartas que estavam no bolso do homem. Ele estava consciente e conseguiu falar com lucidez apenas por alguns instantes desde o desmaio.

– Sua filha está chegando. Logo estará aqui – disse o senhor Maxwell, sentado ali, com o rosto cansado das várias noites de vigília, pois fez questão de ficar ao lado do homem todas as noites.

– Eu nunca mais vou vê-la neste mundo – sussurrou o homem. Então pronunciou com grande dificuldade as seguintes palavras:

– Vocês têm sido bons comigo. De alguma forma, sinto que era isso que Jesus faria.

Após alguns minutos, ele virou um pouco a cabeça e, antes que o senhor Maxwell percebesse, o médico revelou baixinho:

– Ele se foi.

A manhã de domingo que despontou sobre a cidade de Raymond foi exatamente como a do domingo anterior. O senhor Maxwell subiu ao púlpito para encarar uma das maiores plateias que a Primeira Igreja já havia visto. Ele estava abatido e parecia ter acabado de se recuperar de uma doença prolongada. Sua esposa estava em casa com a menina, que havia chegado no trem da manhã, uma hora após a morte do pai. Ele ficara lá, deitado naquele quarto vago, sem mais problemas, e o ministro pôde imaginar o rosto dele enquanto abria a Bíblia e organizava suas diversas anotações na lateral do púlpito, como era seu hábito havia dez anos.

O culto naquela manhã contou com um novo elemento. Ninguém se lembrava de uma só vez em que Henry Maxwell houvesse pregado pela manhã sem recorrer às suas anotações. Na verdade, ele fizera isso uma vez ou outra quando começou no ministério, mas há muito tempo escrevia cuidadosamente todas as palavras de seu sermão matinal, e quase sempre o da noite também. Não se pode dizer que seu sermão naquela manhã tenha sido eloquente ou impressionante. Ele pregou com muita hesitação. Era evidente que tinha em mente algo importante que precisava ser dito, mas não estava relacionado ao tema que ele havia escolhido para a pregação daquela manhã. Já estava quase no final de seu sermão quando ele conseguiu reunir a força que dolorosamente lhe havia faltado no início.

Fechou a Bíblia e, ao lado do púlpito, encarou sua congregação e começou a falar sobre a cena marcante ocorrida na semana anterior.

– Nosso irmão – as palavras proferidas por seus lábios soaram um pouco estranhas – faleceu nesta manhã. Ainda não tive tempo de conhecer toda a história dele. Ele tinha uma irmã que mora em Chicago. Escrevi para ela, mas ainda não obtive resposta. A filhinha dele está conosco e permanecerá aqui por um tempo.

Fez uma pausa e observou a congregação. Reconheceu que nunca havia visto tantos rostos sérios durante toda a sua atividade pastoral. Ele ainda não conseguia contar a essas pessoas suas experiências, a crise pela qual estava passando agora. Mas conseguiu transmitir um pouco do que estava sentindo à congregação, e não lhe parecia estar agindo por um impulso descuidado se continuasse a expressar nessa manhã parte da mensagem que trazia no coração.

Então continuou:

– A presença e as palavras daquele estranho no domingo passado causaram um impacto muito forte em mim. Não posso esconder de vocês nem mesmo de mim o fato de que o que ele disse, seguido de sua morte em minha casa, me levou a questionar como nunca antes: "O que significa seguir Jesus?". Não estou em posição de condenar essas pessoas nem, de certo modo, a mim mesmo, seja em nossas relações como cristãos com esse homem, seja com os inúmeros outros que ele representa no mundo. Isso tudo, porém, não me impede de sentir profundamente que o que esse homem questionou foi tão importante e verdadeiro que devemos encarar isso como uma tentativa de responder a essas questões; do contrário, seremos um fracasso como discípulos cristãos. Muito do que foi dito aqui no domingo passado foi da natureza de um desafio ao cristianismo, como se pode ver e perceber em nossas igrejas. Tenho sentido isso de maneira cada vez mais enfática todos os dias desde aquele momento.

– E não sei se haverá um momento mais apropriado do que este para propor um plano, ou um propósito, que está passando pela minha cabeça como uma resposta satisfatória a muito do que foi dito aqui no domingo passado.

Mais uma vez, Henry Maxwell fez uma pausa e estudou os rostos de sua congregação. Havia alguns homens e mulheres poderosos e sérios na Primeira Igreja.

Ele pôde notar entre eles Edward Norman, editor do *Daily News* de Raymond. Fazia dez anos que ele era membro da Primeira Igreja. E não havia um homem mais honrado na comunidade.

Lá estava Alexander Powers, superintendente da oficina ferroviária de Raymond, um típico ferroviário que havia nascido para o ofício. Lá também estavam presentes Donald Marsh, diretor da Lincoln College, situada em um bairro de classe média de Raymond, e Milton Wright, um dos grandes comerciantes de Raymond, que empregava pelo menos cem funcionários distribuídos em várias lojas. Havia o doutor West, que, embora relativamente jovem, era considerado uma autoridade em casos cirúrgicos especiais. Lá estava o jovem autor Jasper Chase, que havia escrito um livro de sucesso e, pelo que diziam, estava trabalhando em um novo romance. Havia também a senhorita Virginia Page, que, com a morte recente do pai, havia herdado pelo menos um milhão de dólares e apresentava atrativos pessoais e intelectuais acima da média. E, não menos importante, Rachel Winslow, sentada no coro, reluzia um brilho de beleza inigualável nessa manhã graças ao seu grande interesse pela situação como um todo.

Diante de tantas pessoas influentes na Primeira Igreja, havia motivo para a satisfação que Henry Maxwell sentia toda vez que pensava em sua paróquia como havia feito no domingo anterior. Havia um número excepcionalmente grande de indivíduos poderosos que se diziam membros da igreja. Contudo, ao observar o rosto dessas pessoas nessa manhã em especial, ele ficou se perguntando quantas delas responderiam à estranha proposta que estava prestes a fazer. Continuou devagar, reservando tempo suficiente para escolher as palavras com cuidado e dando às pessoas uma impressão que nunca haviam tido, mesmo quando estava no auge de sua pregação mais comovente.

– O que vou propor agora é algo que não deveria parecer incomum ou impossível de ser feito. No entanto, eu sei muito bem que muitos dos membros desta igreja vão achar que talvez seja. Todavia, para que possamos entender completamente o que estamos considerando, apresentarei minha proposta de forma muito clara e sem rodeios. Gostaria que voluntários da Primeira Igreja assumissem o compromisso sério e honesto de não fazerem nada por um ano sem antes perguntarem: "O que Jesus faria?". E, depois de fazer essa pergunta, cada um seguirá Jesus exatamente como sabe que deve, seja qual for o resultado. É claro que me incluirei nesse grupo de voluntários e terei a certeza de que a minha igreja não ficará surpresa com minha conduta daqui para a frente, com base nesse modelo de ação, e não se oporá ao que for feito se eu achar que Cristo agiria assim. Fui claro? No final do culto, gostaria que todos os membros que estão dispostos a participar desse grupo permaneçam aqui para que possamos discutir os detalhes do plano. Nosso lema será: "O que Jesus faria?". Nosso objetivo será agir como ele agiria se estivesse em nosso lugar, sejam quais forem os resultados imediatos. Em outras palavras, a proposta é seguir os passos de Jesus do modo mais fiel e literal possível conforme o que acreditamos que Ele ensinou aos seus discípulos. E quem se voluntariar para isso deverá se comprometer a agir assim por um ano inteiro, a partir de hoje.

Henry Maxwell fez outra pausa e olhou para a congregação. Não é fácil descrever a sensação que uma proposta tão simples aparentemente causou. As pessoas olhavam umas para as outras atônitas. Não era comum Henry Maxwell definir o discipulado cristão dessa maneira. Era óbvio que as pessoas estavam confusas com sua proposta. Apesar de ter sido muito bem compreendida, havia, aparentemente, uma grande diferença de opiniões quanto à aplicação dos ensinamentos de Jesus e seu exemplo.

Ele encerrou o culto calmamente com uma breve oração. O organista começou o poslúdio logo após a bênção final, e as pessoas começaram a sair. Havia muita conversa. Discussões animadas sobre a proposta do ministro eram ouvidas por toda a igreja. Era evidente que ela tinha suscitado um grande debate. Após alguns minutos, ele pediu a todos que haviam permanecido que se dirigissem ao salão social, que ficava ao lado do salão de culto. Ele mesmo havia permanecido na frente da igreja conversando com várias pessoas e, quando finalmente se virou, a igreja estava vazia. Foi até a porta do salão social e entrou. Ficou meio surpreso ao ver as pessoas que estavam lá. Não estava certo de que haveria ali algum de seus membros, mas também não esperava que tantos estivessem prontos para encarar uma prova tão literal do discipulado cristão que ele tinha à sua frente agora. Havia cerca de cinquenta pessoas, entre elas Rachel Winslow e Virginia Page, o senhor Norman, o diretor Marsh, Alexander Powers, superintendente da ferrovia, Milton Wright, o doutor West e Jasper Chase.

O reverendo fechou a porta do salão social e ficou diante do pequeno grupo. Ele tinha o rosto pálido, e seus lábios estavam trêmulos de pura emoção. Estava diante de uma verdadeira crise em sua vida e na de sua paróquia. Ninguém pode afirmar, a menos que seja movido pelo Espírito Santo, o que é capaz de fazer ou como pode mudar a corrente de uma vida cheia de hábitos estabelecidos, nos pensamentos, nas palavras e nas ações. Henry Maxwell, como já dissemos, ainda não entendia aquilo pelo que estava passando, mas sabia muito bem que haveria uma grande reviravolta em sua definição de discipulado cristão, e sua comoção, ao observar o rosto daqueles homens e mulheres nessa circunstância, era tão profunda que ele mal podia medi-la.

Pensou que o mais apropriado a fazer primeiro seria uma oração. Pediu a todos que orassem com ele. E já quase na primeira sílaba que pronunciou, a presença do Espírito foi sentida por todos. À medida que a oração prosseguia, essa presença foi se tornando mais poderosa. Todos puderam senti-la. O local ficou tão cheio do Espírito que era como se fosse possível vê-lo a olhos nus. Quando a oração terminou, houve um silêncio que durou alguns minutos. Todas as frontes ainda continuavam prostradas. O rosto de Henry Maxwell estava coberto de lágrimas. Nem mesmo uma voz vinda do céu, confirmando a promessa daquelas pessoas de seguirem os passos do Mestre, poderia dar a todos os ali presentes mais certeza da bênção divina. E assim começou o movimento mais sério já visto na Primeira Igreja de Raymond.

– Todos nós entendemos – disse ele muito baixinho – o compromisso que assumimos. Nós nos comprometemos a fazer todas as coisas em nossa vida diária depois de fazermos a pergunta: "O que Jesus faria?", seja qual for o resultado disso. Em algum momento vou poder contar a vocês a mudança maravilhosa que aconteceu em minha vida em apenas uma semana. Não posso fazer isso agora. Mas a experiência pela qual tenho passado desde o último domingo tem me deixado tão insatisfeito com a definição de discipulado cristão que até então eu tinha que fui obrigado a tomar essa medida. Não tive coragem de começar sozinho. Sei que estou sendo guiado pela mão do amor divino em tudo isso que estou fazendo. O mesmo impulso divino deve ter guiado vocês também. Todos entendemos perfeitamente o compromisso que assumimos?

– Eu gostaria de fazer uma pergunta – disse Rachel Winslow. Todos se viraram para ela. Seu rosto irradiava uma formosura que nenhuma beleza física jamais poderia conter.

– Estou um pouco em dúvida quanto à fonte do nosso conhecimento sobre o que Jesus faria. Quem deve decidir por mim o que ele faria em meu lugar? É uma época diferente. Há muitas questões complicadas em nossa civilização que não são mencionadas nos ensinos de Jesus. Como vou saber o que Ele faria?

– Não há como saber isso – respondeu o pastor –, exceto quando examinamos Jesus por meio do Espírito Santo. Lembre-se do que Cristo disse aos seus discípulos sobre o Espírito Santo: "Mas, quando o Espírito da verdade vier, ele os guiará a toda a verdade. Não falará de si mesmo; falará apenas o que ouvir, e lhes anunciará o que está por vir. Ele me glorificará, porque receberá do que é meu e o tornará conhecido a vocês. Tudo o que pertence ao Pai é meu. Por isso eu disse que o Espírito receberá do que é meu e o tornará conhecido a vocês" (Jo 16.13-15). Não há outra maneira de saber. Todos teremos de decidir o que Jesus faria depois de irmos a essa fonte de conhecimento.

– E se, quando fizermos certas coisas, outros disserem que Jesus não as faria assim? – perguntou o superintendente de ferrovias.

– Não podemos impedir que isso aconteça. Mas devemos ser completamente honestos com nós mesmos. O modelo da ação cristã não pode variar na maioria dos nossos atos.

– E, ainda assim, o que um membro da igreja pensa que Jesus faria, outro se recusa a aceitar como a provável atitude de Jesus. Como é tornar nossa conduta uniformemente semelhante à de Cristo? Será possível chegar sempre às mesmas conclusões em todos os casos? – perguntou o diretor Marsh.

O senhor Maxwell ficou em silêncio por algum tempo. Então respondeu:

– Não, não acho que podemos esperar isso. Contudo, em se tratando de seguir os passos de Jesus de modo verdadeiro, honesto e esclarecido, não posso acreditar que haverá qualquer confusão em nossa própria mente ou no julgamento dos outros. Por um lado, devemos estar livres do fanatismo e, por outro, ter muita cautela. Se o exemplo de Jesus é o que o mundo deve seguir, com certeza é viável. Mas precisamos nos lembrar desse grande fato. Depois de termos pedido ao Espírito que nos oriente quanto ao que Jesus faria e de termos recebido uma resposta, devemos agir, sejam quais forem as consequências para nós. Ficou claro?

Todos na sala olharam para o ministro expressando um solene consentimento. Não havia mal-entendido nessa proposta. Henry Maxwell estremeceu mais uma vez quando notou que o presidente da Christian Endeavor Society[1] e vários de seus membros estavam sentados atrás dos homens e mulheres mais velhos.

Eles ficaram mais um pouco conversando sobre detalhes e fazendo perguntas, e concordaram em relatar uns aos outros, em uma reunião regular semanal, o resultado de suas experiências em seguir Jesus dessa maneira. Henry Maxwell orou mais uma vez. E, tal como antes, o Espírito se manifestou. Todos permaneceram cabisbaixos por um longo tempo. Por fim, foram embora em silêncio. Havia um sentimento que impedia que palavras fossem ditas. O pastor apertava a mão de todos enquanto saíam. Então, foi para seu gabinete de estudo, atrás do púlpito, e ajoelhou-se. Ficou ali sozinho quase meia hora. Quando foi para casa, entrou no quarto onde estava o cadáver. Ao olhar para o rosto, ele clamou mais uma vez por força e sabedoria. Mas ele ainda não havia se dado conta de que havia começado um movimento que levaria à série mais notável de eventos que a cidade de Raymond já havia visto.

---

[1] Fundada em 1881 por Francis E. Clarke e originalmente denominada Young People's Society of Christian Endeavor, esta organização interdenominacional reúne até hoje jovens cristãos em diversos países do mundo com o nome de World's Christian Endeavor Union. (N.R.)

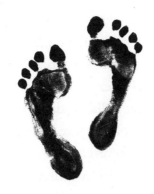

CAPÍTULO 3

"Aquele que afirma que permanece nele deve andar como ele andou." (1Jo 2.6)

Edward Norman, editor do *Daily News* de Raymond, sentou-se em seu escritório na manhã de segunda-feira com uma nova série de ações à sua frente. De boa-fé, ele havia firmado o compromisso de fazer tudo depois de perguntar: "O que Jesus faria?", e, como imaginava, com os olhos bem abertos para todas as possíveis consequências. Entretanto, uma vez que a rotina no jornal começou com uma semana de correria e de muitas atividades, ele se viu diante disso com certa hesitação e um sentimento quase comparável ao medo.

Havia chegado ao escritório muito cedo e, por alguns minutos, permaneceu sozinho. Sentou-se à sua mesa em meio a um turbilhão de pensamentos, que, por fim, tornaram-se um desejo que ele sabia ser tão grande quanto incomum. Ele ainda tinha de aprender, assim como todos os outros daquele pequeno grupo que havia se comprometido a fazer o que Cristo faria, que o Espírito de Vida estava se movendo com poder por meio da própria vida como nunca antes. Ele se levantou, fechou a porta e então fez o que não fazia há anos. Ajoelhou-se ao lado de sua mesa e orou para que a Presença Divina e a sabedoria o orientassem.

Levantou-se para encarar o dia, tendo a promessa clara e nítida em sua mente. "Agora, mãos à obra", parecia dizer. Mas se deixaria levar pelos acontecimentos tão logo surgissem.

Ele abriu a porta e começou a rotina de trabalho no escritório. O editor-chefe havia acabado de entrar e estava à sua mesa na sala ao lado. Um dos repórteres datilografava algo em uma máquina de escrever. Edward Norman começou a escrever um editorial. O *Daily News* era um jornal vespertino, e Norman geralmente terminava o editorial antes das nove horas.

Fazia quinze minutos que ele estava escrevendo quando o editor-chefe exclamou:

– Aqui está a matéria sobre a luta de boxe que aconteceu ontem no Resort. Ela terá três colunas e meia. Eu imagino que será publicada assim, não é?

Norman era um daqueles editores que cuidam de todos os detalhes do jornal. O editor-chefe sempre o consultava para assuntos de pouca ou muita importância. Às vezes, como era o caso agora, era apenas uma consulta simbólica.

– Sim... não. Deixe-me ver isso.

Pegou a matéria datilografada como ela havia chegado pelo telégrafo e examinou com cuidado. Em seguida, pôs as folhas na mesa e começou a pensar seriamente.

– Não vamos publicar isso hoje – disse por fim.

O editor-chefe estava em pé à porta entre as duas salas. Ficou surpreso com a observação de seu chefe e pensou que talvez não o tivesse entendido bem.

– O que o senhor disse?

– Deixe-a de fora. Não vamos usá-la.

– Mas... – O editor estava simplesmente estarrecido. Ficou olhando para Norman como se estivesse louco.

– Clark, não acho que isso deva ser incluído no jornal, e assunto encerrado – disse Norman, encarando-o de sua mesa.

Clark raramente discutia com o chefe. A palavra dele sempre era lei no escritório, e já se sabia que ele quase nunca mudava de ideia. As circunstâncias agora, no entanto, pareciam ser tão extraordinárias que Clark não podia deixar de se manifestar.

– O senhor está me dizendo que o jornal vai ser impresso sem uma palavra sobre a luta de boxe?

– Sim! É isso que eu estou dizendo.

– Mas nunca fizemos isso. Todos os outros jornais vão falar sobre a luta. O que os nossos assinantes vão dizer? Ora, isso é simplesmente...

– Clark fez uma pausa, incapaz de encontrar palavras para exprimir o que pensava.

Pensativo, Norman olhou para Clark. O editor-chefe era membro de uma igreja de uma denominação diferente da de Norman. Os dois nunca haviam conversado sobre assuntos religiosos, embora fossem colaboradores do jornal havia vários anos.

– Entre aqui um pouquinho, Clark, e feche a porta – disse Norman.

Clark entrou, e os dois ficaram frente a frente. Norman não falou nada por um minuto. Então, exclamou de repente:

– Clark, se Cristo fosse editor de um jornal, você acha, honestamente, que ele publicaria três colunas e meia sobre uma luta de boxe?

– Não. Acho que não.

– Bem, essa é a única razão que eu tenho para cortar essa matéria do *News*. Decidi não fazer por um ano nada relacionado ao jornal que, honestamente, acredito que Jesus não faria.

Clark não teria ficado nem mais um pouco surpreso se o chefe, de repente, tivesse enlouquecido. De fato, ele achava que algo estava errado, embora, em sua opinião, Norman fosse um dos últimos homens do mundo que perderia a cabeça.

– Que consequência essa sua decisão trará para o jornal? – finalmente conseguiu perguntar com uma voz fraca.

– O que você acha? – perguntou Norman com um olhar perspicaz.

– Acho que isso vai prejudicar o jornal – Clark respondeu prontamente. Ele estava se refazendo de seu estado de perplexidade e começou a protestar. – Ora, não é viável dirigir um jornal hoje em dia com base nesse conceito. É muito idealismo. O mundo não está preparado para isso. Não se mantém um jornal assim. Eu tenho plena certeza de que, se você deixar essa matéria sobre a luta de boxe de fora, perderemos centenas de assinantes. Não é preciso ser vidente para saber isso. As pessoas mais influentes da cidade estão ansiosas para lê-la. Elas sabem da luta e, quando abrirem o jornal hoje, vão esperar pelo menos meia página. É óbvio que o senhor não pode ignorar os desejos do público a tal ponto. Na minha opinião, será um grande erro se o senhor fizer isso.

Norman ficou em silêncio por um instante. Em seguida, disse de forma gentil, mas firme.

– Clark, na sua sincera opinião, qual é o padrão correto para se determinar uma conduta? O único padrão correto para todos seria a atitude que Jesus Cristo provavelmente teria? Você diria que fazer a pergunta "O que Jesus faria?" resume a melhor e mais sublime lei pela qual um homem deveria viver? E depois seguir isso à risca independentemente das consequências? Em outras palavras, você acha que as pessoas em todos os lugares deveriam seguir mais fielmente possível o exemplo de Jesus em seu dia a dia?

Clark ficou vermelho e, inquieto, se mexeu na cadeira antes de responder à pergunta do editor.

– Bem... sim... imagino que, se considerarmos aquilo que as pessoas devem fazer, não há outro padrão de conduta. Mas a pergunta que eu faço é: O que é viável? É possível o jornal se manter dessa forma? Para termos sucesso nesse ramo, temos de nos adaptar às práticas e aos métodos reconhecidos pela sociedade. Não podemos fazer o que faríamos em um mundo ideal.

– Você quer dizer que não podemos conduzir um jornal estritamente de acordo com princípios cristãos e ser bem-sucedidos?
– Sim, é exatamente isso que estou dizendo. Não é possível. Vamos à falência em trinta dias.

Norman não respondeu de imediato. Ficou bastante pensativo.

– Teremos oportunidades para conversar sobre esse assunto de novo, Clark. Enquanto isso, acho que devemos procurar nos entender de maneira muito franca. Eu me comprometi, durante um ano, a fazer tudo o que estiver relacionado ao jornal depois de responder à pergunta "O que Jesus faria?" o mais honestamente possível. Continuarei a agir dessa forma, acreditando que não apenas poderemos ter sucesso, mas que poderemos ter um sucesso maior do que já tivemos.

Clark levantou-se.

– Então a matéria não entra?

– Não. Há muito material bom para substituí-la, e você sabe qual é.

Clark hesitou.

– Você vai fazer algum comentário sobre a falta da matéria?

– Não. Vamos mandar o jornal para a impressão como se a luta de ontem não tivesse acontecido.

Clark saiu da sala e foi para sua mesa, sentindo como se tudo tivesse desmoronado. Ele estava atônito, confuso, agitado e consideravelmente irritado. Seu grande respeito por Norman reprimiu a indignação e a revolta que cresciam em seu íntimo, mas, além de tudo isso, havia um sentimento de crescente admiração com a súbita mudança de motivação que havia entrado no escritório do *Daily News* e ameaçava, como ele piamente acreditava, destruir o jornal.

Antes do meio-dia, todos os repórteres, impressores e funcionários do *Daily News* já sabiam do fato notável de que o jornal seria publicado sem mencionar uma palavra sobre a famosa luta de boxe do domingo. Os repórteres ficaram extremamente perplexos com esse anúncio. Todos nas salas de impressão e de composição tinham algo a dizer sobre o inédito acontecimento. Nas duas ou três oportunidades que o

Norman teve para visitar as salas de composição durante aquele dia, as pessoas interromperam o trabalho e olharam por entre as caixas, observando-o com curiosidade. Ele sabia que estava sendo observado, mas não disse nada e fez como se não tivesse percebido.

Houve várias pequenas alterações no jornal, sugeridas pelo editor, mas nada muito importante. Ele ficou aguardando pensativo.

Era como se precisasse de tempo e de uma grande oportunidade para exercer seu melhor julgamento em relação a vários assuntos antes de responder de maneira correta à pergunta que estava sempre presente em sua mente. Ele não agiu de imediato, não porque não houvesse muitas coisas importantes no dia a dia do jornal que eram contrárias ao espírito de Cristo, mas porque ele ainda estava, sinceramente, em dúvida sobre o que Jesus faria.

Quando saiu no fim daquela tarde, o *Daily News* levou aos seus assinantes uma sensação diferente.

A inclusão da matéria sobre a luta de boxe não poderia ter produzido nada parecido com o efeito causado por sua exclusão. Centenas de homens nos hotéis e nas lojas do centro da cidade, bem como assinantes regulares, abriram o jornal ansiosamente à procura da matéria sobre a grande luta; uma vez que não a encontraram, eles correram para as bancas do *News* e compraram outros jornais. Nem os vendedores do jornal entenderam a exclusão da luta. Um deles gritava:

– *Daily News*! Matéria "compreta" sobre a grande luta de boxe no Resort. Vai um jornal aí, senhor?

Um homem na esquina da avenida, próximo ao escritório do *News*, comprou o jornal, passou os olhos pela primeira página e então, com raiva, chamou o garoto de volta.

– Ei, garoto! O que aconteceu com este jornal? Não fala nada sobre a luta aqui! É sério que você está vendendo jornal velho?

– Tem nada de jornal "véio" aqui, não! – respondeu o garoto, indignado. – Esse jornal é de hoje. Qual o "pobrema", moço?

– Mas não há nada sobre a luta aqui! Veja!

O homem devolveu o jornal, e o garoto deu uma olhada apressada. Em seguida, assobiou, enquanto um olhar perplexo surgia em seu rosto. Ao ver outro garoto passar por ele, correndo com jornais, ele gritou:

– Ei, Sam, dá aí seu jornal que eu quero ver.

Uma rápida olhada revelou o notável fato de que todos os exemplares do *News* estavam em silêncio sobre o tema da luta de boxe.

– Aqui, me dê outro jornal! – gritou o homem. – Um que tenha a matéria sobre a luta.

Ele pegou o jornal e foi embora, enquanto os dois meninos continuaram a comparar os jornais, espantados por não conseguirem encontrar a matéria.

– Certeza que os "homi" vacilaram lá no *Newsy* – disse o primeiro menino. Mas, sem saber o porquê, correu para a redação do *News* para descobrir o motivo.

Havia vários outros meninos na expedição do jornal, e todos estavam agitados e revoltados. A quantidade de reclamações grosseiras dirigidas ao atendente atrás do longo balcão teria levado qualquer outro ao desespero.

Ele já havia praticamente se acostumado com a agitação o tempo todo e, portanto, estava calejado. O senhor Norman estava descendo a escada em direção a sua casa, mas parou quando passou pela expedição e deu uma olhada lá dentro.

– O que está acontecendo aqui, George? – perguntou ao balconista enquanto observava aquela confusão fora do normal.

– Os meninos estão dizendo que não conseguem vender um único exemplar do *News* hoje porque não há nada sobre a luta – respondeu George, olhando para o editor com curiosidade, como muitos funcionários haviam feito durante o dia. O senhor Norman hesitou por um instante, depois entrou na expedição e confrontou os meninos.

– Quantos jornais temos aqui? Meninos, contem tudo. Vou comprar todos hoje.

Todos os meninos olharam surpresos para ele e começaram a contar freneticamente os jornais.

– Dê o dinheiro a eles, George, e, se aparecer algum outro menino com a mesma reclamação, compre os exemplares que ele não vendeu. É justo? – perguntou aos meninos que, em um silêncio fora do comum, estavam impressionados com a atitude inédita do editor.

– É justo! Bem, eu devia... mas o senhor vai manter isso? Vai ser sempre assim pro bem dos meus "cumpanhero"?

O senhor Norman esboçou um leve sorriso, mas não julgou ser necessário responder à pergunta.

Ele saiu do prédio e foi para casa. No caminho, não pôde deixar de pensar na pergunta que não lhe saía da cabeça: "Jesus teria feito isso?". A pergunta não tinha tanto a ver com o acordo que havia acabado de fazer com os meninos, mas com toda a motivação que o havia instigado desde que tinha feito a promessa.

Eram os vendedores que estavam sofrendo com a medida que ele havia tomado. Por que eram eles que deveriam arcar com o prejuízo? A culpa não era deles. Ele era um homem rico e, se quisesse, podia proporcionar um pouco de alegria à vida deles. Ele acreditava, a caminho de casa, que Jesus teria feito o que ele fez ou algo semelhante para escapar de um possível sentimento de injustiça.

Ele não estava tomando essas decisões por causa de outra pessoa, mas, sim, por causa de sua própria conduta. Não estava em posição de fazer afirmações dogmáticas e achava que só poderia responder com seu próprio julgamento e consciência quanto à sua interpretação da atitude que seu Mestre provavelmente teria. A queda nas vendas do jornal, de certa forma, ele já havia esperado. Mas ainda não havia percebido a extensão do prejuízo para o jornal se tal política continuasse.

CAPÍTULO 4

Durante a semana, ele recebeu inúmeras cartas comentando o fato de que o *News* havia omitido a matéria sobre a luta de boxe. Duas ou três dessas cartas podem nos interessar.

Ao editor do *News*:
Prezado senhor, já faz algum tempo que estou considerando trocar de jornal. Eu gostaria de um jornal atualizado, progressista e empreendedor, que atenda às exigências do público em todos os sentidos. A recente esquisitice de seu jornal de se recusar a publicar a matéria sobre a famosa luta no Resort me levou a decidir de uma vez por todas a trocar de jornal.
Por gentileza, cancele minha assinatura.
Atenciosamente,

Em seguida, aparecia o nome de um empresário que era assinante do jornal havia muitos anos.

> A Edward Norman,
> Editor do *Daily News* de Raymond:
> Prezado Ed,
> Que agitação é essa que você causou na sua cidade? Que nova política é essa que você adotou? Espero que você não esteja pretendendo fazer uma "reforma administrativa" no ramo editorial. É perigoso arriscar muitos experimentos nesse ramo. Siga meu conselho e mantenha os métodos modernos de negócios que você fez darem tão certo no *News*. O público quer notícias sobre lutas de boxe e coisas do tipo. Dê o que os leitores querem e deixe essa reforma do setor para outra pessoa.
> Atenciosamente,

Em seguida, aparecia o nome de um velho amigo de Norman, editor de um jornal de uma cidade vizinha.

> Meu caro senhor Norman,
> Escrevo-lhe sem demora uma nota de apreço pelo evidente cumprimento de sua promessa. É um começo maravilhoso, e ninguém mais do que eu percebe o valor disso. Sei que parte disso lhe custará algo, mas nem tudo.
> Seu pastor, Henry Maxwell

Outra carta que ele abriu logo depois de ler essa de Maxwell revelou parte do prejuízo que seu negócio poderia esperar.

> Ao Senhor Edward Norman,
> Editor do *Daily News*:
> Caro senhor,
> Quando vencer meu contrato de publicidade, peço, por gentileza, que ele não seja renovado como temos feito até agora. Segue anexo o cheque para quitação de minha dívida, e considerarei meu contrato com seu jornal encerrado após essa data.
> Atenciosamente,

Em seguida, aparecia o nome de um dos maiores distribuidores de tabaco da cidade. Como era de praxe, ele inseria uma coluna publicitária que chamava a atenção e pagava muito bem por ela.

Pensativo, Norman colocou a carta sobre a mesa e, depois de algum tempo, pegou um exemplar do jornal e passou os olhos pelas colunas de publicidade. Na carta do distribuidor de tabaco, não havia nenhuma ligação implícita entre a omissão da luta e a retirada do anúncio, mas era impossível não associar ambas as coisas. Na realidade, ele depois veio a saber que o distribuidor de tabaco havia retirado o anúncio porque tinha ouvido que o editor do *News* estava prestes a adotar uma estranha política de reforma que, certamente, reduziria o número de assinantes do jornal.

Entretanto, a carta chamou a atenção de Norman para o tipo de publicidade que seu jornal veiculava. Ele nunca havia pensado nisso.

Ao dar uma olhada nas colunas, não conseguiu evitar a convicção de que seu Mestre não permitiria algumas delas em seu jornal.

O que ele faria com aquele outro enorme anúncio de bebidas e charutos? Como membro de uma igreja e um cidadão respeitado, ele não havia sofrido nenhuma censura mais séria porque os donos de bares anunciavam em seu jornal. Ninguém se preocupava muito com isso. Era um negócio totalmente legítimo. Por quê? Raymond desfrutava de grande liberdade, e os bares, os salões de bilhar e as cervejarias faziam parte da sociedade cristã da cidade. Ele estava simplesmente fazendo o que todo homem de negócios de Raymond fazia. E esse tipo de negócio era uma das melhores fontes de receita. O que aconteceria com o jornal se cortasse esses anunciantes? Ele conseguiria sobreviver? Essa era a questão. Mas, afinal, era a questão mais importante? "O que Jesus faria?" Era a essa pergunta que ele estava respondendo, ou tentando responder, nessa semana. Jesus anunciaria uísque e tabaco em seu jornal?

Edward Norman fez essa pergunta com toda a honestidade e, depois de orar por ajuda e sabedoria, pediu a Clark que viesse ao seu escritório.

Clark entrou, sentindo que o jornal estava passando por uma crise, e estava preparado para quase qualquer coisa que acontecesse após sua experiência na segunda-feira de manhã. Era quinta-feira.

– Clark – disse Norman devagar e com cuidado –, eu estava dando uma olhada nas nossas colunas de publicidade e decidi cancelar parte dos anunciantes assim que os contratos terminarem. Eu gostaria que você notificasse o agente publicitário para não solicitar a renovação nem renovar com os anunciantes que marquei aqui.

Entregou o jornal com os anúncios marcados a Clark, que o pegou e examinou as colunas com um ar muito sério.

– Isso vai significar um grande prejuízo para o *News*. Por quanto tempo o senhor acha que pode levar as coisas assim? – Clark estava surpreso com a atitude do editor e não conseguia entendê-la.

– Clark, você acha que, se Jesus fosse o editor e proprietário de um jornal em Raymond, Ele permitiria anúncios de uísque e tabaco?

– Bem, não... eu... não acho que Ele permitiria. Mas o que isso tem a ver com a gente? É impossível fazer o que Ele faria. Não se pode dirigir um jornal pensando assim.

– Por que não? – perguntou Norman calmamente.

– Por que não? Porque assim perderíamos mais dinheiro do que ganharíamos, só por isso! – retrucou Clark com uma irritação que de fato sentia. – Com certeza vamos levar o jornal à falência com esse tipo de política comercial.

– Você acha? – perguntou Norman, como se não esperasse uma resposta, mas simplesmente como se estivesse falando consigo mesmo. Depois de uma pausa, ele continuou:

– Pode instruir Marks a fazer o que acabei de dizer. Acredito que é o que Cristo faria e, como eu já disse, foi isso que prometi tentar fazer por um ano, sejam quais forem as consequências para mim. Não consigo acreditar que exista algum tipo de argumento nos dias de hoje que nos leve à conclusão de que nosso Senhor permitiria o anúncio de uísque e tabaco em um jornal. Há outros anúncios de caráter duvidoso que ainda vou analisar. Por enquanto, tenho certeza do que disse em relação a estes e não posso ficar calado.

Clark voltou para sua mesa com a sensação de que havia estado na presença de uma pessoa muito estranha. Não conseguia entender o significado de tudo aquilo. Sentia-se furioso e preocupado. Tinha certeza de que qualquer política desse tipo arruinaria o jornal tão logo viesse a público que o editor estava tentando fazer tudo de acordo com um padrão moral tão absurdo. O que seria dos negócios se esse padrão fosse adotado?

Isso deixaria todos os clientes insatisfeitos e causaria uma confusão sem fim. Era simplesmente uma grande tolice. Era de uma imbecilidade sem tamanho. Foi o que Clark disse a si mesmo, e, quando Marks foi informado dessa ordem, apoiou o editor-chefe com algumas palavras bem impulsivas. O que aconteceu com o chefe? Ele ficou louco? Ele vai levar o negócio todo à falência?

Edward Norman, porém, ainda não havia enfrentado seu problema mais grave. Quando chegou ao escritório na sexta-feira de manhã, viu-se diante da pauta habitual da edição da manhã de domingo. O *News* era um dos poucos jornais vespertinos em Raymond que publicava uma edição aos domingos, e sempre foi bem-sucedido financeiramente. Havia uma média de uma página de artigos sobre literatura e religião para trinta ou quarenta páginas sobre esporte, teatro, fofocas, moda, sociedade e conteúdo político. Isso tornava o periódico, que trazia todo tipo de assunto, muito interessante e sempre bem aceito por todos os assinantes, membros da igreja ou não, e uma necessidade nas manhãs de domingo. Edward Norman se via agora diante desse fato e se perguntava: "O que Jesus faria?". Se fosse editor de um jornal, ele planejaria deliberadamente entregar nas casas de todas as pessoas da igreja e cristãos de Raymond essa coletânea de leituras no dia da semana que deveria ser dedicado a algo melhor e mais sagrado? Sem dúvida, ele estava a par da constante argumentação em favor da edição de domingo: a de que o público precisava de algo do tipo; o trabalhador, sobretudo aquele que não ia à igreja, deveria ter algo divertido e instrutivo no domingo, seu único dia de descanso. Mas e se o jornal da manhã de domingo não se pagasse? E se não entrasse dinheiro? Até que ponto o editor ou publicador se mostrava disposto a suprir essa notória necessidade do pobre trabalhador? Edward Norman falava consigo mesmo com honestidade sobre o assunto.

Levando tudo em conta, era provável que Jesus editasse um jornal nas manhãs de domingo? Não importava se o jornal gerasse receita ou não. Essa não era a questão. Na verdade, o *News* de domingo gerava tanta receita que suspendê-lo seria um prejuízo imediato de milhares de dólares. Além disso, os assinantes regulares pagavam por sete dias de jornal. Ele tinha o direito agora de entregar uma edição a menos que já estava paga?

Ele estava sinceramente perplexo por causa disso. Havia tanta coisa envolvida na suspensão da edição de domingo que, pela primeira vez, ele quase decidiu não ser guiado pelo provável modelo de ação de Jesus. Norman era o único proprietário do jornal; cabia a ele decidir o formato do jornal. Ele não tinha uma diretoria para consultar acerca da política do jornal. Entretanto, sentado ali com aquela quantidade habitual de matérias à sua volta para a edição de domingo, chegou a algumas conclusões definitivas. E entre elas estava a decisão de reunir os colaboradores do jornal e explicar francamente seus motivos e propósito. Mandou chamar Clark e os outros no escritório, incluindo os poucos repórteres que estavam no prédio e o supervisor, além dos funcionários que estavam na redação (era muito cedo e nem todos estavam lá) para a sala de correspondências. Era uma sala grande, e os funcionários entraram, curiosos, e se acomodaram em torno das mesas e dos balcões. A situação era muito atípica, mas todos concordavam que o jornal estava sendo publicado com novos princípios e observavam atentamente o senhor Norman enquanto ele falava.

– Chamei vocês todos aqui para informar meus planos futuros para o *News*. Estou propondo certas mudanças que considero necessárias. Entendo muito bem que as pessoas aqui achem muito estranhas algumas coisas que já fiz. Então, gostaria de explicar o motivo por ter feito o que fiz.

Nesse momento, Norman contou aos funcionários o que já havia conversado com Clark, e todos ficaram olhando para ele, como Clark havia feito, e pareciam muito cientes do assunto.

– Agora, ao agir com base nesse padrão de conduta, cheguei a uma conclusão que, sem dúvida, causará certa surpresa.

– Decidi que a edição da manhã de domingo do *News* será suspensa logo após a próxima edição. Explicarei nesta edição minhas razões para suspendê-la. Para compensar os assinantes que podem se julgar no direito de receber o mesmo volume de matérias, podemos publicar duas edições aos sábados, como fazem muitos jornais vespertinos que não publicam nada aos domingos. Estou convencido de que, do ponto de vista cristão, nossa edição das manhãs de domingo tem sido mais prejudicial do que proveitosa. Não acredito que Jesus seria responsável por ela se estivesse no meu lugar. Teremos um pouco de dificuldade para organizar com nossos anunciantes e assinantes os detalhes causados por essa mudança. Podem deixar que eu cuido disso. A mudança em si ocorrerá. Pelo que estou percebendo, o prejuízo cairá sobre mim. Nem os repórteres nem os impressores precisam fazer quaisquer mudanças específicas em seus planos.

Olhou ao redor da sala, e ninguém disse uma palavra. Ficou impressionado porque, pela primeira vez na vida, em todos esses anos de trabalho no jornal, ele nunca havia reunido os funcionários dessa forma. Jesus faria isso? Ou seja, Ele provavelmente administraria um jornal com base em um projeto familiar amoroso, em que editores, repórteres, impressores e os demais se reuniriam para discutir, conceber e planejar a produção de um jornal que tivesse em vista...

Ele se viu divagando, cada vez mais distante das realidades do sindicato dos tipógrafos, das regras do escritório, do trabalho dos repórteres e de todos os métodos insensíveis inerentes ao negócio que promovem o sucesso de um jornal. Mas, ainda assim, a vaga imagem que lhe veio à mente na sala de correspondências não desapareceu quando ele entrou em seu escritório e os funcionários voltaram aos seus postos com expressão de espanto e perguntas de todos os tipos enquanto falavam sobre as notáveis atitudes do editor.

Clark entrou e teve uma conversa longa e séria com o chefe. Ele estava completamente fora de si, e seu protesto quase se transformou em um pedido de demissão. Norman se segurou com cuidado. Cada minuto da conversa foi doloroso para ele, porém sentia mais do que nunca a necessidade de fazer as coisas como Cristo faria. Clark era um homem muito valoroso; seria difícil colocar outra pessoa em seu lugar. Entretanto, ele não era capaz de apresentar razões para manter o jornal de domingo que respondessem à pergunta "O que Jesus faria?", deixando que Jesus ditasse as publicações daquela edição.

– Então vai ser assim mesmo – disse Clark com franqueza. – O senhor vai levar o jornal à falência em trinta dias. Talvez tenhamos de enfrentar esse fato no futuro.

– Eu não acho que teremos. Você vai continuar no *News* até a falência? – perguntou Norman com um sorriso estranho.

– Senhor Norman, não estou entendendo. Nesta semana, o senhor já não é o mesmo homem que sempre conheci.

– Eu também não me reconheço, Clark. Algo notável me dominou e está dirigindo meus passos. Mas nunca estive mais convencido de que o jornal terá sucesso e força. Você não respondeu à minha pergunta. Você vai ficar comigo?

Clark hesitou por um instante e, por fim, disse que sim. Norman apertou a mão dele e virou-se para sua mesa. Clark voltou para sua sala, tomado por uma série de emoções conflitantes. Ele nunca havia tido uma semana tão agitada e mentalmente inquietante, e agora era como se estivesse ligado a uma empresa que poderia desmoronar a qualquer momento e arruinar sua vida e a de todos os que estivessem ligados a ela.

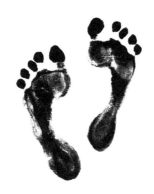

CAPÍTULO 5

Mais uma vez, a manhã de domingo despontou sobre Raymond, e a igreja de Henry Maxwell estava lotada de novo. Antes do início do culto, Edward Norman chamou muito a atenção. Em silêncio, sentou-se no lugar de sempre no terceiro banco à frente do púlpito. A edição do *News* daquela manhã trazia a declaração do encerramento do jornal em uma linguagem tão marcante que todos os leitores ficaram impressionados. Nunca uma série de sensações tão distintas como essa havia perturbado os negócios habituais de Raymond. Os acontecimentos ligados ao *News* não eram as únicas notícias. As pessoas comentavam com euforia as coisas estranhas que Alexander Powers havia feito durante a semana na oficina ferroviária, bem como as mudanças de Milton Wright em suas lojas na avenida. O culto decorreu com certa agitação nos bancos. Henry Maxwell encarou tudo com uma calma que demonstrava força e propósito anormais. Suas orações surtiram grande efeito. Seu sermão não era fácil de descrever. Como um pastor poderia pregar para seu rebanho depois de uma semana inteira perguntando ansiosamente: "Como Jesus pregaria? O que ele provavelmente diria?". É verdade que ele não pregou como havia pregado nos dois domingos anteriores. Na terça da semana anterior, ele permaneceu ao lado do túmulo do estranho e disse estas palavras: "Da terra a terra você voltará, das cinzas às cinzas voltará, do pó ao pó voltará[2]", e ainda se deixou levar por um impulso mais forte do que o imaginado enquanto pensava em seu rebanho e ansiava pela mensagem de Cristo para quando estivesse no púlpito de novo.

Agora que aquele domingo havia chegado e as pessoas estavam ali para ouvir, o que o Mestre lhes diria? Ele agonizara ao preparar-lhes a mensagem e, ainda assim, sabia que não havia conseguido adequá-la ao que imaginava acerca de Cristo. No entanto, ninguém da Primeira Igreja se lembrava de já ter ouvido um sermão como esse. Ele repreendia o pecado, sobretudo a hipocrisia, repreendia claramente a ganância da riqueza e o egoísmo da moda, duas coisas que a Primeira Igreja nunca havia ouvido serem censuradas dessa maneira, e ele demonstrava grande amor por seu rebanho, que ganhava força à medida que o sermão avançava. Concluído o sermão, havia quem dissesse no coração: "Foi o Espírito que inspirou esse sermão". E essas pessoas tinham razão.

Então, a pedido do senhor Maxwell, Rachel Winslow levantou-se para cantar, dessa vez após o sermão. A música cantada por Rachel não arrancou aplausos dessa vez. Que sentimento mais profundo levou o coração dos ouvintes a um silêncio reverente e a pensamentos afetuosos? Rachel era linda. Mas a consciência de sua beleza sempre prejudicara seu canto para aqueles que tinham um sentimento espiritual mais profundo. Isso também a afetava ao interpretar certos tipos de música. Nesse dia não houve nada disso. Sua voz imponente não havia perdido a força. Mas surgiu um toque a mais de humildade e pureza que o público claramente percebeu e reverenciou.

Antes do encerramento do culto, o senhor Maxwell convidou aqueles que haviam ficado na semana anterior a continuarem ali de novo para um tempo de comunhão e estendeu o convite aos que quisessem

---

2 Adaptação do texto de Gênesis 3.19: "Porque você é pó e ao pó voltará". (N.T.)

se juntar a eles naquele momento. Quando terminou, ele foi para a nave da igreja. Para sua surpresa, estava quase cheia. Dessa vez, havia um grupo grande de jovens, mas entre eles estavam alguns empresários e obreiros da igreja.

Como na semana anterior, Maxwell pediu que orassem com ele. E, mais uma vez, tiveram uma resposta clara vinda da presença do Espírito de Deus. Não houve dúvida na mente dos presentes de que o que eles se propuseram a fazer estava alinhado tão nitidamente com a vontade de Deus que uma bênção foi derramada sobre eles de maneira muito especial.

Permaneceram ali por um tempo para fazer perguntas e interagir uns com os outros. Havia um sentimento de comunhão que nunca haviam tido como membros da igreja. A iniciativa do senhor Norman foi entendida por todos, e ele respondeu a várias perguntas.

– O que será que pode acontecer com a suspensão do jornal de domingo? – perguntou Alexander Powers, que estava sentado ao lado dele.

– Ainda não sei. Imagino que haverá uma redução no número de assinaturas e de anúncios. Eu já estou prevendo isso.

– O senhor tem alguma dúvida quanto à atitude que tomou? Quero dizer, o senhor está arrependido ou tem receio de que não seja o que Jesus faria? – perguntou o senhor Maxwell.

– Nem um pouco. Mas eu gostaria de perguntar, para minha satisfação, se algum de vocês aqui acredita que Jesus publicaria um jornal para as manhãs de domingo.

Ninguém disse nada por um instante. Então Jasper Chase quebrou o silêncio:

– Parece que temos a mesma opinião sobre isso, mas fiquei intrigado várias vezes durante a semana para saber exatamente o que Jesus faria. Nem sempre é uma pergunta fácil de responder.

– Eu faço essa confusão também – disse Virginia Page. Ela estava sentada ao lado de Rachel Winslow. Todos que conheciam Virginia Page se perguntavam como ela conseguiria cumprir sua promessa.

– Para mim, talvez seja mais difícil responder a essa pergunta quando se trata do meu dinheiro. Nosso Senhor nunca teve bens, e não há nada no exemplo dele que sirva para me orientar sobre como devo usar os meus. Eu estou considerando e orando. Eu acho que vejo com clareza parte do que ele faria, mas não tudo. *O que ele faria com um milhão de dólares?* Essa é minha verdadeira pergunta. Confesso que ainda não tenho uma resposta satisfatória.

– Eu poderia lhe dizer o que você poderia fazer com parte dos seus bens – disse Rachel, virando-se para Virginia.

– Isso não me incomoda – respondeu Virginia com um leve sorriso. – O que eu estou tentando descobrir é um princípio que me permita chegar o mais próximo possível das ações de Jesus, já que elas deveriam influenciar todo o meu curso de vida, considerando minha riqueza e o uso que faço dela.

– Isso levará tempo – disse calmamente o ministro de Deus. Os demais na sala estavam pensando seriamente na mesma coisa. Milton Wright contou um pouco de sua experiência. Ele estava elaborando aos poucos um plano de negócios com seus funcionários, e isso estava revelando um mundo novo para todos. Alguns jovens falaram sobre tentativas especiais para responder a essa pergunta. Havia quase um consenso sobre o fato de que aplicar o espírito de Cristo no dia a dia era algo muito sério. Isso exigia o conhecimento de Cristo e o discernimento dos motivos dele, o que a maioria deles não tinha.

Quando finalmente terminaram a conversa depois de uma oração silenciosa, marcada com o poder cada vez mais palpável da Presença Divina, eles foram embora discutindo francamente suas dificuldades e buscando esclarecimento uns com os outros.

Rachel Winslow e Virginia Page saíram juntas. Edward Norman e Milton Wright ficaram tão interessados na conversa que estavam tendo que passaram pela casa de Norman e voltaram juntos. Jasper Chase e o presidente da Christian Endeavor Society ficaram conversando de maneira entusiasmada em um dos cantos do salão. Alexander Powers e

Henry Maxwell permaneceram ali, mesmo depois que os outros haviam ido embora.

– Eu gostaria que o senhor fosse às lojas amanhã, visse meu plano e falasse com o pessoal. Acho que o senhor, mais do que ninguém, pode se aproximar dessas pessoas agora.

– Não sei, mas eu vou – respondeu o senhor Maxwell um pouco apreensivo. Como lhe caberia a missão de colocar-se diante de duzentos ou trezentos trabalhadores e passar-lhes uma mensagem? No entanto, em um momento de fraqueza, ele mesmo se repreendeu por ter feito essa pergunta. O que Jesus faria? Assunto encerrado.

Ele foi no dia seguinte ao escritório do senhor Powers. Faltavam alguns minutos para o meio-dia, e o superintendente disse:

– Suba comigo. Vou mostrar o que estou tentando fazer.

Eles passaram pela oficina de máquinas, subiram um longo lance de escadas e entraram em uma sala muito grande e vazia, que já havia sido usada pela empresa como depósito.

– Desde que fiz aquela promessa há uma semana, tenho pensado em muitas coisas – disse o superintendente –, e entre elas está a seguinte: a empresa me cedeu esta sala, e eu vou adaptá-la com mesas e com um espaço para café ali no canto, onde estão aqueles tubos de vapor. Minha ideia é oferecer um bom espaço onde os trabalhadores possam almoçar e dar-lhes, duas ou três vezes por semana, a oportunidade de ter uma conversa de quinze minutos sobre algum assunto que possa de fato ajudá-los na vida.

Maxwell pareceu surpreso e perguntou se os trabalhadores viriam à sala para esse fim.

– Sim, eles virão. Afinal, eu os conheço muito bem. Hoje, eles estão entre os trabalhadores mais inteligentes do país. Mas, no geral, estão totalmente alheios à influência da igreja. Eu perguntei: "O que Jesus faria?", e, entre outras coisas, pareceu-me que Ele começaria a agir de um modo que pudesse proporcionar mais conforto físico e espiritual à vida desses homens. Essa sala e o que ela representa significam algo muito pequeno, mas agi por impulso para fazer a primeira coisa que apelou ao meu bom senso, e quero pôr essa ideia em prática. Eu gostaria que o senhor falasse com eles quando chegarem ao meio-dia. Pedi que viessem para ver o lugar e falarei um pouco sobre a ideia.

Maxwell ficou com vergonha de dizer que se sentia pouco à vontade com o convite para falar algumas palavras para esse número de trabalhadores. Como ele poderia falar sem anotações ou para um grupo tão grande como esse? Sinceramente, ele estava muito receoso com essa possibilidade. Na verdade, estava com medo de encarar aqueles homens. Encolheu-se diante da difícil missão de enfrentar um grupo tão grande, tão diferente do público de domingo com o qual estava familiarizado.

Havia uma dezena de mesas e bancos rústicos na sala, e, quando o sinal tocou ao meio-dia, os trabalhadores das oficinas de máquinas no piso inferior abarrotaram as escadas e, sentando-se às mesas, começaram a almoçar. Havia cerca de trezentos homens. Eles haviam lido o aviso que o superintendente tinha deixado em vários lugares e apareceram muito curiosos.

Ficaram bem impressionados. A sala era ampla e arejada, não tinha fumaça nem pó e estava bem aquecida graças às tubulações de vapor. Quando faltavam cerca de vinte minutos para uma hora da tarde, o senhor Powers revelou aos homens o que tinha em mente. Falou de maneira muito simples, como alguém que se identificava perfeitamente com seu público, e depois apresentou seu pastor, o reverendo Henry Maxwell, da Primeira Igreja, que havia aceitado o convite para falar alguns minutos.

Maxwell nunca se esquecerá da sensação de defrontar-se pela primeira vez com uma plateia formada por trabalhadores com o rosto sujo. Como centenas de outros ministros, ele nunca havia pregado para um grupo que não fosse de pessoas de sua classe no que diz respeito aos hábitos de vestimenta e mesmo nível de educação. Este era um universo novo para ele, e nada além de sua nova regra de conduta tornaria possível sua mensagem e o efeito que ela exerceria. Falou sobre o tema da satisfação com a vida; o que dava satisfação e quais eram as verdadeiras fontes de satisfação. Nessa sua primeira conversa, ele teve o bom senso de não identificar aqueles trabalhadores como uma classe distinta da sua. Não usou o termo trabalhador e não disse uma palavra que sugerisse qualquer diferença entre a vida deles e a sua.

Os homens gostaram da conversa. Muitos deles apertaram a mão do ministro antes de voltarem ao trabalho, e ele, ao contar tudo à esposa quando chegou em casa, disse que nunca, em toda a sua vida, havia tido essa satisfação ao apertar a mão de um trabalhador braçal. O dia foi marcado por um momento importante de sua experiência cristã, mais importante do que ele podia imaginar. Foi o começo de uma comunhão entre ele e a classe trabalhadora. Foi o primeiro esforço no sentido de diminuir o abismo entre a igreja e a classe operária de Raymond.

Naquela tarde, Alexander Powers voltou para sua mesa muito satisfeito com seu plano e com a ideia de que esse plano seria muito útil para os trabalhadores. Ele sabia onde conseguir algumas mesas em bom estado em um restaurante abandonado que havia em um das estações na rua e percebeu que o espaço para o café poderia ficar muito atraente. Os homens reagiram ainda melhor do que a que ele havia imaginado, e aquilo tudo não podia deixar de ser um grande benefício para eles.

Ele retomou sua rotina de trabalho com um ar de satisfação. Afinal, queria fazer o que Jesus faria, disse a si mesmo.

Eram quase quatro horas da tarde quando ele abriu um dos grandes envelopes da empresa que, segundo imaginava, continha ordens de compra das lojas. Da maneira rápida e empresarial de sempre, correu os olhos pela primeira página datilografada antes de perceber que o que estava lendo não havia sido destinado ao seu escritório, mas ao superintendente do departamento de fretes.

Virou uma página de maneira mecânica, sem intenção de ler o que não era para ele, mas, antes que se desse conta disso, viu que tinha nas mãos uma prova conclusiva de que a empresa estava envolvida em uma violação sistemática das Leis do Comércio Interestadual dos Estados Unidos. Era uma violação da lei distinta e inequívoca, como se um cidadão comum entrasse em uma casa e roubasse seus moradores. A discriminação mostrada nos descontos desrespeitava completamente todos os estatutos. De acordo com as leis estaduais, era também uma clara violação de certas medidas aprovadas recentemente pelo legislativo para evitar monopólios das estradas de ferro. Não havia dúvida de que ele tinha em mãos provas suficientes para condenar a empresa por violação deliberada e inteligente da lei da comissão como também da lei estadual.

Deixou cair os papéis na mesa, como se houvesse veneno neles, e, no mesmo instante, lhe veio a pergunta: "O que Jesus faria?". Tentou deixar a pergunta de lado. Tentava argumentar consigo mesmo, dizendo que aquilo não era de sua conta. Ele sabia, de uma forma mais ou menos concreta, assim como quase todos os funcionários da empresa, que isso vinha acontecendo na maioria das estradas. Ele não estava em posição, por causa de seu posto nas oficinas, de provar nada diretamente, e, para ele, aquilo era um assunto que não lhe dizia respeito. Os papéis que tinha à sua frente agora revelavam todo o caso. Por algum descuido, foram enviados por engano a ele. O que aquilo tinha a ver com ele? Se ele visse um homem entrando na casa do vizinho para roubar, não teria o dever de chamar a polícia? Uma empresa ferroviária era algo tão diferente? Ela estaria sujeita a uma regra de conduta diferente, de modo que pudesse roubar o público, desafiar a lei e sair impune por ser um grande organização? O que Jesus faria? E depois, havia a família dele. Era óbvio que, se ele tomasse alguma providência para informar a comissão, isso significaria perder o emprego. Sua esposa e sua filha sempre tiveram uma vida luxuosa e uma boa posição na sociedade. Se ele fosse testemunha contra essa ilegalidade, isso iria arrastá-lo para os tribunais, seus motivos seriam mal compreendidos, e tudo terminaria em sua desgraça e na perda de sua posição. É claro que aquilo não lhe dizia respeito. Ele poderia facilmente enviar os papéis ao departamento de fretes e ninguém ficaria sabendo de nada. Que o crime continuasse! Que a lei fosse desafiada! O que era isso para ele? Ele continuaria com seus planos de melhorar as condições concretas que tinha no momento. O que mais um homem poderia fazer no ramo das estradas de ferro, uma vez que, de qualquer maneira, estava acontecendo tanta coisa que era impossível viver segundo o padrão cristão? Mas o que Jesus faria se conhecesse os fatos? Essa era a pergunta diante da qual Alexander Powers se via à medida que o dia passava.

As luzes do escritório estavam acesas. O zumbido do grande motor e o ruído das plainas da grande oficina continuaram até as seis horas da tarde. Então, o sinal tocou, o motor diminuiu o ritmo, os trabalhadores deixaram as ferramentas de lado e correram para o prédio de blocos.

Powers começou a ouvir o clique familiar do relógio de ponto à medida que os trabalhadores passavam enfileirados pela janela do prédio, do lado de fora. Ele disse aos seus auxiliares:

– Eu ainda vou ficar mais um pouco. Tenho mais coisas para fazer esta noite.

Esperou até ouvir o último funcionário pôr uma peça de lado. Os trabalhadores que estavam atrás do prédio de blocos foram embora. O engenheiro e os assistentes dele tinham de trabalhar mais meia hora, mas saíram por outra porta.

Às sete horas da noite, qualquer pessoa que tivesse olhado para dentro do escritório do superintendente teria visto uma cena incomum. Ele estava ajoelhado, com o rosto entre as mãos e debruçado sobre os papéis em sua mesa.

CAPÍTULO 6

"Se alguém vem a mim e ama o seu pai, sua mãe, sua mulher, seus filhos, seus irmãos e irmãs, e até sua própria vida mais do que a mim, não pode ser meu discípulo." (Lc 14.26)

"Da mesma forma, qualquer de vocês que não renunciar a tudo o que possui não pode ser meu discípulo." (Lc 14.33)

Quando Rachel Winslow e Virginia Page se separaram após a reunião na Primeira Igreja no domingo, elas combinaram de continuar a conversa no dia seguinte. Virginia convidou Rachel para almoçar com ela ao meio-dia, e Rachel, conforme o combinado, tocou a campainha da mansão de Page por volta das onze e meia. Virginia foi atendê-la, e logo as duas estavam conversando entusiasmadas.

– O fato é que – começou a dizer Rachel, depois que já fazia alguns minutos que elas estavam conversando – não consigo conciliar isso com o que penso sobre o que Cristo faria. Não consigo dizer a outra pessoa o que fazer, mas, quanto a mim, acho que não devo aceitar essa proposta.

– O que você vai fazer então? – perguntou Virginia com grande interesse.

– Ainda não sei, mas já decidi que não vou aceitar essa proposta.

Rachel pegou uma carta que tinha no colo e, mais uma vez, examinou o conteúdo dela. Era uma carta enviada pelo gerente de uma ópera cômica, oferecendo-lhe um lugar em uma grande companhia itinerante para aquela temporada. O salário era bem interessante e as perspectivas apresentadas pelo gerente eram tentadoras. Ele havia ouvido Rachel cantar naquele domingo de manhã em que o estranho interrompeu o culto. Ficou muito impressionado. Aquela voz significava dinheiro e deveria ser aproveitada na ópera cômica, dizia a carta, e o gerente queria uma resposta o mais rápido possível.

– Não há muita virtude em recusar essa proposta quando eu tenho a outra – continuou Rachel, pensativa. – Aquela é mais difícil de decidir. Mas já tomei uma decisão. Para dizer a verdade, Virginia, estou plenamente convencida de que, no primeiro caso, Jesus nunca usaria um talento como uma voz bonita apenas para ganhar dinheiro. Mas agora imagine essa proposta de concerto. Temos aqui uma companhia respeitável em turnê com um ator, um violinista e um quarteto masculino, e todos com boa reputação. Eles me convidaram para fazer parte da companhia como primeiro soprano. O salário, eu já falei, não é? Duzentos dólares garantidos por mês durante a temporada. Só que não sei ao certo se Jesus iria. O que você acha?

– Não me peça para tomar essa decisão por você – respondeu Virginia com um sorriso triste. – Eu acredito que o reverendo Maxwell tinha razão quando disse que cada um de nós deve decidir de acordo com a atitude que imaginamos que Cristo teria. Decidir o que ele faria está sendo mais difícil para mim do que para você, querida.

– Está? – perguntou Rachel. Ela se levantou, foi até a janela e olhou para fora. Virginia se aproximou e se colocou ao lado dela. A rua estava bem movimentada, e as duas jovens, em silêncio, olharam para ela por um momento. De repente, Virginia quebrou o silêncio de uma maneira que Rachel nunca havia visto:

– Rachel, o que todo esse contraste de condições significa para você ao perguntar o que Jesus faria? Fico indignada quando penso que a sociedade em que fui criada, a mesma à qual dizem que nós duas pertencemos, se contenta ano após ano em se vestir, comer e se divertir, promover e receber atrações, gastar dinheiro com casas e luxos e, de vez em quando, aliviar a consciência doando, sem nenhum sacrifício pessoal, pequenas quantias de dinheiro à caridade. Fui educada, assim como você, em uma das escolas mais caras dos Estados Unidos; entrei para a sociedade na condição de herdeira, supostamente uma posição muito invejável. Estou muito bem; posso viajar ou ficar em casa. Posso fazer o que bem entender. Posso satisfazer quase qualquer vontade ou desejo; e, no entanto, quando honestamente tento imaginar Jesus levando a vida que eu levo e que espero levar no futuro e fazendo pelo resto da vida o que milhares de outros ricos fazem, fico me condenando por ser uma das criaturas mais perversas, egoístas e inúteis de todo o mundo. Faz semanas que não olho por esta janela sem me sentir horrível comigo mesma enquanto observo as pessoas que passam em frente desta casa.

Virginia virou-se e começou a andar de um lado para o outro da sala. Enquanto a observava, Rachel não pôde reprimir o peso crescente de sua definição de discipulado. Como seu talento musical poderia ser usado para fins cristãos? A melhor coisa que ela poderia fazer seria vender seu talento por um salário mensal, participar de uma turnê com uma companhia de concertos, vestir-se lindamente, desfrutar do entusiasmo do aplauso do público e ganhar fama como uma grande cantora? Era isso que Jesus faria?

Ela não estava com problemas psicológicos. Estava bem de saúde, consciente de sua grande competência como cantora e sabia que, se entrasse para a vida pública, poderia ganhar muito dinheiro e ficar famosa. Era pouco provável que estivesse superestimando sua capacidade de realizar tudo aquilo para o qual se julgava capaz. E o que Virginia havia acabado de dizer atingiu Rachel em cheio por causa da posição semelhante em que as duas amigas se encontravam.

O almoço foi servido, e as duas se juntaram à madame Page, avó de Virginia, que era uma bela e imponente mulher de 65 anos, e a Rollin, irmão de Virginia, um jovem que passava a maior parte do tempo em um dos clubes e não tinha nenhuma ambição, a não ser uma admiração cada vez maior por Rachel Winslow, e, toda vez que sabia que ela viria jantar ou almoçar em sua casa, fazia de tudo para estar presente.

Os três formavam a família Page. O pai de Virginia havia sido banqueiro e especulador no mercado de grãos. Sua mãe havia morrido fazia dez anos, e o pai, no ano anterior. A avó, uma mulher nascida e educada no Sul, mantinha todas as tradições e sentimentos característicos da posse de riquezas e da posição social, que sempre permaneceram intactos. Ela era uma mulher de negócios perspicaz e cuidadosa, com uma capacidade acima da média. As propriedades e a riqueza da família, em grande parte, estavam sob seus cuidados pessoais. Sem nenhuma restrição, a parte de Virginia pertencia a ela. Ela havia sido preparada pelo pai para entender o mundo dos negócios, e até a avó era obrigada a reconhecer a capacidade da garota de cuidar do próprio dinheiro.

Talvez não houvesse no mundo duas pessoas menos capazes de entender uma garota como Virginia do que a madame Page e Rollin. Rachel, que conhecia a família desde pequena, quando brincava com Virginia, não podia deixar de pensar no que ela enfrentaria dentro da própria casa uma vez que decidisse seguir o caminho que acreditava piamente ser o que Jesus seguiria. Nesse dia, durante o almoço, enquanto se lembrava do desabafo de Virginia na sala de estar, Rachel tentou imaginar a cena que, em algum momento, surgiria entre a madame Page e a neta.

– Eu soube que você vai se apresentar nos palcos, senhorita Winslow. Tenho certeza de que será um motivo de alegria para todos nós – exclamou Rollin durante a conversa, que não estava muito animada.

Rachel ficou corada e se sentiu incomodada.

– Quem lhe contou? – perguntou, enquanto Virginia, que estava muito quieta e reservada, de repente se empolgou e pareceu pronta para participar da conversa.

– Ah! Ouvimos uma coisa ou outra nas ruas. Além disso, todos viram o gerente Crandall na igreja há duas semanas. Ele não foi à igreja para ouvir a pregação. Na verdade, conheço outras pessoas que também não vão lá para isso, uma vez que há algo melhor para ouvir.

Rachel não ficou vermelha dessa vez, mas respondeu com calma:

– Você está enganado. Eu não vou me apresentar nos palcos.

– É uma grande pena! Você faria muito sucesso. Todos estão falando da sua voz.

Dessa vez, Rachel ficou vermelha de raiva. Antes que ela pudesse dizer qualquer coisa, Virginia interrompeu:

– O que você quer dizer com "todos"?

– Todos? Todas as pessoas que ouvem a senhorita Winslow aos domingos. Em que outro momento elas podem ouvi-la? Quero dizer que é uma grande pena que o público em geral fora de Raymond não possa ouvir sua voz.

– Vamos mudar de assunto – disse Rachel de forma um pouco brusca.

Madame Page olhou para ela e falou com delicada cortesia:

– Minha cara, Rollin não é capaz de fazer um elogio de maneira indireta. Ele é parecido com o pai nesse sentido. Mas todos nós estamos curiosos para saber quais são seus planos. Temos esse direito por causa de nossa velha amizade, sabe; e Virginia já nos falou sobre a proposta que a companhia de concertos lhe fez.

– Eu imaginei que isso, é claro, já havia se tornado público – disse Virginia, sorrindo do outro lado da mesa. – Estive na redação do *News* antes de ontem.

– Sim, sim – respondeu Rachel apressadamente. – Compreendo, madame Page. Bem, Virginia e eu estávamos conversando sobre isso. Mas decidi não aceitar, e é só isso que posso dizer no momento.

Rachel estava ciente do fato de que a conversa, até aquele momento, estava reduzindo sua hesitação quanto à proposta da companhia de concertos a uma decisão que satisfaria completamente seu julgamento sobre a provável atitude de Jesus. No entanto, a última coisa no mundo que ela desejava era que sua decisão se tornasse pública dessa forma. De algum modo, o que Rollin Page havia dito e a maneira como ele disse aceleraram a decisão dela.

– Rachel, você se importaria de nos contar quais são seus motivos para recusar a proposta? Parece ser uma grande oportunidade para uma jovem como você. Não acha que o público em geral deveria ouvi-la cantar? Eu penso como Rollin nesse sentido. Uma voz como a sua deve ser ouvida por um público maior do que o de Raymond e da Primeira Igreja.

Rachel Winslow era, por natureza, uma jovem muito reservada. Evitava que seus planos ou pensamentos se tornassem públicos. Entretanto, mesmo com toda sua repressão, de repente ela se permitiu expressar seus sentimentos mais íntimos de modo completamente franco e verdadeiro. Em seguida, ela respondeu a madame Page em um daqueles raros momentos de sinceridade que tornavam seu caráter ainda mais atraente.

– Não tenho outro motivo senão a convicção de que Jesus Cristo faria o mesmo – disse ela, olhando nos olhos da senhora com um ar despreocupado e sincero.

Madame Page ficou vermelha, e Rollin, perplexo. Antes que a avó pudesse dizer qualquer coisa, Virginia falou. Seu rosto cada vez mais rubro revelava que ela estava ficando agitada. O semblante pálido e claro de Virginia era de alguém saudável, mas normalmente contrastava com a beleza tropical típica de Rachel.

– Vovó, a senhora sabe que prometemos seguir esse padrão de conduta por um ano. A proposta do senhor Maxwell foi clara para todos os que a ouviram. Não temos conseguido tomar nossas decisões com rapidez. A dificuldade de saber o que Jesus faria tem deixado Rachel e a mim muito perplexas.

Madame Page olhou de modo rígido para Virginia antes de dizer qualquer coisa.

– É claro que eu entendo a proposta do senhor Maxwell. É totalmente impossível colocá-la em prática. Naquele momento, tive certeza de que as pessoas que haviam aceitado a proposta descobririam isso e, depois de uma tentativa, deixariam essa promessa de lado por ser algo visionário e absurdo. Não tenho nada a dizer sobre as decisões da senhorita Winslow, mas – fez uma pausa e continuou com uma rispidez até então desconhecida por Rachel – espero que você não me venha com ideias tolas nesse sentido, Virginia.

– Eu tenho muitas ideias – respondeu Virginia calmamente. – Se são tolas ou não depende da minha compreensão correta do que Jesus faria. Assim que eu souber, agirei com base nisso.

– Com licença, senhoras – disse Rollin, levantando-se da mesa. – A conversa está ficando muito profunda para mim. Vou me retirar para fumar um charuto na biblioteca.

Quando Rollin saiu da sala de jantar, houve silêncio por um instante. Madame Page esperou até que a empregada trouxesse algo e depois pediu que ela se retirasse. Estava irritada, e sua raiva era grande, embora fosse controlada, de certa forma, pela presença de Rachel.

– Eu sou muito mais velha que vocês, mocinhas – disse ela, e sua postura tradicional parecia erguer uma grande muralha de gelo entre ela e toda concepção de Jesus como sacrifício. – O que vocês prometeram com um espírito de falsa emoção, presumo, é impossível cumprir.

– A senhora quer dizer, vovó, que não podemos agir como nosso Senhor? Ou a senhora quer dizer que, se tentarmos, ofenderemos os costumes e ideias preconcebidas da sociedade? – perguntou Virginia.

– Não é necessário! Ninguém precisa fazer isso! Além do mais, como é possível agir com algum... – madame Page parou, interrompeu o que dizia e depois se virou para Rachel. – O que sua mãe vai dizer sobre sua decisão? Minha querida, isso não é uma tolice? Afinal, o que você espera fazer com a sua voz?

– Eu ainda não sei o que a minha mãe vai dizer – respondeu Rachel, tentando não imaginar a provável resposta de sua mãe. Se havia uma mulher em toda a cidade de Raymond com grandes ambições para o sucesso da filha como cantora, essa era a senhora Winslow.

– Ah! Depois de pensar melhor sobre o assunto, você verá as coisas de outra maneira, minha querida – continuou madame Page levantando-se da mesa. – Você vai se arrepender pelo resto da vida se não aceitar a proposta da companhia de concertos ou algo do tipo.

Rachel disse algo que dava a entender a luta que ainda estava tendo. E logo depois foi embora com a sensação de que sua saída seria seguida por uma conversa muito dolorosa entre Virginia e a avó. Como descobriu mais tarde, Virginia passou por uma crise emocional durante aquele episódio com sua avó que acelerou sua decisão final quanto ao uso de seu dinheiro e sua posição social.

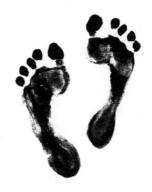

CAPÍTULO 7

Rachel ficou feliz por sair dali e ficar sozinha. Aos poucos um plano começou a se formar em sua mente, e ela queria estar sozinha e pensar nele com cuidado. No entanto, antes mesmo de caminhar dois quarteirões, irritou-se ao perceber que Rollin Page estava caminhando ao seu lado.

– Perdão por atrapalhar seus pensamentos, senhorita Winslow, mas acontece que eu estava vindo para esse mesmo lado e pensei que você talvez não fizesse objeção à minha companhia. Na verdade, eu já vinha andando ao seu lado por um quarteirão inteiro, e você não se importou.

– Eu não vi você – disse Rachel rapidamente.

– Eu não me importaria se você pensasse em mim de vez em quando – disse Rollin subitamente. Nervoso, deu uma última tragada no charuto, jogou-o na rua e continuou a caminhar com o rosto pálido.

Rachel estava surpresa, mas não assustada. Conhecera Rollin quando ele era criança, e houve um tempo em que ambos usavam o primeiro nome com muita familiaridade para se dirigirem um ao outro. Ultimamente, no entanto, algo na atitude de Rachel havia acabado com isso. Ela estava acostumada com as tentativas diretas que Rollin fazia para elogiá-la e, às vezes, se divertia com isso. Nesse dia, ela sinceramente queria que ele estivesse em outro lugar.

– Você pensa em mim de vez em quando, senhorita Winslow? – perguntou Rollin depois de uma pausa.

– Ah, sim, com bastante frequência! – respondeu Rachel com um sorriso.

– Você está pensando em mim agora?

– Sim. Quer dizer... sim... estou.

– Em quê?

– Você quer que eu seja bem sincera?

– Claro.

– Eu estava pensando que gostaria que você não estivesse aqui.

Rollin mordeu o lábio e pareceu triste.

– Ouça aqui, Rachel... ah, eu sei que não deveria, mas já faz um tempo que preciso lhe falar... você sabe o que eu sinto. Por que você me trata assim? Você gostava um pouco de mim, você sabe.

– Gostava? É claro que nos dávamos bem quando éramos crianças. Mas agora estamos mais velhos.

Rachel ainda falava com a calma e a tranquilidade que sentia desde o instante em que se irritara ao vê-lo. Ela ainda estava um pouco preocupada com seu plano, que havia sido atrapalhado com a aparição repentina de Rollin.

Caminharam em silêncio mais um pouco. A avenida estava cheia de gente. Entre os que passavam estava Jasper Chase. Ele viu Rachel e Rollin e os cumprimentou de forma educada enquanto passavam. Rollin observava Rachel com atenção.

– Eu gostaria de ser Jasper Chase. Talvez assim eu tivesse alguma chance – comentou ele, triste.

Rachel ficou vermelha. Não disse nada e acelerou um pouco o passo. Rollin aparentava estar determinado a dizer algo, e Rachel parecia não poder fazer nada para impedi-lo. Afinal, pensou ela, em algum momento ele terá de saber a verdade.

– Rachel, você sabe muito bem o que eu sinto por você. Não há nenhuma esperança para mim? Eu poderia fazê-la feliz. Faz muitos anos que eu amo você...

– Quantos anos você acha que eu tenho? – interrompeu Rachel, com uma risada nervosa. Ela estava um pouco mais desconfortável do que o normal.

– Você sabe o que quero dizer – continuou Rollin, insistente. – E você não tem o direito de rir de mim só porque eu quero que você se case comigo.

– Eu não estou rindo! Mas não vai adiantar falar com você, Rollin – disse Rachel depois de certa hesitação e, em seguida, usou o nome dele de maneira tão simples e franca que ele não pôde atribuir nenhum significado a isso além da familiaridade que tinham como velhos conhecidos. – É impossível.

Ela ainda estava um pouco agitada com o fato de ter recebido uma proposta de casamento bem ali no meio da rua. Entretanto, o barulho na rua e na calçada tornou a conversa tão privada que era como se ambos estivessem em casa.

– Isso é... você acha que... se você me desse um tempo, eu poderia...

– Não! – exclamou Rachel. E o fez com firmeza; talvez, pensou mais tarde, tivesse respondido de forma ríspida, embora não tivesse sido sua intenção.

Eles caminharam mais um pouco sem dizer nada. Quando já estavam perto da casa de Rachel, ela estava ansiosa para acabar com aquela cena.

Quando saíram da avenida e entraram em uma rua mais silenciosa, Rollin falou subitamente de um modo mais viril do que antes. Havia um nítido tom de dignidade que Rachel desconhecia.

– Senhorita Winslow, peço-lhe que seja minha esposa. Posso ter alguma esperança de você aceitar meu pedido um dia?

– Nenhuma – respondeu Rachel, decidida.

– Você poderia me dizer por quê? – fez a pergunta como se tivesse direito a uma resposta sincera.

– Porque eu não sinto por você o que uma mulher deveria sentir pelo homem com quem vai se casar.

– Em outras palavras, você não me ama?

– Não amo nem posso amar.

– Por quê? – Essa era outra questão, e Rachel ficou um pouco surpresa por ele perguntar.

– Porque... – hesitou por medo de dizer o que não deveria na tentativa de falar a verdade.

– Só me diga o porquê. Não dá para me machucar mais do que você já machucou.

– Bem, eu não amo e não posso amar você porque você não tem nenhum propósito na vida. O que você já fez para deixar o mundo melhor? Você passa o tempo no clube, se divertindo, viajando, vivendo no luxo. O que há nesse estilo de vida que possa atrair uma mulher?

– Não muito, eu acho – respondeu Rollin, com uma risada amarga. – Mesmo assim, eu não sei se sou pior do que os outros homens que me cercam. Eu não sou tão mau assim. Que bom saber os seus motivos!

De repente, ele parou, tirou o chapéu, curvou-se de modo sério e virou-se para ir embora. Rachel foi para casa e correu para seu quarto, perturbada em vários sentidos com o episódio que havia ocorrido de forma tão inesperada.

Quando teve tempo para pensar melhor no assunto, viu-se condenada pelo próprio julgamento que fez de Rollin Page. Que propósito de vida tinha ela? Havia morado no exterior e estudado música com um dos professores mais famosos da Europa. Voltou para casa em Raymond, e estava cantando no coral da Primeira Igreja havia um ano. Era bem remunerada. Até aquele domingo, duas semanas atrás, estava muito satisfeita consigo mesma e com sua posição. Partilhava da ambição da mãe e podia vislumbrar um sucesso cada vez maior no mundo da música. Que outra carreira ela poderia ter senão a carreira normal de toda cantora?

Ela fez a pergunta mais uma vez e, considerando a resposta que tinha dado recentemente a Rollin, perguntou de novo se ela mesma tinha algum grande propósito na vida. O que Jesus faria? Sua voz valia uma fortuna. Ela sabia disso, não necessariamente por uma questão de orgulho pessoal ou vaidade profissional, mas apenas porque era um fato. E foi obrigada a reconhecer que, até duas semanas atrás, tinha a intenção de usar a voz para ganhar dinheiro, admiração e aplausos. Afinal, será que este era um propósito mais nobre do que aquele pelo qual Rollin Page vivia?

Ficou sentada em seu quarto por um bom tempo, quando, finalmente, decidiu descer as escadas e ter uma conversa franca com a mãe sobre a proposta da companhia de concertos e o novo plano que aos poucos se formava em sua mente. Ela já havia tido uma conversa com a mãe sobre o assunto e sabia que ela esperava que aceitasse a proposta e iniciasse uma carreira de sucesso como cantora.

– Mãe – disse Rachel, indo direto ao ponto, embora estivesse receosa de ter essa conversa –, decidi não sair em turnê com a companhia. Tenho uma boa razão para isso.

A senhora Winslow era uma mulher grande e bem-apessoada, gostava de muita companhia, tinha a ambição de se destacar na sociedade e se dedicava, de acordo com suas definições de sucesso, ao sucesso dos filhos. O filho caçula, Louis, dois anos mais novo que Rachel, estava para se formar em uma academia militar no verão. Enquanto isso, ela e Rachel ficavam em casa juntas. O pai de Rachel, como o de Virginia, havia morrido enquanto a família estava no exterior. Assim como Virginia, ela se via, de acordo com sua atual regra de conduta, totalmente contrária ao próprio círculo familiar imediato. A senhora Winslow esperou que Rachel continuasse.

– Sabe a promessa que fiz duas semanas atrás, mãe?

– A promessa do senhor Maxwell?
– Não, a minha. Você sabe qual é, não sabe, mãe?
– Eu acho que sim. É claro que todos os membros da igreja têm intenção de imitar Cristo e segui-lo na medida em que isso esteja de acordo com nosso estilo de vida. Mas o que isso tem a ver com a sua decisão sobre a companhia de concertos?
– Tem tudo a ver. Depois de perguntar "O que Jesus faria?" e buscar o consentimento de Jesus para essa resposta, fui obrigada a concluir que não acredito que Ele, se estivesse em meu lugar, usaria a voz dessa forma.
– Por quê? Há algo errado com essa carreira?
– Não, nada que eu saiba.
– Você tem a pretensão de julgar outras pessoas que saem para cantar assim? Você acha que elas estão fazendo o que Cristo não faria?
– Mãe, eu gostaria que você me entendesse. Não estou julgando ninguém; não condeno nenhum outro cantor profissional. Eu simplesmente decido o que quero fazer da minha vida. Ao olhar para ela, tenho a convicção de que Jesus faria outra coisa.
– O quê? – A senhora Winslow ainda não tinha perdido a paciência. Ela só não conseguia entender a situação nem o que Rachel estava fazendo no meio disso tudo, mas estava ansiosa para que o destino da filha fosse tão promissor quanto seus dons naturais prometiam. E tinha certeza de que, quando passasse aquela inesperada empolgação religiosa que havia dominado a Primeira Igreja, Rachel continuaria sua vida pública de acordo com os desejos da família. Ela não estava nem um pouco preparada para ouvir o que Rachel diria a seguir.
– O quê? Algo que possa servir à humanidade naquilo em que ela mais precisa do ministério de música. Mãe, decidi usar a voz de modo que satisfaça minha própria alma, fazendo algo maior do que agradar a plateias elegantes, ganhar dinheiro ou mesmo satisfazer minha paixão de cantar. Vou fazer algo que me agrade quando eu perguntar "O que

Jesus faria?". Não me sinto satisfeita, e não vou ficar, quando me imagino como uma cantora profissional de uma companhia de concertos.

Rachel falou com um vigor e seriedade que surpreendeu a mãe. Mas a senhora Winslow estava irritada agora; e ela nunca tentava esconder seus sentimentos.

– Isso não tem cabimento! Rachel, você virou uma fanática! O que você vai fazer?

– Homens e mulheres têm oferecido seus dons ao mundo. Por que eu, que fui abençoada com um talento natural, tenho que pôr um preço de mercado nele e ganhar todo o dinheiro que puder com isso? Você sabe, mãe, que me ensinou a pensar em uma carreira musical visando ao sucesso financeiro e social. Desde que fiz minha promessa há duas semanas, não consigo imaginar Jesus entrando em uma companhia de concertos para fazer o que eu deveria fazer e levar a vida que eu deveria levar se me juntasse a ela.

A senhora Winslow levantou-se e depois se sentou de novo. Com grande esforço, ela se recompôs.

– O que você pretende fazer então? Você não respondeu à minha pergunta.

– Vou continuar a cantar na igreja por enquanto. Assumi o compromisso de cantar lá na primavera. Durante a semana vou cantar nas reuniões da White Cross, lá no Retângulo.

– O quê!? Rachel Winslow! Você sabe o que está dizendo? Você sabe que tipo de gente frequenta aquele lugar?

Rachel quase recuou diante da mãe. Por um instante, ela se encolheu e ficou em silêncio. Então, respondeu com firmeza:

– Sei muito bem. É por isso que eu vou. Faz várias semanas que o senhor e a senhora Gray estão trabalhando lá. Foi só hoje de manhã que eu soube que eles estão precisando de cantores das igrejas para ajudar nas reuniões. Eles usam uma tenda. Fica em uma parte da cidade onde o trabalho cristão é mais necessário. Eu vou oferecer minha ajuda. Mãe!

– exclamou pela primeira vez com paixão em sua voz. – Quero fazer algo que me custe algum sacrifício. Eu sei que você não vai me entender. Mas tenho desejo de sofrer por alguma coisa. O que fizemos durante toda a nossa vida pelos que sofrem e pelos pecadores de Raymond? Até que ponto negamos a nós mesmos ou oferecemos algo do nosso conforto e prazer pessoal para abençoar o lugar onde vivemos ou para imitar a vida do Salvador do mundo? Devemos sempre continuar a fazer aquilo que a sociedade dita de forma egoísta, seguindo em seu pequeno e estreito círculo de prazer e diversão, sem nunca conhecer a dor das coisas que importam?

– Você está pregando para mim? – perguntou a senhora Winslow pausadamente. Rachel levantou-se, entendendo a intenção da mãe.

– Não. Estou pregando para mim mesma – respondeu de forma gentil. Fez uma pausa como se estivesse esperando que a mãe dissesse algo mais e depois saiu da sala. Quando chegou ao seu quarto, percebeu que, vindo da própria mãe, ela não podia esperar compaixão, tampouco compreensão sincera.

Então se ajoelhou. Pode-se dizer que, nas duas últimas semanas, desde que a paróquia de Henry Maxwell se viu diante daquele maltrapilho de chapéu esfarrapado, mais membros foram tocados a se ajoelhar em oração do que durante todo o período anterior de seu pastorado.

Ela se levantou com o rosto banhado em lágrimas. Pensativa, sentou-se um pouco e depois escreveu um bilhete para Virginia Page. Enviou-o por um mensageiro e depois desceu as escadas para dizer à mãe que ela e Virginia iriam ao Retângulo naquela noite para conversar com os evangelistas, o senhor e a senhora Gray.

– O tio de Virginia, o doutor West, vai com a gente, se ela for mesmo. Pedi a ela que telefonasse para ele e pedisse que nos acompanhasse. O doutor é amigo da família Gray e participou de algumas reuniões no inverno passado.

Em seus passos o que faria Jesus?

A senhora Winslow não disse nada. Sua postura revelava que ela desaprovava totalmente a decisão da filha, e Rachel podia sentir a amargura tácita da mãe.

Por volta das sete horas da noite, o doutor e Virginia apareceram, e os três foram juntos para o local onde aconteciam as reuniões da White Cross.

O Retângulo era o bairro mais conhecido de Raymond. Ficava em uma zona perto das oficinas ferroviárias e das instalações onde se processavam e embalavam frutas. Na grande área em torno do Retângulo, formada por favelas e cortiços de Raymond, aglomeravam-se os piores e mais miseráveis indivíduos. Compreendia um terreno baldio usado no verão por companhias circenses e artistas itinerantes. Era lotada de bares, um atrás do outro, casas de jogos e pensões baratas e sujas.

A Primeira Igreja de Raymond nunca havia abordado a questão do Retângulo. Honestamente, o local era muito sujo, muito vulgar, muito pecaminoso, muito terrível para que alguém quisesse um contato mais próximo.Houve até uma tentativa de limpar toda aquela podridão com o envio de um grupo esporádico de cantores, professores de escola dominical ou convidados religiosos de várias igrejas. No entanto, a Primeira Igreja de Raymond, como instituição, nunca havia de fato movido uma palha para fazer com que o Retângulo deixasse de ser uma fortaleza do diabo no decorrer dos anos.

Foi no meio dessa parte tosca e pecaminosa de Raymond que o evangelista itinerante e sua pequena e valente esposa montaram uma tenda de bom tamanho e começaram as reuniões. Era primavera, e as noites começavam a ficar mais agradáveis. Os evangelistas haviam pedido ajuda aos cristãos da cidade e receberam mais apoio do que o normal. Entretanto, careciam de mais música e de melhor qualidade. Durante as reuniões do domingo anterior, o organista havia adoecido. Os voluntários da cidade eram poucos, e as vozes não eram nada excepcionais.

– Haverá uma pequena reunião hoje à noite, John – disse a esposa, quando entraram na tenda pouco depois das sete horas e começaram a arrumar as cadeiras e acender as luzes.

– Sim, receio que sim.

O senhor Gray era um homem baixo e cheio de energia, tinha uma voz agradável e a coragem de um lutador profissional. Já havia feito amigos na vizinhança, e um de seus convertidos, um homem de rosto sério que havia acabado de chegar, começou a ajudar na organização das cadeiras.

Já passava das oito horas da noite quando Alexander Powers fechou a porta de seu escritório para ir embora para casa. Ele estava indo pegar uma condução em uma esquina próxima ao Retângulo. Mas uma voz vinda da tenda chamou a sua atenção.

Era a voz de Rachel Winslow. Aquela voz penetrou sua consciência, fazendo-o lembrar da luta com o dilema que o levou a se colocar na Presença Divina em busca de uma resposta. Ele ainda não havia chegado a uma conclusão. Essa incerteza o torturava. Toda sua experiência como ferroviário era a mais pobre preparação para qualquer tipo de sacrifício. E ele ainda não sabia dizer o que faria a respeito.

Nossa! O que ela está cantando? O que fez Rachel Winslow vir parar aqui? Várias janelas no entorno se abriram. Alguns homens brigando perto de um bar pararam para ouvir. Outras pessoas correram rapidamente em direção ao Retângulo e à tenda. Certamente Rachel Winslow nunca havia cantado assim na Primeira Igreja. Era uma voz maravilhosa. O que ela estava cantando? Mais uma vez, Alexander Powers, superintendente das oficinas ferroviárias, parou e ouviu:

> Aonde Ele for, eu o seguirei,
> Aonde Ele for, eu o seguirei,
> Aonde Ele for, eu o seguirei,
> Irei com Ele, com Ele.
> Até o fim!

A vida cruel, vulgar e impura do Retângulo transformava-se em uma nova vida à medida que a música, mais pura que a atmosfera vil ao redor, inundava bares, antros de perdição e alojamentos imundos. Alguém passou às pressas por Alexander Powers e disse em resposta a uma pergunta:

– A tenda *tá arrebentando* hoje. É isso que é música, né?

O superintendente voltou-se para a tenda. Em seguida, parou. Após um minuto de indecisão, foi para a esquina e pegou a condução para casa. Entretanto, antes de deixar de ouvir o som da voz de Rachel, percebeu que já havia se decidido sobre a questão do que Jesus faria.

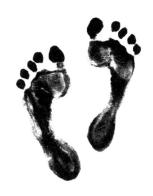

CAPÍTULO 8

"Se alguém quiser acompanhar-me, negue-se a si mesmo, tome diariamente a sua cruz e siga-me." (Lc 9.23)

Henry Maxwell andava de um lado para o outro em seu gabinete. Era quarta-feira, e ele havia começado a refletir sobre o tema da mensagem para o culto daquela noite. De uma das janelas de seu gabinete, podia avistar a chaminé alta da oficina ferroviária. O topo da tenda do evangelista se sobressaía em meio aos prédios ao redor do Retângulo. Ele olhava pela janela toda vez que se virava para ela. Depois de um tempo, sentou-se à sua mesa e pegou uma folha grande de papel. Depois de pensar por alguns minutos, escreveu o seguinte em letras grandes:

ALGUMAS COISAS QUE JESUS PROVAVELMENTE
FARIA NESTA PARÓQUIA

1. Viveria de maneira simples e modesta, sem luxo desnecessário, por um lado, e sem um asceticismo exagerado, por outro.

2. Pregaria sem medo aos hipócritas da igreja, fossem eles socialmente importantes ou ricos.
3. Mostraria, de forma prática e simples, sua simpatia e seu amor pelas pessoas comuns e também pelos ricos, instruídos e sofisticados que formam a maioria da paróquia.
4. Iria identificar-se com as grandes causas da humanidade de alguma forma pessoal que exigisse abnegação e sofrimento.
5. Pregaria contra o funcionamento de bares em Raymond.
6. Ficaria conhecido como amigo e companheiro dos pecadores do Retângulo.
7. Desistiria da viagem à Europa nas férias deste ano. (Estive no exterior duas vezes e não posso dizer que tenho uma necessidade especial de descansar de novo. Estou bem e poderia abrir mão desse prazer, usando o dinheiro para ajudar alguém que precisa mais de férias do que eu. É provável que haja muitas pessoas assim na cidade.)

Com uma humildade que desconhecia até o momento, ele sabia que o esboço que havia feito das prováveis ações de Jesus carecia dolorosamente de profundidade e força, mas procurava com cuidado formas concretas pelas quais pudesse expressar o que julgava ser a conduta de Jesus. Quase todos os pontos listados significavam, para ele, uma mudança completa dos costumes e hábitos de anos no ministério. Apesar disso, ainda procurava fontes mais profundas que revelassem o espírito semelhante ao de Cristo. Não tentou escrever mais e sentou-se à sua mesa, absorto em seu esforço de entender cada vez mais o espírito de Jesus na própria vida. Maxwell havia esquecido o tema específico para o culto de oração com o qual havia começado o estudo da manhã.

Estava tão absorto em seu pensamento que não ouviu a campainha tocar; foi despertado pela empregada que anunciou uma visita. Era o senhor Gray.

Maxwell foi até o pé da escada e pediu a Gray que subisse. O homem subiu e explicou o motivo da visita.

– Eu preciso de sua ajuda, senhor Maxwell. Tenho certeza de que o senhor ficou sabendo da reunião maravilhosa que tivemos na segunda e ontem à noite. A senhorita Winslow tem conseguido melhores resultados com sua voz do que eu, e a tenda já não acomoda as pessoas.

– Fiquei sabendo. É a primeira vez que as pessoas lá a ouviram cantar. Não é de admirar que estejam interessadas.

– Foi uma surpresa maravilhosa para nós e um acontecimento muito encorajador para nosso trabalho. Mas vim aqui perguntar se o senhor não poderia pregar lá hoje à noite. Estou com um forte resfriado. Não dá para contar com a minha voz outra vez. Eu sei que estou pedindo muito a um homem tão ocupado quanto o senhor. Mas, se não puder ir, pode ser muito franco, e eu tentarei arranjar outra pessoa.

– Desculpe, mas hoje temos o culto de oração em nossa igreja – começou Henry Maxwell. Em seguida, ficou envergonhado e acrescentou: – Acho que consigo dar um jeito de ir, sim. Pode contar comigo.

Gray agradeceu empolgado e levantou-se para ir embora.

– Você pode ficar mais um minuto, Gray, para fazermos uma oração juntos?

– Sim – respondeu Gray.

Então os dois se ajoelharam no gabinete. Henry Maxwell orou como uma criança. Gray se emocionou e derramou algumas lágrimas enquanto estava ajoelhado ali. Havia algo digno de compaixão na maneira como Maxwell, que até então havia levado o exercício de sua vida ministerial de forma tão limitada, agora implorava por sabedoria e força para transmitir uma mensagem às pessoas do Retângulo.

Gray levantou-se e estendeu a mão.

– Deus o abençoe, senhor Maxwell. Tenho certeza de que o Espírito lhe dará poder hoje à noite.

Henry Maxwell não respondeu. Não se sentiu confiante nem para dizer que era o que esperava. Entretanto, pensou em sua promessa, e ela lhe deu um pouco de paz para renovar seu coração e sua mente.

Foi assim que os membros da Primeira Igreja, quando entraram no salão de culto naquela noite, tiveram outra surpresa. Havia um número excepcionalmente grande de pessoas. Nunca na história da Primeira Igreja, as reuniões de oração, desde aquela notável manhã de domingo, haviam tido tantos frequentadores. O senhor Maxwell foi direto ao ponto.

– Sinto que recebi o chamado para ir ao Retângulo hoje à noite, então gostaria que decidissem se vocês podem realizar essa reunião aqui hoje. Eu acho que o melhor seria que alguns voluntários fossem ao Retângulo comigo, preparados para ajudar no que for preciso após o culto, se necessário, e o restante permanecesse aqui e orasse para que o poder do Espírito nos acompanhasse.

Assim, meia dúzia de homens acompanhou o pastor, e o restante das pessoas permaneceu no salão. Enquanto saía do salão, Maxwell não pôde deixar de pensar que era provável que, entre todos os membros de sua igreja, talvez nunca tivesse havido um grupo de discípulos capazes de realizar uma obra que conseguisse levar pecadores necessitados a conhecer Cristo. O pensamento não durou muito a ponto de atormentá-lo durante o caminho, mas era simplesmente uma parte de toda a sua nova concepção do que significava discipulado cristão.

Quando ele e seu pequeno grupo de voluntários chegaram ao Retângulo, a tenda já estava lotada. Eles tiveram dificuldade para chegar ao púlpito. Rachel já estava lá com Virginia e Jasper Chase, que tinha ido no lugar do médico naquela noite.

Quando a reunião começou, com Rachel cantando o solo e as pessoas sendo convidadas a participar do refrão, não cabia mais ninguém nem de pé na tenda. A noite estava agradável e, uma vez que as laterais da tenda estavam erguidas, uma grande quantidade de rostos espreitavam ao redor, olhando para dentro e formando parte da plateia. Depois da música e da oração feita por um dos pastores da cidade, Gray explicou por que não podia falar e, de seu modo simples, passou o culto para o "irmão Maxwell da Primeira Igreja".

– Quem é esse cara? – perguntou uma voz rouca quase do lado de fora da tenda.

– É o "pastô" da "Primera" Igreja. Hoje tem um convidado bacana.

– Você disse "Primera" Igreja? Eu conheço ele. O dono da casa onde eu moro comprou um banco lá na frente – comentou um homem que era dono de um bar, e houve risadas.

– Joga a corda na onda escura! – um bêbado que estava ali perto começou a cantar com uma voz nasalada, imitando um cantor itinerante local, o que provocou risos e gritos de aprovação dos que o cercavam. As pessoas na tenda se viraram na direção do tumulto. Houve quem gritasse "Coloca ele pra fora!", "Dá uma chance pra Primera Igreja!", "Música! Música! Outra música!".

Henry Maxwell levantou-se e foi tomado por uma grande onda de pavor. Aquilo não era o mesmo que pregar para pessoas bem-vestidas, respeitáveis e bem-educadas do centro da cidade. Ele começou a falar, mas a confusão aumentou. Gray foi ao encontro da multidão, mas não pareceu capaz de acalmá-la. Maxwell levantou o braço e a voz. A multidão na tenda começou a prestar um pouco de atenção, porém o barulho do lado de fora aumentou. Em poucos minutos, o público estava fora de controle. Ele se virou para Rachel com um sorriso triste.

– Cante alguma coisa, senhorita Winslow. Eles vão ouvi-la – disse ele e, em seguida, sentou-se e cobriu o rosto com as mãos.

Era a oportunidade que Rachel esperava, e ela estava totalmente pronta para aproveitá-la. Pediu a Virginia, que estava diante do órgão, que tocasse algumas notas do hino.

"Salvador, eu sigo
Guiado por ti,
Ainda sem ver a mão
Que me conduz.
Que se acalme e descanse o meu coração,
Não mais temerei,
Somente fazer a tua vontade
Será a minha vontade."

    Rachel nem havia acabado de cantar a primeira frase quando todas as pessoas da tenda se viraram para ela, em silêncio e com reverência. Antes mesmo que ela tivesse terminado a estrofe, o povo do Retângulo já estava controlado e dominado, prostrado aos seus pés como um animal selvagem, e ela cantou sem nenhum perigo. Ah! Não dava para comparar a plateia arrogante, perfumada e crítica das salas de concerto com esse mar de gente suja, bêbada, impura e desnorteada que tremia e chorava, cada vez mais estranha e melancolicamente absorta ao toque da ministração divina dessa bela jovem! O senhor Maxwell, quando levantou a cabeça e viu a multidão transformada, vislumbrou algo que Jesus provavelmente faria com uma voz como a de Rachel Winslow. Jasper Chase estava sentado e tinha os olhos fixos na cantora, e seu maior desejo como um autor ambicioso foi tragado ao pensar no que o amor de Rachel Winslow às vezes poderia significar para ele. E no meio da escuridão lá fora estava a última pessoa que alguém esperaria ver em um culto na tenda: Rollin Page, que, empurrado de todos os lados por mulheres e homens grosseiros que não tiravam os olhos de suas roupas elegantes, parecia não se incomodar com o que o cercava e, ao mesmo tempo, se deixava dominar pela força que Rachel exercia sobre ele. Ele havia acabado de chegar do clube. Nem Rachel nem Virginia o viram naquela noite.
    A música acabou. Maxwell se levantou novamente. Dessa vez, ele se sentia mais calmo. O que Jesus faria? Ele falou como jamais pensou

ser capaz. Quem eram essas pessoas? Eram almas imortais. O que era o cristianismo? Um convite feito aos pecadores, não aos justos. Como Jesus falaria com eles? O que Ele diria? Maxwell não conseguiria dizer tudo o que a mensagem de Cristo deveria conter, mas tinha certeza acerca de uma parte dela. E foi com essa certeza que ele continuou a falar. Nunca havia sentido "compaixão pela multidão". O que a multidão significou para ele durante seus dez anos na Primeira Igreja não passava de algo vago, perigoso, sujo e problemático da sociedade, fora do alcance da igreja e também do seu, um elemento que de vez em quando lhe causava uma dor desagradável na consciência, um fator em Raymond que era discutido nas associações como "massas" e em artigos escritos pelos irmãos na tentativa de mostrar por que as "massas" não estavam sendo alcançadas. Entretanto, nessa noite, enquanto encarava as massas, perguntou a si mesmo se, afinal, esta não era apenas uma multidão como aquela que Jesus encarava com frequência; e Maxwell sentiu um verdadeiro amor por essa multidão, o que é um dos melhores sinais que um pregador poderia ter de estar vivendo perto da essência da vida eterna para o mundo. É fácil amar um pecador, sobretudo se ele é uma pessoa pitoresca ou interessante. Amar uma multidão de pecadores é claramente uma qualidade semelhante à de Cristo.

No final da reunião, não houve nenhum interesse especial. Ninguém ficou na tenda após o culto. As pessoas logo deixaram o local, e os bares, que estavam com poucos clientes durante a reunião, voltaram a mostrar que eram um negócio próspero. O Retângulo, como se quisesse compensar o tempo perdido, retomou sua habitual devassidão noturna com força total. Maxwell e seu pequeno grupo, incluindo Virginia, Rachel e Jasper Chase, atravessaram os bares e antros até chegarem à esquina onde passavam os ônibus para casa.

– Este lugar é terrível – disse o ministro enquanto esperava a condução. – Nunca imaginei que Raymond tivesse uma ferida tão purulenta. Nem parece que esta cidade tem tantos discípulos de Jesus.

– O senhor acha que alguém pode acabar com essa praga da bebida? – perguntou Jasper Chase.

– Ultimamente, tenho pensado como nunca no que o povo cristão poderia fazer para acabar com essa praga dos bares. E se nós todos nos juntarmos para combater isso? Por que os pastores cristãos e os membros das igrejas de Raymond não se organizam contra o comércio de bebidas? O que Jesus faria? Ele se calaria? Ele votaria em favor desses lugares que fomentam crimes e mortes?

O reverendo estava falando mais consigo mesmo do que com os outros. Lembrou-se de que sempre havia votado a favor desse comércio, assim como quase todos os membros de sua igreja. O que Jesus faria? Ele conseguiria responder a essa pergunta? Se estivesse vivo hoje, o Mestre pregaria e agiria contra o funcionamento dos bares? Como Ele pregaria e agiria? Imagine que não fosse popular pregar contra o comércio de bebidas. E se os cristãos pensassem que só o que poderia ser feito seria permitir o mal e, assim, obter lucro com o pecado necessário? Ou vamos supor que os próprios membros da igreja fossem os proprietários do prédio onde ficam os bares – e aí? Ele sabia que esta era a realidade em Raymond. O que Jesus faria?

Maxwell entrou em seu gabinete na manhã seguinte com apenas parte dessas perguntas respondida. Pensou nisso o dia todo. Ainda estava pensando e tirando certas conclusões reais quando o *Evening News* chegou. Sua esposa trouxe o jornal e sentou-se por alguns minutos enquanto ele lia as notícias para ela.

No momento, o *Evening News* era o jornal mais surpreendente de Raymond. Em outras palavras, estava sendo editado de maneira tão extraordinária que seus assinantes nunca haviam se entusiasmado tanto com um jornal. Primeiro, notaram a ausência de matérias sobre lutas de boxe e, aos poucos, começaram a perceber que o *News* já não publicava histórias de crimes com descrições detalhadas ou de escândalos da vida privada. Depois, perceberam que os anúncios de bebidas e de cigarros foram retirados, além de outros anúncios de caráter duvidoso.

Charles M. Sheldon

A suspensão do jornal aos domingos causou muitos comentários, mas agora era o cunho dos editoriais que estava dando o que falar. Uma citação tirada do jornal de segunda-feira mostrará o que Edward Norman estava fazendo para cumprir sua promessa. O título do editorial era:

O LADO MORAL DAS QUESTÕES POLÍTICAS

O editor do *News* sempre defendeu os princípios do grande partido político no poder no momento e, até até então, costumava discutir todas as questões políticas sob o ponto de vista da conveniência ou da crença desse partido em oposição a outras organizações políticas. Daqui em diante, para agirmos do modo mais transparente possível com todos os nossos leitores, o editor apresentará e discutirá todas as questões políticas sob o ponto de vista do que é certo ou errado. Em outras palavras, a primeira pergunta a ser feita nesta redação sobre qualquer questão política não será: "É do interesse do nosso partido?", ou: "Está de acordo com os princípios estabelecidos por nosso partido em sua plataforma de governo?", mas, sim: "Esta medida está de acordo com os princípios e ensinamentos de Jesus como o autor do mais alto padrão de vida conhecido pelos homens?". Ou seja, para deixar perfeitamente claro, o lado moral de toda questão política será considerado o mais importante, e será claramente estabelecido que nações e indivíduos estão sob a mesma lei para fazer todas as coisas para a glória de Deus como a primeira regra de conduta.

O mesmo princípio será observado nesta redação em relação a candidatos a cargos de responsabilidade e de confiança na república. Independentemente da política partidária, o editor do *News* fará todo o possível para eleger os melhores candidatos e não apoiará de forma consciente nenhum político que não seja digno, por maior que seja o apoio que ele receba do partido. As primeiras perguntas acerca do suposto candidato e de suas propostas serão: "Ele é o homem certo para o cargo?"; "Ele é um homem correto e capaz?"; "Suas propostas são condizentes?".

Há outras questões, mas citamos o suficiente para mostrar o cunho do editorial. Impressionadas, centenas de pessoas em Raymond leram isso e não conseguiram acreditar. Muitas delas escreveram de imediato para o *News*, sugerindo ao editor que suspendesse o jornal. No entanto, o jornal continuou a ser publicado e passou a ser lido com entusiasmo por toda a cidade. Ao final de uma semana, Edward Norman sabia muito bem que estava perdendo rapidamente um grande número de assinantes. Encarou a situação com calma, embora Clark, o editor-chefe, tivesse sido implacável em antecipar a falência do jornal, sobretudo depois do editorial de segunda-feira.

Nessa noite, enquanto lia o jornal para a esposa, Maxwell pôde observar em quase todos os cadernos do periódico evidências da obediência consciente de Norman à promessa que havia feito. Não havia mais manchetes apelativas, sensacionalistas e assustadoras. As matérias indicadas pelas manchetes estavam em perfeita harmonia com os títulos. Ele notou em duas colunas que o nome dos repórteres aparecia na parte inferior do texto. E havia um notável avanço em termos de qualidade e estilo nos artigos deles.

– Então, Norman começou a pedir aos repórteres que assinem suas matérias. Ele conversou comigo a respeito. Isso é bom. Assim, a responsabilidade pelo texto é de quem o escreve, e isso eleva o nível do trabalho. É bom tanto para os leitores quanto para os escritores.

Maxwell parou de repente. Sua esposa levantou os olhos, interrompendo o trabalho que estava fazendo. Ele estava lendo algo com o máximo interesse.

– Ouça isto, Mary – disse ele, depois de algum tempo, com os lábios trêmulos:

"Esta manhã, Alexander Powers, superintendente das oficinas da L. and T. R. R. desta cidade, entregou seu pedido de demissão à empresa e alegou o fato de que chegaram às suas mãos certas provas de violação da Lei de Comércio Interestadual e também da lei estadual recentemente adotada para impedir e punir o cartel de ferrovias em benefício de certos transportadores favorecidos no processo. O senhor Powers declara em seu pedido que não pode mais omitir as informações que sabe sobre a empresa. Ele testemunhará contra ela. Já entregou as provas contra a empresa à Comissão, e agora cabe a ela tomar as medidas necessárias.

"O *News* gostaria de opinar sobre a ação do senhor Powers. Em primeiro lugar, ele não tem nada a ganhar com isso. De forma voluntária, ele perdeu uma posição muito importante quando, ao se manter em silêncio, poderia tê-la conservado. Em segundo lugar, acreditamos que sua atitude contará com a aprovação de todos os cidadãos honestos e sérios que acreditam que a lei pode ser cumprida, e os infratores, levados à justiça. Em um caso como esse, no qual normalmente é quase impossível obter evidências contra uma empresa ferroviária, acredita-se, em geral, que seus funcionários muitas vezes têm em mãos fatos que configuram crime, mas não acham que compete a eles informar às autoridades que a lei está sendo descumprida. Essa falta de responsabilidade por parte de quem deveria agir de forma responsável acaba afetando todos os jovens ligados à empresa. O editor do *News* lembra a declaração dada por um funcionário da importante empresa ferroviária desta cidade há pouco tempo: quase todos os funcionários de determinado departamento da empresa sabiam que grandes quantias de dinheiro eram desviadas por meio de violações ardilosas da Lei de Comércio Interestadual. Ele estava propenso a apoiar a astúcia com que se dava a prática e declarou que todos fariam o mesmo se ocupassem posições altas na empresa que lhes permitissem tentar algo do tipo[3]."

É desnecessário dizer que essa condição da prática comercial é capaz de destruir todos os padrões de conduta mais nobres e mais elevados, e nenhum jovem consegue viver em meio a um clima de desonestidade impune e desrespeito à lei sem que seu caráter seja destruído.

---

3   Pelo que o autor sabe, isso foi de fato dito em um dos Escritórios Gerais de uma grande empresa ferroviária do Ocidente. (N.O.)

Em nossa opinião, o senhor Powers fez a única coisa que um cristão poderia fazer. Ele prestou um serviço corajoso e útil ao Estado e ao público em geral. Nem sempre é fácil determinar as relações que existem entre cada cidadão e seu dever para com o público. Nesse caso, não temos dúvida de que a medida adotada pelo senhor Powers é recomendada a todo homem que acredita na lei e no cumprimento dela. Há momentos em que o indivíduo deve agir em favor das pessoas de maneira que implicará sacrifício e a pior perda possível para ele. O senhor Powers será mal compreendido e terá suas palavras deturpadas, mas não há dúvida de que sua atitude será aprovada por todo cidadão que deseja ver a maior corporação como também o indivíduo mais frágil sujeitos à mesma lei. O senhor Powers fez tudo o que um cidadão patriota e leal poderia fazer. Resta agora à Comissão agir com base nas evidências apresentadas por ele, as quais, ao nosso ver, são provas incontestáveis do crime praticado pela L. and T. Que a lei seja aplicada, independentemente dos envolvidos que forem culpados.

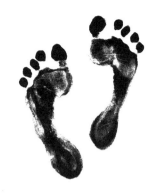

CAPÍTULO 9

Henry Maxwell terminou de ler o jornal e colocou-o de lado.
– Preciso falar com Powers. Isso é resultado da promessa que ele fez.
Ele se levantou e, antes que saísse, a esposa perguntou:
– Henry, você acha que Jesus teria feito isso?
Maxwell fez uma pequena pausa. Então respondeu devagar:
– Eu acho que sim. De qualquer forma, Powers tomou essa decisão, e cada um de nós que fez a promessa entendeu que não decidiria por ninguém, apenas por si mesmo, qual seria a conduta de Jesus.
– E a família dele? Como será que a senhora Powers e Celia vão lidar com isso?
– Será muito difícil, não tenho dúvida. Esta será a cruz de Powers. Elas não vão entender os motivos dele.
Maxwell saiu e foi até o outro quarteirão onde morava o superintendente Powers. Para seu alívio, o próprio Powers atendeu a porta.
Os dois homens apertaram as mãos em silêncio. Eles se entenderam no mesmo instante sem precisarem de palavras. Nunca havia existido um vínculo tão grande entre o ministro e sua ovelha.
– O que você vai fazer? – perguntou Henry Maxwell depois de terem conversado sobre os fatos.

– O senhor se refere a um novo trabalho? Eu ainda não pensei em nada. Talvez eu volte para meu antigo trabalho como operador de telégrafo. Minha família não vai sofrer, a não ser na questão social.

Powers falava de forma calma, mas com tristeza. Henry Maxwell não precisou perguntar como a esposa e a filha estavam se sentindo. Sabia muito bem que o superintendente estava sofrendo muito naquele momento.

– Há um assunto do qual eu gostaria que o senhor tratasse – disse Powers depois de um tempo. – É sobre o trabalho que iniciamos nas oficinas. Até onde eu sei, a empresa não fará objeção à continuidade desse trabalho. Uma das contradições do mundo ferroviário é que a empresa incentiva a influência da YMCA (Associação de Jovens Cristãos) e de outros grupos cristãos ao mesmo tempo que comete os atos mais anticristãos na gestão oficial das ferrovias. É óbvio que a empresa está bem ciente de que vale a pena contar com funcionários equilibrados, honestos e cristãos. Por isso, não tenho dúvida de que o chefe dos mecânicos terá a mesma cortesia que lhe foi mostrada no uso do espaço. Mas o que eu quero que o senhor faça, reverendo Maxwell, é cuidar para que meu plano seja executado. Poderia fazer isso, senhor Maxwell, já que tem uma ideia geral do plano? O senhor causou uma impressão muito boa no pessoal. Vá lá sempre que puder. Convença Milton Wright a arranjar móveis e a investir nas salas de café e nas mesas de leitura. Poderia fazer isso?

– Sim – respondeu Henry Maxwell. O reverendo permaneceu ali mais um pouco. Antes de ir embora, ele e o superintendente fizeram uma oração e se despediram com aquele aperto de mão silencioso que lhes parecia um novo sinal de seu discipulado e comunhão em Cristo.

O pastor da Primeira Igreja voltou para casa profundamente abalado com os acontecimentos da semana. Aos poucos, começou a se deixar influenciar pela verdade de que a promessa de fazer as coisas como Jesus faria estava criando uma revolução em sua paróquia e em toda a cidade.

A cada dia surgiam mais consequências sérias da obediência a essa promessa. Maxwell sabia que aquilo tudo não terminaria ali. Na verdade, aquele era apenas o início dos eventos destinados a mudar a história de centenas de famílias, não apenas em Raymond, mas em todo o país. Ao pensar em Edward Norman, em Rachel e no senhor Powers, bem como nos resultados que já haviam surgido como consequência das ações deles, ele não pôde evitar um sentimento de grande interesse no provável efeito que resultaria se todas as pessoas da Primeira Igreja que haviam feito a promessa a cumprissem fielmente. Todas iriam cumpri-la ou algumas desistiriam quando a cruz se tornasse muito pesada?

Essa era a pergunta que ele se fazia na manhã seguinte, enquanto estava sentado em seu gabinete, quando o presidente da sociedade de jovens de sua igreja apareceu para falar com ele.

– Eu acho que não deveria incomodá-lo com o meu caso – disse o jovem Morris, já indo ao assunto –, mas talvez o senhor possa me aconselhar, senhor Maxwell.

– Que bom que você veio! Diga, Fred.

Ele conhecia o jovem desde seu primeiro ano no pastorado e o amava e o respeitava pelo serviço consistente e fiel que prestava na igreja.

– Bem, a verdade é que estou desempregado. O senhor sabe que eu estava fazendo algumas matérias para o *Sentinel* desde que me formei no ano passado. O fato é que, no sábado passado, o senhor Burr pediu que eu fosse até a ferrovia na manhã de domingo para obter detalhes sobre aquele assalto ao trem no entroncamento e escrever a matéria para a edição extra que saiu na segunda-feira de manhã, pensando apenas em publicar a notícia antes do *News*. Eu não quis ir e o senhor Burr me despediu. Ele estava de mau humor; do contrário, acho que não teria feito isso. Ele sempre me tratou bem. Agora, o senhor acha que Jesus teria feito o que eu fiz? Pergunto porque outros colegas disseram que eu fui um idiota por não ter feito o trabalho. Eu gostaria de sentir que um cristão age por motivos que às vezes podem parecer estranhos para os outros, mas não tolos. O que o senhor acha?

– Eu acho que você cumpriu sua promessa, Fred. Não acho que Jesus iria atrás de matérias em um domingo, como esse senhor pediu para você.

– Obrigado, senhor Maxwell. Eu fiquei um pouco incomodado com isso, mas, quanto mais eu penso, melhor me sinto.

Morris levantou-se para ir embora, porém seu pastor também se levantou e, com carinho, colocou a mão sobre o ombro do jovem.

– O que você vai fazer, Fred?

– Eu ainda não sei. Pensei em me mudar para Chicago ou para alguma cidade grande.

– Por que você não tenta um trabalho no *News*?

– Eles não precisam de ninguém no momento. Nem pensei em pedir emprego lá.

Maxwell pensou por um instante.

– Venha comigo à redação do *News*, e nós vamos falar com Norman sobre isso.

Poucos minutos depois, Edward Norman estava recebendo o ministro e o jovem Morris em seu escritório, e Maxwell contou brevemente por que estavam ali.

– Eu posso lhe dar um emprego no *News* – disse Norman com seu olhar perspicaz, suavizado por um sorriso que o tornava cativante. – Quero repórteres que não trabalhem aos domingos. Além do mais, estou planejando um tipo especial de reportagem que acredito que você poderá desenvolver, já que simpatiza com o que Jesus faria.

Ele atribuiu a Morris uma tarefa específica, e Maxwell, ao voltar para seu gabinete, sentiu aquela satisfação (muito profunda) que uma pessoa tem quando foi parcialmente responsável por ajudar um desempregado a encontrar um trabalho remunerado.

Ele pretendia ir direto para seu gabinete, mas, a caminho de casa, passou por uma das lojas de Milton Wright. Pensou em apenas entrar, apertar a mão de sua ovelha e desejar-lhe a bênção de Deus sobre aquilo que havia ouvido que o homem estava fazendo para incluir Cristo nos negócios. Entretanto, quando o reverendo entrou no escritório, Wright insistiu para que ele ficasse a fim de conversarem sobre seus novos planos. Maxwell ficou se perguntando se esse era o mesmo Milton Wright que ele conhecia, notavelmente prático, profissional, atento ao código do mundo dos negócios, que via todas as coisas, sobretudo, pela ótica da questão "Será que isso vai compensar?".

– Senhor Maxwell, não adianta esconder o fato de que tenho sido obrigado a revolucionar todos os métodos usados em meus negócios desde que fiz aquela promessa. Tenho feito muitas coisas nesta loja nos últimos vinte anos que sei que Jesus não faria. Mas isso não é nada comparado com as várias coisas que começo a acreditar que Jesus faria. Meus pecados de comissão não têm sido tantos quantos os de omissão em minhas relações comerciais.

– Qual foi a primeira mudança que você fez? – o ministro perguntou, como se seu sermão pudesse esperar no gabinete. À medida que a conversa com Milton Wright prosseguia, ele não tinha muita certeza, mas achava que havia encontrado material para um sermão sem ter de voltar para o gabinete.

– Acho que a primeira mudança que tive de fazer foi em relação ao que eu pensava sobre meus funcionários. Vim para cá na segunda-feira de manhã após aquele domingo e me perguntei: "O que Jesus faria em sua relação com esses funcionários, contadores, *office boys*, motoristas, vendedores? Ele tentaria estabelecer algum tipo de relação pessoal com eles diferente da que tive em todos estes anos?". Logo concluí que sim. Depois me veio a pergunta de como seria essa relação e o que ela me levaria a fazer. Não vi como poderia responder a essa pergunta satisfatoriamente sem chamar todos os meus funcionários e ter uma conversa com eles. Então convidei todos para uma reunião no depósito na terça-feira à noite. Muitas coisas vieram à tona durante esse encontro. Eu não poderia enumerar todas. Tentei conversar com as pessoas como imaginei que Jesus faria. Foi uma tarefa difícil, pois não tenho o hábito de fazer isso e devo ter cometido alguns erros. Mas mal conseguiria fazê-lo acreditar, senhor Maxwell, no efeito dessa reunião sobre alguns dos funcionários. Antes de encerrá-la, vi vários deles com o rosto banhado em lágrimas. Continuei insistindo na pergunta: "O que Jesus faria?" e, quanto mais eu perguntava, mais ela me instigava a ter uma relação mais íntima e afetuosa com aqueles que têm trabalhado para mim durante todos estes anos. Todos os dias surge algo novo, e, no momento, estou no meio da reestruturação de todo o negócio para alinhá-lo aos novos modelos de conduta. Estou tão desinformado no que diz respeito a planos de cooperação e na aplicação deles nos negócios que estou tentando obter informações de todas as fontes possíveis. Estudei recentemente a vida de Titus Salt, o dono de uma grande indústria têxtil de Bradford, na Inglaterra, que depois construiu uma cidade-modelo às margens do Rio Aire. Há muitas informações em seus planos que podem me ajudar. Mas ainda não cheguei a conclusões definitivas de todos os detalhes. Não estou muito familiarizado com os métodos de Jesus. Quero que veja isto.

Entusiasmado, Wright estendeu a mão para pegar um papel que estava dentro de um dos nichos sobre sua mesa.

– Esbocei o que me parece ser um plano de negócio próximo daquilo que Jesus adotaria para um negócio como o meu. Eu gostaria que o senhor me dissesse o que acha:

"O QUE JESUS PROVAVELMENTE FARIA
COMO EMPRESÁRIO SE FOSSE MILTON WRIGHT"

1. Em primeiro lugar, Ele entraria para o negócio com o propósito de glorificar a Deus, e não com o objetivo principal de ganhar dinheiro.

2. Ele jamais usaria o dinheiro obtido somente para si, mas como um fundo a ser utilizado para o bem da humanidade.
3. Sua relação com todos os seus funcionários seria baseada no amor e na cooperação. Ele não conseguiria deixar de pensar em todos como sendo almas a serem salvas. Esse pensamento sempre seria mais importante do que obter lucro com os negócios.
4. Ele nunca faria algo desonesto ou questionável, nem tentaria, ainda que da maneira mais remota, tirar proveito de outra pessoa no mesmo ramo.
5. O princípio do altruísmo e da colaboração regeria todos os detalhes do negócio.
6. Com base nesse princípio, Ele moldaria todo o plano de suas relações com os funcionários, clientes e com o mundo dos negócios em geral com o qual estivesse conectado.

Henry Maxwell leu tudo aquilo com atenção. Esse plano fez que se lembrasse de suas tentativas no dia anterior de expressar de modo concreto o que ele pensava sobre a provável atitude de Jesus. Estava muito pensativo quando ergueu os olhos e deparou com o olhar ansioso de Wright.

– Você acredita que seu negócio continuará viável se seguir o que escreveu aqui?

– Eu acredito. O senhor não acha que o altruísmo inteligente compensa mais do que o egoísmo? Se os funcionários começarem a perceber que participam ativamente dos lucros da empresa e, mais do que isso, que a empresa demonstra amor por eles, isso não resultaria em mais cuidado, menos desperdício, mais diligência, mais fidelidade?

– Eu acredito que sim. Mas a maioria dos empresários não pensa assim, não é? Falo de modo geral. E como fica sua relação com o mundo egoísta que não tenta ganhar dinheiro com base em princípios cristãos?

– Com certeza, isso complica minhas ações.

– Será que seu plano está considerando o que virá a ser conhecido como cooperação?

– Até onde consegui chegar, sim. Como eu lhe disse, estou estudando todos os detalhes com cuidado. Tenho plena certeza de que Jesus seria totalmente altruísta em meu lugar. Ele amaria todos os seus funcionários. Para Cristo, o objetivo principal de todo o negócio seria a ajuda mútua, e conduziria tudo para que o reino de Deus fosse, evidentemente, o primeiro propósito a ser buscado. É com base nesses princípios gerais, como eu lhe disse, que estou trabalhando. Preciso de tempo para concluir os detalhes.

Quando finalmente foi embora, Maxwell estava muito impressionado com a revolução que já estava acontecendo naquela empresa. Ao sair da loja, captou um pouco do novo espírito que pairava naquele lugar. Não havia dúvida de que a nova relação de Milton Wright com seus funcionários estava começando, em menos de duas semanas, a transformar toda a empresa. Isso era visível na conduta e no rosto dos funcionários.

– Se continuar assim, ele será um dos pregadores mais influentes de Raymond – disse Maxwell para si mesmo quando chegou ao seu gabinete. Mas será que ele continuaria nessa direção quando começasse a perder dinheiro, como poderia acontecer? Ele orou para que o Espírito Santo, que havia se manifestado com grande poder na presença dos discípulos da Primeira Igreja, permanecesse com todos eles. E foi com essa oração nos lábios e no coração que começou a preparar o sermão que daria às suas ovelhas no domingo, cujo tema eram os bares em Raymond, como ele acreditava agora que Jesus faria. Ele nunca havia pregado contra os bares dessa maneira. Sabia que as coisas que deveria dizer levariam a consequências sérias. No entanto, continuou seu trabalho, e cada frase que escrevia ou formava era precedida pela pergunta: "Jesus diria isso?". Enquanto preparava o sermão, colocou-se de joelhos. Ninguém, exceto ele mesmo, sabia o que aquilo significava. Antes da mudança que ocorrera em sua ideia de discipulado, quando ele havia feito algo assim ao preparar os sermões? Agora, ao olhar para seu ministério, não ousava pregar sem orar muito a Deus por sabedoria. Já não pensava no modo dramático como faria o sermão nem no efeito que ele causaria nos ouvintes. A grande questão agora era: "O que Jesus faria?".

Na noite de sábado, o Retângulo testemunhou algumas das cenas mais notáveis que o senhor Gray e a esposa já haviam visto. A cada noite, as reuniões se intensificavam com a participação de Rachel. Qualquer estranho que passasse pelo Retângulo durante as reuniões poderia ouvir boa parte delas. Não se pode dizer que, até aquela noite de sábado, haviam diminuído consideravelmente as blasfêmias, as impurezas e o consumo exagerado de bebidas. O Retângulo não conseguia reconhecer ainda que estava melhorando ou que a música de Rachel havia suavizado as péssimas condições do local. As pessoas de lá tinham muito orgulho de ser "duronas". Mas, apesar disso, o Retângulo estava cedendo a um poder com o qual nunca havia lidado e que não conhecia o suficiente para opor-lhe resistência.

Gray havia recuperado a voz, de modo que, no sábado, pôde falar. Uma vez que era obrigado a usar a voz com cuidado, as pessoas precisariam fazer muito silêncio para conseguir ouvi-lo. Aos poucos, elas começaram a entender que esse homem estava ali havia muitas semanas investindo seu tempo e energia para lhes oferecer a oportunidade de conhecer um Salvador, e fazia tudo isso com um ato de amor incondicional por elas. Naquela noite, a grande multidão estava tão quieta quanto a plateia decorosa de Henry Maxwell. Havia muita gente ao redor da tenda, e os bares estavam praticamente vazios. O Espírito Santo, por fim, se manifestou, e Gray soube que uma das grandes orações de sua vida seria atendida.

E a apresentação de Rachel foi a melhor e mais incrível que Virginia ou Jasper Chase já tinham visto. Eles chegaram juntos novamente naquela noite, dessa vez acompanhados pelo doutor West, que havia passado todo o seu tempo livre naquela semana no Retângulo, fazendo algumas consultas gratuitas. Virginia estava diante do órgão, Jasper sentou-se em um banco de frente para Rachel e o Retângulo balançava com a música enquanto ela cantava:

> "Tal qual estou, eis-me, Senhor,
> Pois o teu sangue remidor,
> Verteste pelo pecador;
> Ó Salvador, me achego a ti[4]".

Gray quase não disse uma palavra. Estendeu a mão como se fizesse um convite. E, pelos dois corredores da tenda, pecadores quebrantados, homens e mulheres, seguiam em direção ao púlpito. Uma mulher que morava nas ruas parou perto do órgão. Virginia atentou para a expressão dela, e, pela primeira vez em sua vida, o pensamento do que Jesus representava para aquela pecadora inundou a mente da jovem rica com tão súbito poder que isso significou para ela nada mais do que um novo nascimento. Virginia deixou o órgão, foi até a mulher, olhou para o rosto dela e segurou-lhe as mãos. A moça tremeu, depois caiu de joelhos e, soluçando, apoiou a cabeça no encosto do banco da frente, ainda de mãos dadas com Virginia. E Virginia, depois de um momento de hesitação, ajoelhou-se ao lado dela, e as duas abaixaram a cabeça.

Entretanto, quando as pessoas estavam amontoadas em duas fileiras diante do palco, a maioria delas de joelhos e chorando, um homem de terno, diferente dos outros, empurrou alguns bancos e veio ajoelhar-se ao lado do bêbado que havia perturbado a reunião enquanto Maxwell falava. Ele ficou a poucos metros de Rachel Winslow, que ainda cantava baixinho. Quando ela se virou por um instante e olhou na direção do homem, ficou surpresa ao ver Rollin Page! Por um momento sua voz falhou. Então ela continuou:

---

[4] Hino 266 do Cantor Cristão. (N.T.)

Charles M. Sheldon

"Tal qual estou me aceitarás,
E tu minha alma limparás
Com teu amor me cobrirás;
Ó Salvador, me achego a Ti![5]".

A voz soava como um anseio divino, e o Retângulo, naquele momento, foi levado para o refúgio da graça redentora.

---

5 Hino 266 do Cantor Cristão. (N.T.)

CAPÍTULO 10

"Quem me serve precisa seguir-me." (Jo 12.26)

Era quase meia-noite quando a reunião no Retângulo terminou. Gray ainda varou a noite lá, orando e conversando com um pequeno grupo de convertidos que, com as grandes expectativas em relação à nova vida, se apegaram ao evangelista com tamanha sensação de impotência que o impossibilitava de deixá-los. Era como se dependessem dele para salvá--los da morte física. Entre esses convertidos estava Rollin Page.

Virginia e o tio voltaram para casa por volta das onze horas, e Rachel e Jasper Chase foram com eles até a avenida onde Virginia morava. O doutor West caminhou uma parte do caminho com eles até chegar à porta de casa, e Rachel e Jasper seguiram juntos em direção à casa da mãe dela.

Isso aconteceu pouco depois das onze. Agora já era meia-noite, e Jasper Chase estava sentado em seu quarto olhando para os papéis em cima da escrivaninha e pensando na última meia hora com um sofrimento insistente.

Ele havia declarado seu amor a Rachel Winslow, e ela não havia correspondido. Seria difícil saber o poder do impulso que o motivou a fazer aquela declaração naquela noite. Ele havia cedido aos seus sentimentos sem considerar as consequências, porque tinha certeza de que Rachel corresponderia ao seu amor. Tentou se lembrar da impressão que Rachel lhe causou quando contou isso a ela.

Nunca a beleza e a força da jovem o haviam impressionado tanto como nessa noite. Enquanto ela cantava, ele não conseguiu ver nem ouvir mais nada. A tenda estava abarrotada de gente com expressão confusa, e sabia que estava sentado ali cercado por uma multidão, mas as pessoas não significavam nada para ele. Jasper não pôde evitar falar com ela. Sabia que deveria falar quando ambos estivessem sozinhos.

Agora que já tinha confessado, ele percebeu que havia se enganado em relação à Rachel ou ao momento oportuno para falar com ela. Sabia, ou pensava que sabia, que ela estava começando a sentir algo por ele. Não era segredo para eles que a heroína de seu primeiro romance havia sido inspirada no modelo ideal que ele tinha de Rachel, que o herói na história era ele mesmo, que eles se amavam e que Rachel não se opunha a isso. Ninguém mais sabia disso. Os nomes e os personagens foram imaginados com uma habilidade sutil que revelou a Rachel, quando ganhou de Jasper um exemplar, o amor que ele sentia por ela, e ela não se sentiu ofendida. Isso já fazia quase um ano.

Naquela noite, ele se lembrou da cena entre eles, com todas as mudanças de tom de voz e todos os movimentos ainda presentes em sua memória. Ele até se lembrou de que havia começado a se declarar exatamente no ponto da avenida onde, alguns dias antes, havia encontrado Rachel ao lado de Rollin Page. Ele se perguntou naquele momento o que Rollin estaria dizendo.

– Rachel – disse Jasper, e foi a primeira vez que ele a chamou pelo primeiro nome –, só hoje me dei conta de quanto eu amo você. Por que eu deveria tentar esconder o que você já sabe? Você sabe que a amo de todo o coração. Eu já não consigo esconder isso de você, mesmo que eu queira.

A primeira indicação que ele teve de uma rejeição foi o tremor que sentiu do braço de Rachel encostado ao seu. Ela deixou que ele falasse, mas não virou o rosto em direção a ele nem para o outro lado. Ela ficou apenas olhando para a frente, e sua voz soou triste e baixinha, porém firme, quando decidiu falar.

– Por que você está me dizendo isso agora? Eu não posso pensar nisso... depois de tudo o que aconteceu hoje.

– Por que... o que... – gaguejou ele, e depois ficou em silêncio.

Rachel afastou o braço, mas continuou a caminhar ao lado de Jasper. Então, ele expressou a angústia de quem percebe que está prestes a enfrentar uma grande perda quando o que esperava era exatamente o contrário.

– Rachel! Você não me ama? Meu amor por você não é tão sagrado quanto qualquer coisa nesta vida?

Então ela deu alguns passos em silêncio. Os dois passaram por um poste de luz. Rachel estava pálida e bonita. Ele fez um movimento para segurar o braço dela, mas ela se afastou um pouco.

– Não – respondeu ela. – Houve um tempo em que eu... não posso responder por aquilo que... você não deveria ter me falado isso... agora.

Foi com essas palavras que ele encontrou sua resposta. Jasper era extremamente sensível. E não se contentaria com nada além de uma reação alegre ao seu amor. Não estava disposto a implorar o amor de Rachel.

– Quem sabe um dia... quando eu merecer de verdade? – perguntou ele com a voz baixa, mas ela não pareceu ter ouvido, e ambos seguiram para a casa de Rachel; ele se lembrou nitidamente de que nem um boa-noite se deram.

Nesse momento, enquanto pensava na cena rápida, mas importante, ele se martirizava por ter agido de modo estúpido e precipitado. Não havia considerado o que Rachel, tensa e completamente absorta, estava sentindo em relação aos novos acontecimentos na tenda. Mas ele ainda não a conhecia o suficiente para entender o significado da rejeição dela. Quando o relógio da Primeira Igreja bateu uma hora da manhã, ele continuava sentado à sua escrivaninha, olhando para a última página do manuscrito de seu romance ainda inacabado.

Rachel foi para o quarto e pensou em tudo o que havia vivenciado naquela noite com emoções conflitantes. Ela já havia amado Jasper Chase? Sim. Não. Por um instante, percebeu que a felicidade de sua vida estava em jogo em consequência do que havia feito. Depois, foi tomada por um estranho alívio por ter respondido daquela maneira. Um sentimento maior a dominava. A reação das pessoas miseráveis na tenda enquanto ela cantava e a presença imediata, poderosa e impressionante do Espírito Santo a haviam afetado como nunca em toda a sua vida. No momento em que Jasper pronunciou seu nome e ela percebeu que ele estava falando sobre o amor que nutria por ela, ela sentiu uma súbita repulsa por ele, como se ele devesse ter respeitado os eventos sobrenaturais que haviam acabado de testemunhar. Para ela, era como se aquele não fosse o momento de pensar em qualquer outra coisa que não fosse na glória divina daquelas conversões. A ideia de que, durante todo o tempo em que estava cantando com o único desejo na alma de alcançar a consciência daquela tenda cheia de pecadores, Jasper Chase estava indiferente a tudo, pensando apenas no amor que sentia por ela, deixou-a assustada, como se ambos não tivessem mostrado reverência. Ela não sabia bem por que se sentia assim, mas estava convencida de que, se ele não tivesse se declarado naquela noite, ainda sentiria por ele o que sempre sentiu. Que sentimento era esse? O que Jasper significava para ela? Será que ela havia cometido um erro? Foi até a estante e pegou o romance que Jasper lhe tinha dado. A expressão de seu rosto se acentuava à medida que relia certas passagens que já havia lido tantas vezes e que sabia que Jasper havia escrito para ela. Leu-as mais uma vez. De certo modo, as passagens não a comoveram. Fechou o livro e deixou-o sobre a escrivaninha. Aos poucos foi percebendo que seu pensamento estava voltado para as coisas que havia testemunhado na tenda. Aqueles rostos, homens e mulheres tocados pela primeira vez pela glória do Espírito... que coisa maravilhosa era a vida, afinal! A completa regeneração revelada aos olhos da humanidade embriagada, vil e degenerada que se ajoelhava para se entregar a uma vida de pureza e de acordo com os princípios de Cristo – ah, isso certamente era um testemunho do sobrenatural no mundo! E a imagem de Rollin Page ao lado daquele homem miserável que vivia na sarjeta! Ela era capaz de se lembrar como se ainda estivesse lá: Virginia chorando, com os braços em volta do irmão, pouco antes de sair da tenda; o senhor Gray, ajoelhado ali perto, e a moça que Virginia abraçou enquanto sussurrava algo para ela antes de sair. Todas essas imagens da tragédia humana trazidas à tona pelo Espírito Santo e que culminaram lá, no local mais abandonado de toda a cidade de Raymond, vieram à mente de Rachel agora, uma memória tão recente que seu quarto parecia, nesse momento, conter todos os personagens envolvidos e seus movimentos.

– Não! Não! – disse ela em voz alta. – Ele não tinha o direito de se declarar para mim depois de tudo aquilo! Deveria ter respeitado o lugar no qual deveríamos focar nossos pensamentos. Tenho certeza de que não o amo... não o bastante para lhe entregar a minha vida!

E, depois de ter dito isso, a experiência da noite na tenda voltou a ocupar sua mente, expulsando todas as outras coisas. Talvez o que Rachel sentia fosse a evidência mais marcante da grande realidade espiritual que agora havia no Retângulo; mesmo depois de conhecer o amor de um homem decidido, aquela manifestação espiritual mexeu mais com ela do que qualquer coisa que Jasper nutrisse por ela, ou ela, por ele.

O povo de Raymond acordou na manhã de domingo bem ciente dos eventos que estavam começando a revolucionar muitos dos hábitos comuns da cidade. A forma como Alexander Powers lidou com as fraudes ferroviárias chamou a atenção não apenas de Raymond, mas de todo o país. As mudanças diárias que Edward Norman promovia em seu jornal surpreenderam a comunidade e suscitaram mais comentários do que qualquer evento político recente. A participação de Rachel Winslow nas reuniões do Retângulo comoveu a sociedade e deixou todos os seus amigos maravilhados.

A conduta de Virginia, presente todas as noites ao lado de Rachel e ausentando-se do habitual círculo de conhecidos ricos e sofisticados, despertava muita fofoca e curiosidade. Além desses eventos que se centravam nessas pessoas renomadas, coisas estranhas estavam acontecendo por toda a cidade, em muitos lares e nos círculos sociais e empresariais. Cerca de cem pessoas na igreja de Henry Maxwell haviam assumido o compromisso de fazer tudo apenas depois de perguntarem: "O que Jesus faria?", e os resultados foram, em muitos casos, ações nunca vistas. A cidade estava agitada como nunca havia estado. O auge dos eventos da semana foram a manifestação espiritual no Retângulo e o anúncio que chegou à maioria das pessoas antes do horário do culto acerca da conversão de quase cinquenta das piores pessoas naquela área, além da conversão de Rollin Page, famoso frequentador de clubes e da alta sociedade.

Não é de admirar que, sob a pressão disso tudo, as pessoas da Primeira Igreja de Raymond tenham ido ao culto da manhã de domingo com uma condição que as deixava sensíveis a qualquer grande verdade. Talvez nada as tenha surpreendido mais do que a grande mudança que havia ocorrido no ministro, desde que ele lhes havia proposto imitar a conduta de Jesus. O modo dramático com que pregava seus sermões já não as impressionava. A atitude de autossatisfação, contentamento e despreocupação daquela figura requintada no púlpito foi substituída por outra que não podia ser comparada com a de seu antigo estilo de pregação. O sermão se tornou uma mensagem. Já não era mais um discurso. Era algo transmitido às pessoas com um amor, uma seriedade, uma paixão, um desejo e uma humildade que derramavam entusiasmo quanto à verdade e não permitiam que o orador se sobressaísse mais do que deveria como a voz viva de Deus. Suas orações eram diferentes daquelas que as pessoas estavam habituadas a ouvir. Eram muitas vezes interrompidas e, às vezes, até mesmo continham alguns erros gramaticais. Quando foi que Henry Maxwell havia orado de forma tão espontânea a ponto de cometer um erro desse tipo? Ele sabia que muitas vezes havia se orgulhado de sua dicção e eloquência tanto em suas orações quanto em seus sermões. Seria possível que agora abominasse tanto a sofisticação de uma oração pública formal a ponto de preferir se repreender pelo modo como orava antes? É mais provável que não tivesse pensado em nada disso. O grande desejo de expressar as necessidades e vontades de seu rebanho o deixou indiferente a um ou outro erro que pudesse cometer. É certo que ele nunca havia orado com tanta eficácia como agora.

Há momentos em que o valor e a força de um sermão se devem às condições da plateia, não a algo novo, surpreendente ou eloquente nas palavras proferidas ou nos argumentos apresentados. Henry Maxwell se via diante dessas condições nessa manhã enquanto pregava contra o funcionamento dos bares, de acordo com o propósito que havia feito na semana anterior. Ele não tinha nenhuma declaração nova sobre a influência maligna da bebida em Raymond. O que havia de novo? Ele não tinha nenhuma ilustração surpreendente do poder da bebida nos negócios ou na política. O que ele poderia dizer que já não havia sido dito tantas vezes pelos defensores da temperança? O poder de sua mensagem nessa manhã devia-se ao fato incomum de sua pregação sobre os bares, além dos acontecimentos que haviam agitado as pessoas. No decorrer de seus dez anos como pastor, ele nunca havia mencionado a bebida como algo a ser considerado no âmbito de um inimigo, não apenas para os pobres e os inclinados a essa tentação, mas para os negócios da cidade e para a própria igreja. Ele agora se expressava com uma liberdade que parecia indicar sua completa convicção de que Jesus falaria aquilo. No final, pediu às pessoas que se lembrassem da nova vida que havia começado no Retângulo. As eleições na cidade se aproximavam. A questão da licença de funcionamento dos bares seria um tema para debate. O que aconteceria com as pobres criaturas cercadas pelo inferno da bebida, justo agora que estavam começando a sentir a alegria da libertação desse pecado? Quem poderia dizer até que ponto aquele ambiente tóxico as influenciava? Havia algo que o discípulo, empresário ou cidadão cristão poderia dizer sobre a permissão do crime e das instituições que praticavam coisas vergonhosas? A atitude mais cristã que eles poderiam ter não seria agir como cidadãos nesse assunto, combatendo o uso da bebida nas urnas, elegendo homens sérios para os cargos públicos e fazendo uma limpeza na municipalidade? Até que ponto as orações poderiam tornar Raymond uma cidade melhor se os votos e as ações de fato fossem dados aos inimigos de Jesus? Será que Cristo não faria isso? Que discípulo imaginaria Jesus se recusando a sofrer ou a carregar sua cruz em relação a esse assunto? Até que ponto os membros da Primeira Igreja já haviam sofrido na tentativa de imitar Jesus? O discipulado cristão era algo relacionado apenas à consciência, ao costume, à tradição? Onde entra o sofrimento? Ele era necessário para seguir os passos de Jesus quando ele subiu ao Calvário, assim como quando subiu ao monte da Transfiguração?

Nesse momento, o apelo do reverendo era mais contundente do que ele poderia imaginar. Não seria exagero dizer que a tensão espiritual das pessoas havia chegado ao ápice. A atitude de imitar Jesus iniciada com os voluntários da igreja estava crescendo como fermento na igreja, e Henry Maxwell, mesmo no início de sua vida [pastoral], teria ficado surpreso se pudesse medir o tamanho da vontade que seu rebanho tinha de carregar a cruz. Enquanto falava nessa manhã, antes de encerrar com um apelo amoroso aos discípulos baseado no conhecimento de dois mil anos do Mestre, muitos homens e mulheres na igreja estavam respondendo como Rachel, ao falar de forma tão entusiasmada com a mãe: "Quero fazer algo que me custe algum sacrifício". "Tenho desejo de sofrer por alguma coisa." Na verdade, Mazzini estava certo quando disse que, no final, nenhum apelo é tão poderoso quanto o chamado: "Venha e sofra".

O culto terminou, grande parte das pessoas foi embora, e Maxwell, mais uma vez, se viu diante do grupo de pessoas no salão social, como havia acontecido nos dois domingos anteriores. Pediu que ficassem todos os que haviam assumido o compromisso do discipulado, bem como quem quisesse fazer parte desse grupo. Esse encontro após o culto parecia ter se tornado uma necessidade. Ao entrar e encarar as pessoas ali, seu coração disparou.

Havia pelo menos cem pessoas. O Espírito Santo nunca havia se manifestado dessa forma. Maxwell sentiu falta de Jasper Chase. Mas todos os outros estavam presentes. Ele pediu a Milton Wright que orasse. O clima estava repleto de possibilidades divinas. O que poderia resistir a tal batismo de poder? Como eles haviam conseguido viver todos esses anos sem isso?

Buscaram se aconselhar uns com os outros e houve muitas orações. Henry Maxwell observou naquela reunião alguns dos acontecimentos mais sérios que, mais tarde, tornaram-se parte da história da Primeira Igreja e da cidade de Raymond. Quando finalmente foram para casa, todos estavam impressionados com a manifestação gloriosa do poder do Espírito.

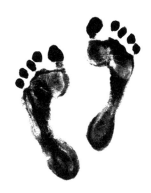

CAPÍTULO 11

Donald Marsh, diretor da Lincoln College, foi para casa com o senhor Maxwell.

– Cheguei a uma conclusão, Maxwell – disse ele devagar. – Eu já sei qual é a minha cruz, e ela é pesada, mas só vou me contentar quando a tiver tomado e carregado.

Maxwell ficou em silêncio enquanto o diretor continuava.

– Seu sermão de hoje deixou claro para mim o que há muito eu sinto que devo fazer. "O que Jesus faria em meu lugar?" Já fiz essa pergunta muitas vezes desde que firmei minha promessa. Tentei me convencer de que Ele simplesmente faria o que eu tenho feito, cumprindo minhas obrigações de trabalho na faculdade, ministrando aulas de Ética e Filosofia. Mas não pude deixar de sentir que Ele faria algo mais. Algo que eu não quero fazer. Algo que me fará sofrer muito. Algo que temo com toda a minha alma. Talvez você saiba o que é.

– Sim, acho que sei. Essa é a minha cruz também. Eu gostaria de fazer qualquer outra coisa.

Donald Marsh pareceu surpreso e depois aliviado. Em seguida, desabafou com tristeza, mas com grande convicção:

– Maxwell, você e eu pertencemos a uma classe de profissionais que sempre evitaram as obrigações com os cidadãos. Vivemos em nosso pequeno mundo da literatura e da reclusão acadêmica, fazendo um trabalho de que gostamos e evitando as desagradáveis obrigações pertinentes à vida da cidadania. Sinto vergonha de confessar que tenho evitado de propósito a responsabilidade que tenho com esta cidade. Eu sei que as autoridades de nossa cidade são homens corruptos e sem princípios, controlados em grande parte pelo uísque e totalmente alheios às questões de governança da cidade. Mas, durante todos estes anos, quase todos os professores da faculdade e eu nos contentamos em deixar que outros homens governassem o município e continuamos a viver em nosso mundinho, sem contato nem empatia com a realidade das pessoas. "O que Jesus faria?" Eu até tentei evitar uma resposta honesta para essa pergunta. Mas não posso mais fazer isso. Minha simples obrigação é participar das próximas eleições, ir para as primárias, usar o peso de minha influência, seja ela qual for, na indicação e eleição de homens corretos e mergulhar nas águas profundas do terrível rio do engano, da corrupção, das fraudes políticas e do incentivo à bebedeira que há hoje em Raymond. Era preferível ter uma arma de fogo na cabeça a fazer isso. Eu tenho receio porque odeio tudo o que tem a ver com isso. Daria quase qualquer coisa para poder dizer: "Eu não acredito que Jesus faria algo desse tipo". Mas estou cada vez mais convencido de que é o que Ele faria. É aqui que entra o sofrimento. Não teria metade desse sofrimento se perdesse meu emprego ou minha casa. Detesto conviver com esse problema da cidade. Eu preferiria mil vezes ficar quieto com minhas atividades acadêmicas e minhas aulas de Ética e Filosofia. Mas fui chamado de forma tão clara que não posso escapar. "Donald Marsh, siga-me. Cumpra seu dever como cidadão de Raymond ainda que sua cidadania lhe custe algo. Ajude a limpar esse estábulo municipal, mesmo que tenha de sujar um pouco seus sentimentos aristocráticos." Maxwell, essa é a minha cruz. Devo carregá-la ou negar meu Senhor.

– Você falou por mim também – respondeu Maxwell com um sorriso triste. – Por que eu, só porque sou um ministro, devo me esconder atrás de meus sentimentos nobres e sensíveis e, como um covarde, me recusar a falar, exceto em um sermão, talvez, sobre nosso dever como cidadãos? Não estou familiarizado com os métodos da vida política da cidade. Nunca participei ativamente da indicação de homens corretos. Há centenas de ministros como eu por aí. Nessa classe, não costumamos aplicar na vida da cidade as obrigações e os privilégios que pregamos no púlpito. "O que Jesus faria?" Agora estou em um momento em que, como você, sou levado a responder a essa pergunta de algum modo. Minha obrigação é clara. Eu preciso sofrer. Todo o meu trabalho ministerial, todas as pequenas provações ou sacrifícios pessoais não são nada quando comparados com a quebra de meus paradigmas acadêmicos, intelectuais e autossuficientes por essa luta declarada, difícil e pública por uma vida melhor para a cidade de Raymond. Eu poderia viver no Retângulo pelo resto da minha vida e trabalhar nos bairros pobres para ter uma vida simples, e viveria melhor assim do que com a ideia de mergulhar de cabeça em uma luta pela reforma desta cidade mergulhada no álcool. Isso me custaria bem menos. Mas, como você, não consigo me livrar da minha responsabilidade. A resposta para a pergunta: "O que Jesus faria?", neste caso, não me deixa em paz, exceto quando respondo que Jesus quer que eu exerça meu papel de cidadão cristão. Marsh, como diz você, nós, profissionais, ministros, professores, artistas, letrados, acadêmicos, quase sempre nos acovardamos quando o assunto é política. Evitamos os deveres sagrados como cidadãos, de maneira ignorante ou egoísta. Com certeza, Jesus não faria isso se estivesse em nosso lugar. Não podemos fazer nada menos do que tomar essa cruz e segui-lo.

Os dois homens caminharam em silêncio por um tempo. Por fim, o diretor Marsh disse:

– Não precisamos agir sozinhos. Podemos contar com a participação e até mesmo com a força de todos os homens que assumiram esse compromisso. Vamos reunir as forças cristãs de Raymond na batalha contra a bebida e a corrupção. Com certeza, entraremos para as primárias com uma força capaz de fazer mais do que protestar. É fato que o funcionamento dos bares é uma questão ignorada de forma covarde e cômoda, apesar de sua ilegalidade e corrupção. Vamos fazer uma campanha justa e organizada. Jesus trataria esse assunto com muita sabedoria. Ele usaria recursos. Faria grandes planos. Vamos fazer isso. Se é para carregarmos essa cruz, que seja com coragem, como homens de verdade.

Eles conversaram sobre o assunto por um bom tempo e se encontraram de novo no dia seguinte no gabinete de Maxwell para elaborar planos. As eleições primárias da cidade aconteceriam na sexta-feira. Durante a semana, houve rumores nos círculos políticos de Raymond sobre acontecimentos estranhos que os cidadãos comuns desconheciam. O sistema de votação por indicações não era usado no estado, e as primárias ocorreriam em uma reunião pública no fórum.

Os cidadãos de Raymond jamais se esqueceriam daquela reunião. Foi tão diferente de qualquer reunião política já realizada em Raymond que não houve nenhuma tentativa de comparação. Haveria indicação para os cargos de prefeito, vereadores, chefe de polícia, tabelião e tesoureiro.

Em sua edição de sábado, o *Evening News* publicou uma matéria completa sobre as primárias, e, no editorial, Edward Norman escreveu com tanta objetividade e convicção que os cristãos de Raymond estavam aprendendo a sentir profundo respeito pelo material, pois era evidente que se tratava de algo sincero e altruísta. Um trecho desse editorial também faz parte desta história. Citamos esse trecho a seguir:

"Pode-se dizer que, na história de Raymond, nunca houve eleições primárias como as que aconteceram ontem à noite no fórum. Em primeiro lugar, foi uma completa surpresa para os políticos da cidade, habituados a tratar dos assuntos municipais como se fossem questões pessoais, e a ver os outros indivíduos como meras ferramentas ou cifras. A grande surpresa dos manipuladores na noite passada se deu pelo fato de que um grande número de cidadãos de Raymond, que até então nunca havia participado dos assuntos da cidade, entrou nas primárias e as dominou, indicando alguns dos melhores nomes para todos os cargos a serem preenchidos na próxima eleição.

Foi uma verdadeira aula de cidadania. O diretor Marsh, da Lincoln College, que nunca havia entrado nas primárias, e cujo rosto nem era conhecido pelos políticos, fez um dos melhores discursos já proferidos em Raymond. Quando ele se levantou para falar, foi quase cômico ver a expressão dos homens que, há anos, têm feito o que bem entendem. Muitos perguntaram: 'Quem é esse?'. A consternação era maior à medida que as primárias avançavam e tornou-se evidente que o antigo grupo de governantes da cidade estava em menor número. O reverendo Henry Maxwell, da Primeira Igreja, Milton Wright, Alexander Powers, os professores Brown, Willard e Park, da Lincoln College, o doutor West, o reverendo George Main, da Pilgrim Church [Igreja do Peregrino], o deão Ward, da Santíssima Trindade, e dezenas de homens de negócios e profissionais liberais conhecidos, a maioria membros de igrejas, estavam presentes, e não demorou muito para se perceber que todos haviam vindo com o objetivo claro e definido de indicar os melhores nomes que pudessem. Grande parte desses homens nunca havia entrado nas primárias. Eram completamente desconhecidos para os políticos. Entretanto, era evidente que se beneficiaram dos métodos usados pelos políticos e conseguiram, por meio de um esforço organizado e conjunto, indicar todos os candidatos da chapa.

Assim que ficou claro que as primárias estavam fora de seu controle, o antigo grupo de políticos se retirou, revoltado, e indicou outra chapa. O *News* simplesmente chama a atenção de todos os honrados cidadãos para o fato de que essa última chapa contém o nome de políticos que apoiam o comércio de bebidas, e é tênue a linha entre a administração corrupta ligada ao comércio de bebidas, como sabemos há anos, e uma administração transparente, honesta, competente e profissional, como todo cidadão de bem deseja. Não é necessário lembrar ao povo de Raymond que a questão da preferência local aparecerá nas eleições. Esse será o assunto mais importante das chapas. A crise na gestão dos interesses de nossa cidade chegou ao limite. O problema está diante de cada um de nós. Devemos continuar sob o domínio do *lobby* das bebidas e da incompetência descarada ou, como disse o diretor Marsh em seu nobre discurso, nós nos levantaremos como bons cidadãos e iniciaremos uma nova ordem de coisas, limpando nossa cidade do pior inimigo conhecido pelos munícipes honestos e fazendo o que estiver ao nosso alcance por meio do voto para purificar nossa vida pública?

O *News*, explicitamente e sem ressalvas, apoia o novo movimento. De agora em diante, faremos tudo o que estiver ao nosso alcance para erradicar o comércio de bebidas e destruir sua força política. Defenderemos a eleição dos homens indicados pela maioria dos cidadãos reunidos nas primárias e convocaremos todos os cristãos, membros das igrejas, amantes do direito, da pureza, da temperança e da família a apoiar o diretor Marsh e o restante dos cidadãos que têm iniciado essa reforma há muito necessária em nossa cidade."

O diretor Marsh leu esse editorial e agradeceu a Deus por Edward Norman estar no jornal. Ao mesmo tempo, deu-se conta de que todos os outros jornais de Raymond estavam do outro lado. Ele não subestimava a importância e a seriedade da luta que estava apenas começando. Não era segredo que o *News* havia sofrido grandes perdas desde que passara a ter como parâmetro a pergunta "O que Jesus faria?". E restava ainda a pergunta: Os cristãos de Raymond apoiariam essa posição? Eles permitiriam que Norman conduzisse um periódico cristão? Ou o desejo de ler o que era tido como "notícia" em termos de crimes, escândalos, partidarismo político tendencioso e o desinteresse em defender uma reforma tão notável no jornalismo iriam influenciá-los para que deixassem o jornal de lado e não lhe dessem apoio financeiro? Essa era de fato a pergunta que Edward Norman estava se fazendo enquanto escrevia o editorial de sábado. Ele sabia muito bem que suas opiniões expressas naquele editorial lhe custariam muito em se tratando dos homens de negócios em Raymond. E, ainda assim, enquanto escrevia o editorial, ele se fez outra pergunta: "O que Jesus faria?". Essa pergunta havia se tornado parte de sua vida como um todo agora. Era mais importante que qualquer outra.

No entanto, pela primeira vez em sua história, Raymond viu seus profissionais, professores, médicos e pastores assumirem uma posição política e se colocarem de forma clara e categórica em oposição pública às forças do mal que há muito controlavam a máquina do governo municipal. O fato por si só já era surpreendente. O diretor Marsh reconheceu, com um sentimento de humildade, que jamais havia imaginado o que a justiça cívica poderia realizar. A partir daquela noite de sexta-feira, ele adotou para si e para a faculdade uma nova definição da já batida expressão "estudos da política". A educação para ele e para os que estavam sob sua influência desde então passou a ter um elemento de sofrimento. O sacrifício agora devia fazer parte da equação do desenvolvimento.

Naquela semana no Retângulo, a maré de vida espiritual foi alta e não dava sinais de que baixaria tão cedo. Rachel e Virginia iam para lá todas as noites. Virginia logo estaria chegando a uma conclusão quanto ao que fazer com grande parte de seu dinheiro. Ela havia conversado muito com Rachel a respeito, e ambas concluíram que, se tivesse uma grande quantia de dinheiro à sua disposição, Jesus faria com parte dele o que Virginia planejava. De qualquer forma, elas achavam que, independentemente do que Ele pudesse fazer nesse caso, o dinheiro seria usado de forma muito ampla, de acordo com as diferenças entre as pessoas e as circunstâncias. Não poderia haver uma maneira predeterminada para usar o dinheiro com fins puramente cristãos. A regra que tinham como diretriz era usá-lo de maneira altruísta.

Enquanto isso, o que dominava todos os pensamentos da comunidade era o glorioso poder do Espírito. Noite após noite naquela semana, foram testemunhados milagres tão grandes quanto andar sobre as águas do mar ou alimentar a multidão com apenas alguns pães e peixes. E há milagre maior do que a regeneração da humanidade? A transformação desse povo sem educação, violento e viciado em bebida em pessoas tementes a Cristo e apaixonadas por Ele impressionava Rachel e Virginia o tempo todo, fazendo que sentissem o que as pessoas devem ter sentido quando viram Lázaro sair do túmulo. Era uma experiência de profunda emoção para elas.

Rollin Page comparecia a todas as reuniões. Não havia dúvida de que ele havia se transformado. Rachel ainda não havia conversado muito com ele. Para surpresa de todos, Rollin andava quieto. Era como se estivesse pensando o tempo todo. Sem dúvida, ele já não era o mesmo. Conversava mais com Gray do que com qualquer outra pessoa. Não se esquivava de Rachel, mas parecia evitar qualquer aparente investida de reaproximação. Rachel achava até mesmo difícil expressar para Rollin a alegria que estava sentindo pela nova vida que ele havia começado a conhecer. Ao que parecia, ele estava esperando se ajustar aos seus antigos relacionamentos antes que essa nova vida começasse. Não os havia esquecido. Mas ainda não se sentia pronto para conciliar sua nova visão com os novos relacionamentos.

No fim de semana, o Retângulo se viu em meio a uma intensa luta entre duas forças opostas. O Espírito Santo, com todo o seu poder sobrenatural, lutava contra o demônio da bebida, que há tanto tempo dominava seus escravos. Se os cristãos de Raymond pudessem perceber o que aquela luta significava para os que haviam acabado de despertar para uma vida mais pura, não parecia possível que o resultado das eleições fosse em favor do comércio de bebidas. Mas aquilo ainda poderia acontecer. O horror do entorno diário de muitos dos novos convertidos aos poucos se propagava pelo pensamento de Virginia e Rachel, e, todas as noites, enquanto voltavam para suas casas de luxo, elas tinham esse receio no coração.

– Muitos desses pobres coitados vão voltar à velha vida – dizia Gray com uma tristeza profunda que quase lhe arrancava lágrimas. – O ambiente influencia muito o caráter. É lógico que essas pessoas nem sempre vão resistir à imagem e ao cheiro dessa bebida demoníaca que as rodeia. Ah, Senhor, até quando os cristãos vão apoiar com seu silêncio e seus votos a pior forma de escravidão conhecida nos Estados Unidos?

Ele fez a pergunta e, ao mesmo tempo, não tinha esperança de obter uma resposta muito rápida. Havia um pouco de esperança desde as eleições primárias ocorridas na sexta à noite, mas ele não se atrevia a antecipar qual seria o resultado. O *lobby* do comércio de bebidas estava bem organizado, alerta, agressivo e com um ódio jamais visto pelos eventos ocorridos na semana anterior na tenda e na cidade. As forças cristãs iram se unir para agir contra ele? Ou estariam divididas por causa de seus interesses comerciais ou por não terem o hábito de agir em conjunto, como sempre fez o *lobby* do comércio de bebidas? Isso ainda era uma incógnita. Enquanto isso, os bares se embrenhavam no Retângulo como uma víbora mortal, sibilando e se enrolando, pronta para lançar seu veneno ao menor vacilo da vítima.

Na tarde de sábado, quando Virginia estava saindo de casa para falar com Rachel sobre seus novos planos, uma carruagem com três de suas amigas elegantes se aproximou. Virginia foi até a calçada e ficou ali conversando com elas. Não haviam vindo com um convite formal, mas queriam que Virginia fosse passear com elas pela avenida. Havia uma apresentação musical no parque. O dia estava muito agradável para ficar em casa.

– Por onde você anda, Virginia? – perguntou uma das moças, batendo-lhe graciosamente no ombro com uma sombrinha de seda vermelha. – Ficamos sabendo que você entrou para o mundo artístico. Conte-nos tudo.

Virginia ficou vermelha, mas, depois de um instante de hesitação, contou com franqueza um pouco de sua experiência no Retângulo. As moças na carruagem começaram a ficar muito interessadas.

– Meninas, vamos "passear na favela" com Virginia hoje à tarde em vez de irmos à apresentação. Eu nunca fui ao Retângulo. Ouvi dizer que é um lugar horrível e perigoso e que há muita coisa para ver. Virginia será nossa guia, e vai ser – "muito divertido", ela ia dizer, mas o olhar de Virginia a fez substituir a palavra por "interessante".

Virginia ficou irritada. A princípio, disse a si mesma que jamais iria até lá sob essas circunstâncias. As outras moças pareciam partilhar da ideia da primeira. Elas entraram na conversa com curiosidade e pediram a Virginia que as levasse até lá.

De repente, Virginia viu na curiosidade fútil das moças uma oportunidade. Elas nunca haviam visto o pecado e a miséria de Raymond. Por que não deveriam ver esse cenário, mesmo que o motivo para irem até lá fosse simplesmente passar uma tarde?

– Está bem, eu vou com vocês. Vocês devem fazer o que eu disser e deixar que eu as leve aonde poderão ver o que interessa – consentiu ela ao entrar na carruagem e sentar-se ao lado da primeira a sugerir o passeio até o Retângulo.

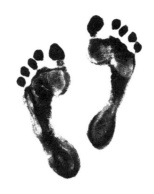

CAPÍTULO 12

"Pois vim para fazer que 'o homem fique contra seu pai, a filha contra sua mãe, a nora contra sua sogra; os inimigos do homem serão os da sua própria família'." (Mt 10.35)

"Portanto, sejam imitadores de Deus, como filhos amados, e vivam em amor, como também Cristo nos amou." (Ef 5.1)

– Não seria melhor levarmos um policial conosco? – perguntou uma das moças com uma risada nervosa. – Não é muito seguro lá, vocês sabem.

– Não há perigo – respondeu Virginia rapidamente.

– É verdade que seu irmão Rollin se converteu? – perguntou a primeira a falar, olhando para Virginia com curiosidade. O que impressionou Virginia, durante todo o trajeto até o Retângulo, foi o fato de as três amigas a observarem com muita atenção, como se ela fosse diferente.

– Sim, ele se converteu de verdade.

– Fiquei sabendo que ele tem ido aos clubes para conversar com os velhos amigos e tentar pregar para eles. Isso não é engraçado? – perguntou a jovem com a sombrinha de seda vermelha.

Virginia não respondeu, e as moças começaram a ficar mais sérias quando a carruagem entrou em uma rua que levava ao Retângulo. À medida que se aproximavam do local, elas ficavam cada vez mais nervosas. As imagens, os cheiros e os sons, que haviam se tornado familiares para Virginia, faziam mal aos sentidos dessas moças refinadas e delicadas da sociedade. À medida que se embrenhavam no local, o Retângulo parecia fitar com seu semblante pesado, turvo e exalando cerveja aquela bela carruagem que transportava jovens muito bem-vestidas. "Ir à favela" nunca foi moda na sociedade Raymond, e talvez tenha sido a primeira vez que as duas realidades se confrontavam dessa maneira. As moças perceberam que, em vez de conhecerem o Retângulo, haviam se tornado objeto de curiosidade. Elas estavam assustadas e indignadas.

– Vamos voltar. Já vi o bastante – disse a moça que estava sentada ao lado de Virginia.

Naquele momento, elas passavam em frente a um bar e casa de apostas bem conhecido. A rua era estreita e a calçada estava repleta de gente. De repente, saiu do bar uma jovem, cambaleando. Devastada e embriagada, ela cantava em meio a soluços que pareciam indicar que estava ciente, pelo menos em parte, de sua terrível condição: "Tal qual estou, eis-me, Senhor...", e, quando a carruagem passou, ela olhou de soslaio, levantando o rosto de maneira que Virginia pôde vê-la bem de perto. Era a moça que, aos prantos, havia se ajoelhado naquela noite ao lado de Virginia para que orasse por ela.

– Pare! – gritou Virginia, acenando para o cocheiro, que olhava ao redor. A carruagem parou, e ela rapidamente saiu, foi até a jovem e a segurou pelo braço.

– Loreen! – foi só o que ela disse.

A jovem olhou para Virginia e fez uma expressão de total espanto. As moças na carruagem ficaram atônitas e sem ação. O dono do bar apareceu à porta e ficou ali parado, olhando a cena com as mãos na cintura. E o povo do Retângulo, de suas janelas, das escadas dos bares, de suas calçadas imundas, das sarjetas e das ruas, parou e, com flagrante admiração, começou a olhar para as duas. O Sol agradável de primavera irradiava sua luz suave sobre a cena. Pairava sobre o Retângulo o som distante de música vinda de um coreto do parque. A apresentação musical havia começado, e o povo elegante e rico de Raymond estava se exibindo lá no centro da cidade.

Quando saiu da carruagem e foi até Loreen, Virginia não tinha a menor ideia do que faria ou de qual seria a consequência de sua atitude. Ela simplesmente viu uma alma que havia experimentado a alegria de uma vida melhor voltando para seu velho inferno de vergonha e morte. E, antes de encostar no braço da mulher embriagada, ela se fez apenas a pergunta: "O que Jesus faria?". Essa pergunta estava se tornando para ela, assim como para muitos outros, um hábito de vida.

Ela olhou ao redor enquanto estava ao lado de Loreen, e todo aquele ambiente lhe pareceu nitidamente cruel. Pensou primeiro nas moças na carruagem.

– Podem ir. Não esperem por mim. Vou levar minha amiga para casa – avisou com tranquilidade.

A moça com a sombrinha vermelha pareceu respirar fundo ao ouvir Virginia dizer a palavra "amiga", mas não comentou nada.

As outras pareciam ter perdido a voz.

– Sigam. Não posso voltar com vocês – disse Virginia.

O cocheiro colocou os cavalos para andar lentamente. Uma das moças se inclinou um pouco para fora da carruagem.

– Nós não podemos... ou melhor... você precisa de ajuda? Você não poderia...

– Não, não! – exclamou Virginia. – Vocês não podem me ajudar em nada aqui.

A carruagem seguiu em frente e Virginia ficou para trás com sua missão. Olhou para cima e ao redor. Muitos rostos na multidão eram solidários com ela. Nem todos eram cruéis ou brutos. O Espírito Santo havia sensibilizado uma boa parte das pessoas do Retângulo.

– Onde ela mora? – perguntou Virginia.

Ninguém respondeu. Ocorreu-lhe mais tarde, quando teve tempo de pensar na situação, que o Retângulo havia exibido, naquele triste silêncio, uma delicadeza típica do povo no centro da cidade. Pela primeira vez, passou por sua cabeça que o ser imortal, lançado como lixo na praia desse inferno chamado bar, não tinha um lugar que pudesse chamar de lar. De repente, a moça puxou o braço com força para se soltar de Virginia. Isso quase fez Virginia cair no chão.

– Não encoste em mim! Me deixe! Me deixe ir para o inferno! O meu lugar é lá! O diabo está me esperando. Olha ele ali! – exclamou com a voz rouca. Virou-se e apontou o dedo trêmulo para o dono do bar. A multidão riu. Virginia aproximou-se e pôs o braço em volta da moça.

– Loreen – disse Virginia com firmeza –, venha comigo. O seu lugar não é no inferno. Você pertence a Jesus, e Ele vai salvar você. Venha!

De repente, a jovem desabou em lágrimas. Ela ficou parcialmente sóbria com o choque de ter reconhecido Virginia.

Virginia olhou ao redor mais uma vez.

– Onde mora o senhor Gray? – perguntou.

Ela sabia que o evangelista morava em algum lugar perto da tenda. Várias pessoas deram a direção.

– Venha, Loreen, eu quero que você venha comigo até a casa do senhor Gray – disse ela, ainda segurando a jovem trêmula e cambaleante, que gemia, soluçava e agora se agarrava a ela com a mesma força com a qual a havia repelido antes.

Então as duas atravessaram o Retângulo em direção à casa do evangelista. Aquela cena parecia impressionar seriamente o Retângulo. Ninguém ali levava um bêbado a sério, mas a situação agora era diferente. O fato de que uma das garotas mais ricas e mais bem-vestidas de toda a cidade de Raymond estava cuidando de uma das figuras mais conhecidas do Retângulo, que vivia cambaleando pelas ruas sob a influência do álcool, era algo bastante surpreendente e dava certa dignidade e importância à própria Loreen. A cena de Loreen completamente bêbada na sarjeta sempre foi alvo de piadas e escárnios no Retângulo. Mas a cambaleante Loreen sendo amparada por uma jovem da alta sociedade era algo completamente diferente. O Retângulo olhava para aquela cena com sobriedade e certa admiração.

Quando finalmente chegaram à casa do senhor Gray, a mulher que atendeu a porta disse a Virginia que o senhor e a senhora Gray estavam fora e só voltariam às seis da tarde.

Virginia não havia pensado em nada além de um possível apelo aos Gray para que cuidassem de Loreen por um tempo ou encontrassem um lugar seguro para ela até que estivesse sóbria. Parada à porta nesse momento, ela não fazia a menor ideia do que fazer. Desatinada, Loreen caiu sentada nos degraus e enterrou o rosto nos braços. Virginia olhou para aquela pobre figura com uma sensação que temia se transformar em repulsa por ela.

Finalmente, ocorreu-lhe algo de que ela não poderia escapar. O que a impedia de levar Loreen para casa consigo? Por que essa pobre criatura, sem ter onde morar e cheirando a bebida, não poderia ser cuidada na própria casa de Virginia, em vez de ser confiada aos cuidados de estranhos em algum hospital ou lar de caridade? Virginia de fato não sabia muita coisa sobre esses lugares. Na verdade, havia duas ou três dessas instituições em Raymond, mas não dava para saber ao certo se alguma delas aceitaria uma pessoa como Loreen na condição em que se encontrava. Mas não era isso que preocupava Virginia nesse momento. "O que Jesus faria com Loreen?". Era isso que atormentava Virginia, e ela finalmente teve a resposta ao encostar na jovem mais uma vez.

– Vamos, Loreen. Você vai para a minha casa. Vamos pegar a condução ali na esquina.

Cambaleando, Loreen se pôs em pé e, para surpresa de Virginia, não armou nenhuma confusão. Ela esperava resistência ou protesto da moça. Quando chegaram à esquina e tomaram a condução, o transporte estava quase cheio de gente indo para a cidade. Virginia estava dolorosamente consciente dos olhares que ela e sua companheira receberam quando entraram. Sua preocupação, porém, era cada vez maior à medida que se aproximava de casa. O que a madame Page diria?

Loreen já estava quase sóbria. Mas estava entrando em um estado de perda de consciência. Virginia foi obrigada a segurar firme o braço dela. Várias vezes a garota se apoiou pesadamente nela, e enquanto as duas subiam a avenida, uma multidão curiosa tida como civilizada se virava e olhava para as duas. Ao subir os degraus de sua bela casa, Virginia deu um suspiro de alívio, mesmo sabendo que logo enfrentaria uma série de perguntas da avó, e, quando a porta se fechou e ela se viu no amplo salão com sua companheira sem-teto, sentiu-se preparada para qualquer coisa que pudesse vir.

Madame Page estava na biblioteca. Ao ouvir Virginia entrar, veio para o salão. Virginia estava parada, servindo de apoio para Loreen, que admirava, como uma boba, a rica magnificência dos móveis à sua volta.

– Vovó – disse Virginia sem hesitação e com muita clareza –, eu trouxe uma das minhas amigas do Retângulo. Ela está com problemas e não tem onde ficar. Vou cuidar dela aqui por um tempo.

Espantada, madame Page desviou os olhos da neta para Loreen.

– Você disse que ela é uma de suas amigas? – perguntou com uma voz fria e em um tom de escárnio que magoou Virginia mais do que qualquer coisa que já havia sentido.

– Sim, foi o que eu disse. – O rosto de Virginia ficou vermelho, mas ela parecia se lembrar de um versículo que o senhor Gray havia citado em um de seus recentes sermões: "Amigo de publicanos e 'pecadores'". Certamente, Jesus faria o que ela estava fazendo.

– Você sabe o que essa moça é? – perguntou madame Page com um sussurro exasperado, aproximando-se de Virginia.

– Eu sei muito bem. Ela é uma excluída da sociedade. A senhora não precisa me dizer, vovó. Eu sei disso melhor do que a senhora. Ela está bêbada agora, mas também é filha de Deus. Eu já a vi de joelhos, arrependida. E eu vi o inferno estender suas garras terríveis para dominar essa moça de novo. E, pela graça de Cristo, sinto que o mínimo que eu posso fazer é resgatá-la desse perigo. Vovó, nós nos consideramos cristãos. Aqui está uma pobre criatura humana perdida, sem um lar, voltando para uma vida de miséria e, quem sabe, de condenação eterna, e nós temos mais do que o suficiente. Eu a trouxe para cá e vou cuidar dela.

Madame Page olhou para Virginia com raiva e cerrou os punhos. Tudo isso era contrário ao seu código de conduta social. Como a sociedade poderia perdoar essa familiaridade com a escória das ruas? Quanto custaria à família a ação de Virginia em termos de crítica e perda de posição, bem como de toda aquela longa lista de relações necessárias que as pessoas com posses e posição devem manter com os líderes da sociedade? Para madame Page, a sociedade era mais importante do que a igreja ou qualquer outra instituição. Era um poder que deveria ser temido e obedecido. A perda de sua boa vontade deveria ser mais temida do que qualquer outra, exceto a perda da riqueza em si.

Carrancuda, aprumou-se e confrontou Virginia, completamente exasperada e determinada. Virginia colocou o braço em volta de Loreen e, com calma, olhou bem para a avó.

– Você não vai fazer isso, Virginia! Você pode mandar essa moça para um abrigo de mulheres desamparadas. Podemos pagar todas as despesas. Pelo bem de nossa reputação, nós não podemos dar abrigo a uma pessoa como essa.

– Vovó, eu não quero fazer nada contra a sua vontade, mas Loreen vai ficar aqui esta noite, e por mais tempo, se for necessário.

– Então você vai arcar com as consequências! Eu não vou ficar na mesma casa que uma miserável...

A madame Page perdeu o autocontrole. Virginia a interrompeu antes que ela pudesse falar mais uma palavra.

– Vovó, esta casa é minha. É sua também, desde que a senhora queira ficar. Mas, neste caso, eu tenho que agir como acredito piamente que

Jesus faria em meu lugar. Estou disposta a suportar tudo o que a sociedade possa dizer ou fazer. A sociedade não é meu Deus. Ao lado desta pobre alma, o veredito da sociedade não tem nenhum valor para mim.

– Sendo assim, eu não vou ficar aqui! – retrucou madame Page. Virou-se abruptamente e caminhou até o outro lado do salão. Então, voltou e, aproximando-se de Virginia, disse com uma ênfase que revelava toda a sua emoção:

– Sempre se lembre de que você expulsou sua avó de casa para acolher uma bêbada.

Em seguida, sem esperar a resposta de Virginia, virou-se novamente e subiu as escadas. Virginia chamou uma empregada e logo deixou Loreen sob os cuidados dela. A moça estava começando a ficar em um estado muito deplorável. Durante a breve cena no salão, Loreen havia se agarrado ao braço de Virginia com tanta força que Virginia o sentia dolorido por causa da força dos dedos da moça.

Virginia não sabia se a avó sairia de casa ou não. A senhora tinha muitos recursos para se manter, estava perfeitamente bem, tinha muita energia e era capaz de cuidar de si mesma. Tinha irmãs e irmãos que moravam no Sul e costumava passar várias semanas do ano com eles. Virginia não estava preocupada com o bem-estar da avó em relação ao ocorrido, mas a discussão havia sido dolorosa. Ao meditar sobre tudo em seu quarto antes de descer para o chá, não encontrou muitos motivos para se arrepender. "O que Jesus faria?" Não havia dúvida de que ela havia feito o que era certo. Se ela havia cometido um erro, era de julgamento, não de coração.

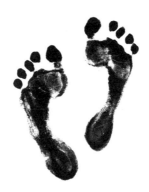

CAPÍTULO 13

Quando o sino tocou avisando para a hora do chá, Virginia desceu, mas madame Page não apareceu. Então ela pediu a uma empregada que fosse ao quarto da avó, mas ela voltou com a notícia de que madame Page não estava lá. Poucos minutos depois, Rollin chegou. Ele contou que a avó havia embarcado no trem noturno para o Sul. Ele havia ido à estação para ver alguns amigos, e, por acaso, encontrou a avó quando estava de saída. Madame Page lhe contou o motivo de sua partida.

Virginia e Rollin confortaram um ao outro enquanto tomavam chá, olhando-se com uma expressão séria e triste.

– Rollin – disse Virginia, e, pela primeira vez, praticamente, desde a conversão dele, percebeu como a transformação do irmão significava muito para ela –, você me culpa? Eu estou errada?

– Não, querida, não acredito que você esteja. Isso é muito doloroso para nós. Mas, se acha que é responsável pela segurança e salvação dessa pobre mulher, isso era a única coisa que você poderia fazer. Ah, Virginia, e pensar que temos desfrutado todos esses anos de nossa bela casa e de todo esse luxo de forma egoísta, esquecendo que pessoas como essa mulher existem! Com certeza, em nosso lugar, Jesus faria o mesmo.

Assim, Rollin confortou Virginia e se aconselhou com ela naquela noite. E de todas as mudanças maravilhosas que ela viria a experimentar por causa de sua promessa, nada a impressionou tanto quanto a mudança na vida de Rollin. Na verdade, esse homem em Cristo era uma nova criatura. As coisas velhas haviam passado. Eis que, nele, todas as coisas se fizeram novas.

A pedido de Virginia, o doutor West apareceu naquela noite e fez tudo o que era necessário pela jovem marginalizada. Ela havia bebido tanto que estava quase delirando. O melhor que se poderia fazer por ela naquele momento era oferecer-lhe repouso, cuidados e amor. Assim, em um belo quarto com um quadro de Cristo à beira-mar pendurado na parede, do qual seus olhos atordoados captavam dia após dia algo que ia além do significado oculto, Loreen estava deitada, sem saber exatamente como havia ido parar nesse paraíso, e Virginia ia se aproximando do Mestre de uma forma jamais vista, à medida que seu coração se compadecia dessa pobre jovem que havia caído destroçada e arrasada aos seus pés.

Enquanto isso, o Retângulo aguardava o resultado das eleições com um interesse acima do normal; e o senhor Gray e sua esposa choravam pelas pobres e deploráveis criaturas que, depois de lutarem contra o ambiente que as tentava dia após dia, muitas vezes se cansavam da luta e, como Loreen, desistiam e eram arrastadas para o abismo de sua condição anterior.

A reunião realizada após os cultos na Primeira Igreja havia se tornado oficial agora e era ansiosamente esperada. Henry Maxwell entrou no salão social no domingo seguinte às eleições primárias e foi recebido com um entusiasmo que o fez estremecer. Mais uma vez, notou a ausência de Jasper Chase, mas todos os outros estavam presentes e pareciam muito unidos pelo laço de comunhão que exigia e desfrutava confiança mútua. Era geral, o sentimento era de que o espírito de Jesus representava o espírito de uma confissão muito aberta e franca de experiências. Portanto, para Edward Norman, parecia ser a coisa mais natural do mundo contar aos membros do grupo os detalhes de seu jornal.

– A verdade é que perdi muito dinheiro nas últimas três semanas. Eu nem saberia dizer quanto. Estou perdendo muitos assinantes todos os dias.

– Que motivo os assinantes dão para cancelar a assinatura? – perguntou o senhor Maxwell. Todos os outros ouviam com atenção.

– Há diversas razões. Alguns dizem que querem um jornal que publique todas as notícias; ou seja, querem detalhes de crimes, sensacionalismos como lutas de boxe, escândalos e horrores de vários tipos. Outros se opõem à suspensão da edição de domingo. Perdi centenas de assinantes por isso, embora tenha feito acordos satisfatórios com muitos assinantes antigos, oferecendo-lhes mais conteúdo na edição extra de sábado do que na extinta edição de domingo. Minha maior perda veio da queda nos anúncios e da posição que fui obrigado a assumir nas questões políticas. A última ação de fato me custou mais do que qualquer outra. A maioria de meus assinantes está ligada a algum partido político. Posso dizer a vocês, com toda a sinceridade, que, se eu continuar com o plano que acredito que Jesus seguiria nas questões políticas e no modo de lidar com elas de um ponto de vista apartidário e moral, o *News* não poderá pagar suas despesas operacionais, a menos que possa contar com o apoio de Raymond.

O salão ficou em silêncio enquanto ele fez uma breve pausa. Virginia parecia ter um interesse especial. O rosto dela brilhava de curiosidade. Era o interesse de uma pessoa que havia pensado muito na mesma coisa sobre a qual Norman estava falando.

– O apoio a que me refiro é o elemento cristão em Raymond. Digamos que o *News* tenha perdido muito por causa do cancelamento de assinaturas de pessoas que não têm interesse por um jornal cristão e de outras que simplesmente veem o jornal como mera fonte de entretenimento ou interesse pessoal, há um número suficiente de cristãos genuínos em Raymond que se uniriam para apoiar um jornal como o que Jesus provavelmente editaria? Ou as pessoas da igreja estão tão habituadas com a demanda pelo tipo de jornalismo de sempre que não aceitam um jornal se ele não estiver despojado do propósito cristão e moral? Posso dizer nesta reunião entre irmãos que, por causa de complicações recentes em meus negócios fora do jornal, fui obrigado a me desfazer de parte de meu patrimônio. Eu tive de aplicar a regra da provável conduta de Jesus a certas transações com outros homens que não a aplicam na condução dos negócios deles e, como resultado, perdi muito dinheiro. Pelo que entendi da promessa que fizemos, não deveríamos fazer a pergunta: "Isso vai compensar?", e sim basear qualquer ação que tomarmos na pergunta: "O que Jesus faria?". Seguindo essa regra de conduta, fui obrigado a perder quase todo o dinheiro que acumulei no jornal. Não é necessário entrar em detalhes. Depois dessa experiência de três semanas, não tenho dúvida agora de que muitos perderiam grandes quantias de dinheiro sob o atual sistema de negócios se esse código de conduta de Jesus fosse aplicado de maneira honesta. Mencionei minha perda aqui porque tenho plena fé no sucesso futuro de um jornal diário pautado nas linhas que estipulei recentemente, e estou disposto a empregar todo o meu dinheiro nele para alcançar esse sucesso no final. Acontece que, como eu já disse, a menos que os cristãos de Raymond, os membros da igreja e os discípulos professos apoiem o jornal com assinaturas e anúncios, não poderei continuar sua publicação com base no princípio atual.

Virginia fez uma pergunta. Ela havia prestado atenção nas palavras do senhor Norman com grande interesse.

– O senhor quer dizer que, para ser viável, um jornal cristão deve receber patrocínios, como acontece com as escolas cristãs?

– É exatamente o que eu quero dizer. Eu havia planejado colocar no *News* uma grande variedade de material consistente e realmente interessante que compensaria os espaços deixados por colunas sobre temas não cristãos. Mas isso envolve um grande investimento de dinheiro. Tenho certeza de que um jornal cristão, tal como Jesus aprovaria, contendo apenas o que ele publicaria, pode ter sucesso em termos financeiros se for planejado corretamente. Mas será preciso investir uma grande soma em dinheiro para pôr esse plano em ação.

– Quanto o senhor acha? – perguntou Virginia calmamente.

Edward Norman olhou empolgado para ela e ficou vermelho por um instante enquanto pensava na proposta de Virginia. Ele a conhecia desde que ela era uma menina na escola dominical e teve um relacionamento comercial muito próximo com o pai dela.

– Em uma cidade como Raymond, eu diria que meio milhão de dólares seria um investimento ideal para a publicação de um jornal como o que temos em mente – respondeu. Sua voz estava um pouco trêmula. Seu olhar penetrante no rosto emoldurado por cabelos grisalhos brilhou ao antecipar a possibilidade séria e totalmente cristã de grandes realizações no mundo jornalístico que estava se descortinando para ele nos últimos segundos.

– Então – disse Virginia como se já estivesse bem convicta da ideia–, eu estou disposta a investir essa quantia de dinheiro no jornal com a condição, é claro, de que ele continue a seguir o princípio que está sendo adotado.

– Graças a Deus! – exclamou baixinho o senhor Maxwell. Norman estava pálido. Os demais olhavam para Virginia, que continuou:

– Queridos amigos – prosseguiu ela, revelando uma tristeza em sua voz que causou uma impressão ainda mais profunda nos demais quando refletiram depois –, não quero que nenhum de vocês pense nisso como um ato de grande generosidade de minha parte. Passei a entender há pouco tempo que o dinheiro que até hoje chamei de meu não pertence a mim, mas a Deus. Se eu, como administradora dos bens de Deus, encontro uma maneira sábia de investir esse dinheiro, isso não é motivo de vanglória nem de agradecimento da parte de ninguém pelo simples fato de que estou administrando os recursos que Deus me confiou para serem usados para a glória dele. Tenho pensado nisso há algum tempo. Queridos amigos, a verdade é que, em nossa próxima luta contra o poder da bebida em Raymond, e ela está apenas começando, precisaremos do *News* para defender o lado cristão. Vocês sabem que todos os outros jornais apoiam os bares. Enquanto os bares existirem, o trabalho de resgatar almas que estão perecendo no Retângulo é realizado com uma terrível desvantagem. O que o senhor Gray pode fazer com suas reuniões evangelísticas quando metade de seus convertidos é de pessoas alcoólatras, tentadas e seduzidas diariamente pelos bares em toda esquina? Permitir a falência do *News* seria o mesmo que entregar os pontos ao inimigo. Tenho muita confiança na capacidade do senhor Norman. Não vi os planos dele, mas tenho a mesma confiança que ele tem no sentido de tornar o jornal bem-sucedido se for editado em uma escala suficientemente grande. Não posso acreditar que a inteligência dos cristãos no jornalismo seja inferior à dos não cristãos, mesmo quando o assunto é fazer o jornal ser financeiramente viável. É por essa razão que estou investindo o dinheiro de Deus, e não o meu, nesse poderoso agente disposto a fazer o que Jesus faria. Se conseguirmos manter o jornal por um ano, estarei disposta a rever essa quantia usada nesse experimento. E não me agradeçam. Não pensem que o que estou fazendo é maravilhoso. Afinal, o que eu fiz com o dinheiro de Deus durante todos estes anos, senão satisfazer meus desejos pessoais egoístas? O que posso fazer com o resto dele, a não ser tentar devolver o que roubei de Deus? É assim que vejo as coisas agora. Eu acredito que é o que Jesus faria.

A onda invisível, mas distintamente percebida, da Presença Divina transbordou pelo salão social. Ninguém falou nada por um tempo. O senhor Maxwell, parado ali, com os rostos levantados com um olhar intenso em sua direção, sentiu o que já havia sentido antes: uma estranha viagem do século XIX para o século I, quando os discípulos tinham tudo em comum, e um espírito de comunhão fluía livremente entre eles de uma forma que a Primeira Igreja de Raymond nunca tinha visto. Até que ponto os membros de sua igreja tinham presenciado essa comunhão diária antes que esse pequeno grupo começasse a fazer o que eles acreditavam que Jesus faria? Foi com certa dificuldade que ele pensou na presente era que estava vivendo e no que a cercava. Esse mesmo pensamento estava na mente de todos os outros também. Havia uma solidariedade silenciosa que nunca tinham experimentado. Ela esteve presente enquanto Virginia falava, e também durante o silêncio que se seguiu. Se alguém pudesse defini-la, talvez fosse algo do tipo: "Se, ao me manter obediente à minha promessa, eu deparar com perdas ou problemas no mundo, posso contar com a verdadeira afinidade e com a experiência de qualquer outro cristão nesta sala que, assim como eu, se comprometeu a fazer todas as coisas de acordo com a regra: 'O que Jesus faria?'".

A distinta onda de poder espiritual enfatizava tudo isso. Fez o mesmo efeito que um milagre físico provavelmente tenha causado nos primeiros discípulos, dando-lhes um sentimento de confiança no Senhor que os ajudou a enfrentar a perda e o martírio com coragem e até mesmo alegria.

Antes de irem embora, foram ouvidas várias confidências como a de Edward Norman. Alguns rapazes relataram como haviam perdido o emprego por causa de sua obediência fiel à promessa. Alexander Powers comentou brevemente que a Comissão havia prometido agir o mais rápido possível com base nas provas que ele havia apresentado.

Ele estava envolvido com seu antigo trabalho como telégrafo. Era notável que, desde seu pedido de demissão, nem a esposa nem a filha haviam aparecido em público. Ninguém além dele sabia a amargura do estranhamento e da incompreensão que essa família enfrentava por causa dessa decisão. No entanto, muitos dos discípulos presentes na reunião carregavam fardos parecidos. Eram coisas que eles não podiam comentar. Henry Maxwell, por conhecer seu rebanho, certamente conseguiria entender que a obediência à promessa feita havia causado desavenças no seio das famílias e até provocado inimizades e ódio. Na verdade, os inimigos de um homem estão dentro da própria casa quando os ensinamentos de Jesus são seguidos por alguns e desobedecidos por outros. Jesus é um grande divisor na vida das pessoas. Por isso, ou andamos ao seu lado ou na direção totalmente oposta à dele.

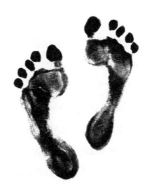

CAPÍTULO 14

Mais do que qualquer outro sentimento nessa reunião, o que se sobressaiu foi a comunhão entre eles. Maxwell a observava, ansioso pelo auge que ele sabia que ainda não havia sido alcançado. Quando o clímax chegasse, aonde isso iria levá-los? Ele não sabia dizer, mas não estava muito preocupado com isso. Apenas prestava atenção, cada vez mais admirado, nos resultados daquela simples promessa enquanto ela se cumpria na vida dessas pessoas. As consequências já podiam ser percebidas por toda a cidade. Quem poderia mensurar a influência delas no final de um ano?

Uma prova dessa comunhão era evidente nas promessas de apoio que Edward Norman recebeu para seu jornal. Várias pessoas aglomeraram-se em torno dele no final da reunião, e a resposta ao seu pedido de ajuda aos discípulos cristãos de Raymond havia sido totalmente compreendida por esse pequeno grupo. O valor de um jornal como esse dentro dos lares e em nome de bons cidadãos, sobretudo na atual crise em que a cidade se encontrava, não podia ser mensurado. Agora que o jornal receberia um aporte financeiro tão generoso, restava saber o que poderia ser feito. Ainda assim, como insistiu Norman, o dinheiro por si só não poderia dar poder ao jornal. O jornal teria de receber o apoio e a simpatia dos cristãos de Raymond para ser considerado uma das grandes forças da cidade.

Na semana depois da reunião de domingo houve grande agitação em Raymond. Era a semana das eleições. O diretor Marsh, fiel à sua promessa, tomou sua cruz e carregou-a com coragem, mas também com tremor, lamentos e até lágrimas, pois sua convicção mais profunda havia sido abalada, e ele se isolou do universo acadêmico, do qual fazia parte havia anos, com uma dor e angústia que lhe custaram mais do que qualquer outra coisa que já havia feito como seguidor de Cristo. Com ele estavam alguns professores da faculdade que haviam assumido o compromisso na Primeira Igreja. A experiência e o sofrimento deles eram exatamente os mesmos, pois eles também se afastaram de todos os deveres da cidadania. O mesmo aconteceu com Henry Maxwell, que mergulhou no horror da luta contra o *lobby* das bebidas e seus aliados, temendo repulsivamente, a cada dia, um novo encontro com eles. Nunca havia carregado uma cruz como essa. Cambaleava sob o peso dela, e, nos breves intervalos em que chegava do trabalho e buscava o silêncio de seu gabinete para descansar, o suor lhe escorria pela testa, e ele sentia o terror real de alguém que marcha na direção de horrores desconhecidos e invisíveis. Mais tarde, olhando para trás, ficou surpreso com sua experiência. Não era um covarde, mas sentia o pavor que qualquer homem como ele sente ao deparar, de repente, com um dever que implica fazer certas tarefas tão desconhecidas que os próprios detalhes relacionados a elas expõem sua ignorância e o enchem da vergonha da humilhação.

Quando chegou o sábado, dia das eleições, a agitação aumentou. Houve uma tentativa de fechar todos os bares. Essa tentativa foi apenas parcialmente bem-sucedida, pois houve muita bebida naquele dia. O Retângulo fervia, vomitava, praguejava e revelava seu pior lado para toda a cidade ver. Gray havia continuado suas reuniões durante a semana, e os resultados foram ainda melhores do que ele ousara esperar. Nesse sábado, teve a impressão de que o ponto crítico de seu trabalho também havia chegado. O Espírito Santo e Satanás, o deus da bebida, pareciam ter despertado para um conflito extremo. Quanto mais interesse das pessoas nas reuniões, mais ferocidade e maldade surgiam do lado de fora. Os homens dos bares já não escondiam o que sentiam. Ameaças declaradas de violência eram feitas. Certa vez, durante a semana, Gray e seu pequeno grupo de ajudantes foram atacados por objetos de vários tipos arremessados contra eles enquanto saíam da tenda de madrugada. A polícia enviou uma força especial, e Virginia e Rachel estavam sempre sob a proteção de Rollin ou do doutor West. O poder da música de Rachel não havia diminuído. Em vez disso, a cada noite, parecia aumentar a presença intensa e real do Espírito.

A princípio, Gray havia hesitado em fazer a reunião naquela noite. Entretanto, ele tinha uma regra simples de conduta e sempre era guiado por ela. O Espírito parecia levá-lo a continuar a reunião, e, por isso, no sábado à noite ele a fez como de costume.

A agitação em toda a cidade atingiu seu auge quando as votações se encerraram, às seis horas da tarde. Nunca houve uma disputa tão grande em Raymond. A permissão ou não da venda de bebidas nunca havia sido um problema nessas circunstâncias. Jamais antes tais elementos na cidade tinham se confrontado. Era algo inédito o fato de que o diretor da Lincoln College, o pastor da Primeira Igreja, o reitor da catedral e os profissionais que viviam em belas casas na avenida principal tivessem participado pessoalmente da eleição, e, com sua presença e exemplo, representassem a consciência cristã que havia se instalado na cidade. Os políticos ficaram surpresos com o que viram. No entanto, tal surpresa não os impediu de agir. A luta ficava mais acirrada a cada hora, e, quando o relógio marcou seis horas da tarde, nenhum dos lados podia dizer com certeza o resultado da eleição. Todos concordavam que nunca tinha havido uma eleição assim em Raymond, e ambos os lados aguardavam o anúncio do resultado com grande interesse.

Passava das dez horas da noite quando a reunião na tenda terminou. Foi uma reunião estranha e, em alguns aspectos, notável. Maxwell havia ido de novo à reunião a pedido de Gray. Estava completamente exausto por causa do dia de trabalho, mas o apelo de Gray foi tão comovente que ele não pôde resistir. O diretor Marsh também estava presente. Ele nunca tinha estado no Retângulo, e sua curiosidade foi despertada pela influência que o evangelista exercia na pior parte da cidade. O doutor West e Rollin chegaram com Rachel e Virginia; e Loreen, que ainda estava hospedada na casa de Virginia, permaneceu perto do órgão, em sã consciência e sóbria, com uma humildade e medo de si mesma que a mantiveram ao lado de Virginia como um cachorro fiel ao dono. Durante todo o culto, ela permaneceu sentada com a cabeça baixa, chorando parte do tempo e soluçando enquanto Rachel cantava a música "Eu era uma ovelha perdida". Agarrava-se com um desejo quase visível e tangível à única esperança que havia encontrado, ouvindo as orações, o apelo e a confissão que tinham tudo a ver com ela como alguém que fazia parte de uma nova criação, mas com receio de exercer seu direito de compartilhar dela de forma plena.

A tenda estava lotada. Como em outras ocasiões, havia certa perturbação vinda do lado de fora. A perturbação aumentava à medida que a noite avançava, e Gray julgou prudente não estender muito o culto.

De vez em quando, um grito vindo de uma grande multidão invadia a tenda. Os resultados da eleição começavam a ser divulgados, e o Retângulo havia levado às ruas todos os que estavam nas pensões, nos antros e nos cortiços.

Apesar dessas distrações, a música cantada por Rachel impediu que a multidão na tenda se dispersasse. Houve mais de uma dezena de conversões. Por fim, o povo se aquietou e Gray encerrou o culto, permanecendo um pouco mais com os novos convertidos.

Rachel, Virginia, Loreen, Rollin, o doutor West, o diretor Marsh e o senhor Maxwell saíram juntos em direção ao ponto habitual onde esperavam a condução. Ao saírem da tenda, perceberam no mesmo instante que o Retângulo estava à beira de um tumulto causado pela bebida e, enquanto atravessavam a multidão aglomerada nas ruas estreitas, começaram a notar que eles mesmos eram objeto de grande atenção.

– Aí está ele! O cara de chapéu alto! Ele é o líder! – gritou uma voz rouca.

O diretor Marsh, com sua aparência aprumada e imponente, chamava a atenção no meio do pequeno grupo.

– Como foi a eleição? Ainda é muito cedo para sabermos o resultado, não é? –perguntou em voz alta, e um homem respondeu:

– Dizem que o segundo e o terceiro distritos se posicionaram de forma sólida contra a venda de bebidas. Se for assim, o pessoal a favor da bebida foi derrotado.

– Graças a Deus! Espero que seja verdade! – exclamou Maxwell.
– Marsh, estamos em perigo aqui. Você consegue perceber a nossa situação? Temos de levar as mulheres a um lugar seguro.

– É verdade – disse Marsh com seriedade. Naquele momento, uma chuva de pedras e outros objetos começou a cair sobre eles. A rua estreita e a calçada na frente deles estavam completamente tomadas pelos piores elementos do Retângulo.

– A situação é séria – disse Maxwell. Com Marsh, Rollin e o doutor West, ele começou a avançar por um vão estreito; Virginia, Rachel e Loreen vinham logo atrás e eram protegidas pelos homens que agora percebiam o perigo que elas corriam. O Retângulo estava tomado pela embriaguez e pela fúria. Via em Marsh e Maxwell dois dos líderes do pleito eleitoral que poderia privar essas pessoas dos bares de que tanto gostavam.

– Abaixo os aristocratas! – gritou uma voz estridente, mais parecida com a de uma mulher do que com a de um homem. Uma enxurrada de lama e pedras se seguiu na direção deles. Rachel se lembrou mais tarde de Rollin ter saltado em sua frente e recebido na cabeça e no peito uma série de golpes que provavelmente a teriam atingido se ele não a tivesse protegido.

E então, antes que a polícia chegasse, Loreen, olhando para cima e gritando, correu para a frente de Virginia e a empurrou para o lado. Tudo foi tão rápido que ninguém teve tempo de ver o rosto de quem atirou, pela janela de um quarto que ficava em cima do mesmo bar de onde Loreen havia saído uma semana antes, uma garrafa muito pesada. O objeto atingiu a cabeça da moça, e ela caiu no chão. Virginia se virou e, no mesmo instante, se ajoelhou ao lado dela. Os policiais chegaram nesse exato momento ao local onde estava o pequeno grupo.

O diretor Marsh levantou o braço e gritou mais alto que o uivo que começava a se ouvir na multidão, que mais parecia de um animal selvagem.

– Parem! Vocês mataram uma mulher!

O anúncio, em parte, acalmou a multidão.

– É verdade? – perguntou Maxwell enquanto o doutor West se ajoelhava do outro lado de Loreen e a levantava nos braços.

– Ela está morrendo! – respondeu o doutor West rapidamente.

Loreen abriu os olhos e sorriu para Virginia, que limpou o sangue de seu rosto e depois se inclinou e a beijou. Loreen sorriu mais uma vez, e no momento seguinte sua alma estava no Paraíso.

Esta é apenas uma dentre milhares de mulheres que morreram por causa desse mal chamado bebida. Afastai-vos agora, homens e mulheres pecadores, desta rua imunda! Que essa augusta forma sem vida passe por essas fileiras de rostos estupefatos e sérios! Ela era uma de vossas próprias filhas. O Retângulo imprimiu sobre ela a imagem da besta. Agradecei àquele que morreu pelos pecadores para que outra imagem, a de uma nova alma, agora resplandeça de seu rosto pálido. Afastai-vos! Dai-lhes espaço! Que ela passe com reverência, seguida e cercada pelo grupo de cristãos consternados e em pranto. Vós a matastes, assassinos bêbados! Ainda assim, ainda assim, ó nação cristã, quem matou essa mulher? Recuai! Silêncio! Uma mulher foi morta. Quem era? Loreen. Filha das ruas. Pobre, bêbada, vil pecadora. Ó, Senhor Deus, até quando, até quando? Sim. A bebida a matou; isto é, os cristãos desta nação, que permitem a comercialização de bebidas. E somente o Dia do Juízo Final dirá quem foi o assassino de Loreen.

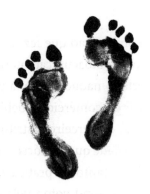

CAPÍTULO 15

"Quem me segue nunca andará em trevas." (Jo 8.12)

O corpo de Loreen foi velado na mansão dos Page. Era manhã de domingo, e o ar límpido e agradável de primavera, que começava a dar à cidade o perfume das primeiras flores dos bosques e dos campos, invadia uma das janelas abertas no final do salão e passava sobre o caixão. Os sinos da igreja tocavam e as pessoas que passavam na avenida em direção ao culto lançavam olhares curiosos para o casarão e depois seguiam em frente, comentando sobre os últimos eventos que ocorreram de forma tão estranha e entraram para a história da cidade.

Na Primeira Igreja, o senhor Maxwell, exibindo no rosto as marcas do incidente pelo qual havia passado, pregou para uma grande plateia. Falou com uma emoção e um poder que vinham de forma natural das profundas experiências do dia anterior, e seu rebanho sentiu por ele o mesmo orgulho que tinha quando fazia suas pregações dramáticas. Só que, dessa vez, o sentimento aflorou de forma diferente. E, durante todo o seu apelo fervoroso naquela manhã, havia um quê de tristeza, de repreensão e de austera condenação que fez muitos membros empalidecer com um sentimento de autoacusação ou raiva.

Raymond havia despertado naquela manhã para o fato de que a cidade havia votado em favor do comércio de bebidas, afinal. O boato no Retângulo de que o segundo e o terceiro distrito haviam votado contra o comércio era falso. Era verdade que a vitória se deu por uma diferença de votos muito pequena. Entretanto, na prática, era como se tivesse sido uma vitória esmagadora. Raymond votou pela continuação dos bares por mais um ano. Os cristãos de Raymond se condenaram pelo resultado. Mais de cem discípulos cristãos professos não compareceu às urnas, e um número muito maior votou com os que apoiavam o comércio de bebidas. Se todos os membros da igreja de Raymond tivessem votado contra os bares, eles estariam proibidos hoje, em vez de serem coroados como reis do município. Essa era a realidade em Raymond há anos. Os bares imperavam. Ninguém negava isso. O que Jesus faria? E quanto a essa mulher que havia sido brutalmente assassinada pelas mãos de quem a havia ajudado de modo tão ávido a arruinar a própria vida? Não era mais uma sequência lógica do terrível sistema de permissão de venda de bebidas alcoólicas como um todo? O mesmo bar que recebeu essa mulher tantas vezes, permitindo sua degradação, e do qual lhe foi arremessada a garrafa que provocou sua morte, poderia abrir as portas no dia seguinte e condenar a vida de uma centena de Loreens antes que o ano chegasse ao seu fim sangrento? E isso tudo com a autorização da lei que os cristãos de Raymond endossaram?

Foi tudo isso que Henry Maxwell, com uma voz trêmula e embargada pela angústia com o resultado da votação, desabafou com seu rebanho naquela manhã de domingo. E homens e mulheres choravam enquanto ele falava. O diretor Marsh estava sentado ali, mas já não apresentava sua habitual postura aprumada, elegante, firme e cheia de autoconfiança; a cabeça estava inclinada sobre o peito, e as lágrimas escorriam pelo rosto, sem se importar com o fato de nunca ter demonstrado nenhuma emoção em um culto público. Edward Norman, sentado ali perto, com o rosto marcante e bem contornado levantado, mas com os lábios trêmulos de emoção, apoiava-se no banco da frente com um sentimento que mexia profundamente com seu conhecimento sobre a verdade enquanto Maxwell falava. Nenhum homem havia feito ou sofrido mais para influenciar a opinião pública naquela semana do que Norman. A ideia de que a consciência cristã havia sido despertada muito tarde ou de maneira muito passiva pesava como uma acusação no coração do editor. E se ele tivesse começado a fazer o que Jesus faria há muito mais tempo? Quem poderia dizer o que já teria sido realizado a essa altura? E, lá no coral na galeria, Rachel Winslow, com a fronte apoiada no gradil de carvalho, deu lugar a um sentimento que ainda não havia permitido dominá-la, mas que a fez se sentir tão incapaz que, quando o senhor Maxwell terminou e ela tentou cantar o solo de encerramento após a oração, sua voz falhou e, pela primeira vez na vida, ela se viu obrigada a se sentar, soluçando e incapaz de prosseguir.

Por toda a igreja, no silêncio que se seguiu a essa cena incomum, ouviam-se soluços e sons de choro. Quando foi que a Primeira Igreja havia passado por um batismo de lágrimas como esse? O que havia acontecido com sua ordem de culto regular, precisa e convencional, incapaz de ser perturbada por qualquer tipo de emoção e de se sensibilizar por alguma agitação tola? Mas, ultimamente, as pessoas haviam tido suas convicções mais profundas afetadas. Fazia tanto tempo que viviam com sentimentos superficiais que quase haviam se esquecido das fontes de vida mais profundas. Agora que esses sentimentos tinham vindo à tona, elas estavam convictas de qual era o significado do discipulado.

Nessa manhã, o senhor Maxwell não fez o apelo de sempre para que outros voluntários se juntassem aos que já haviam se comprometido a fazer o que Jesus faria. No entanto, quando a congregação finalmente foi embora e ele entrou no salão social, bastou-lhe olhar de relance para perceber que o grupo original de seguidores havia aumentado consideravelmente. A reunião foi agradável; irradiou a presença do Espírito; foi intensa, com a forte e duradoura determinação de que eles começariam uma guerra contra o império da bebida em Raymond que acabaria para sempre com seu reinado. Desde o primeiro domingo em que o primeiro grupo de voluntários comprometeu-se a fazer o que Jesus faria, as diversas reuniões foram caracterizadas por impulsos ou impressões distintas. Agora, toda a força da reunião parecia estar direcionada a esse grande objetivo. Foi uma reunião cheia de orações de contrição, de confissão, de forte anseio por uma vida nova e melhor para a cidade. E, durante todo o tempo, houve um clamor geral para que a cidade fosse liberta dos bares e da terrível maldição que eles traziam.

Por sua vez, enquanto a Primeira Igreja havia sido profundamente despertada pelos eventos da última semana, o Retângulo também se sentia estranhamente abalado à sua maneira. A morte de Loreen não era, por si só, um fato tão notável. Era o fato de sua amizade recente com pessoas da cidade que lhe tinha dado um destaque especial e cercado sua morte de uma importância anormal. Todos no Retângulo sabiam que Loreen estava, naquele momento, sendo velada na mansão dos Page na cidade. Relatos exagerados da magnificência do caixão já haviam provido material suficiente para muitos boatos. O Retângulo estava curioso para saber os detalhes do funeral. Seria público? O que a senhorita Page pretendia fazer? O Retângulo nunca havia se misturado, nem mesmo dessa maneira pessoal distante, com a aristocracia da cidade.

As oportunidades para isso não eram frequentes. Gray e sua esposa eram cercados por pessoas que queriam saber o que os amigos e conhecidos de Loreen poderiam fazer para prestar-lhe suas últimas homenagens. Ela conhecia muita gente, e entre seus amigos estavam muitos dos novos convertidos.

Assim, naquela tarde de segunda-feira, na tenda, a cerimônia fúnebre de Loreen foi realizada diante de uma imensa plateia que encheu a tenda, ocupando todos os espaços disponíveis como nunca se viu. Gray havia ido à casa de Virginia e, depois de conversar com ela e com Maxwell, cuidou dos preparativos para o funeral.

– Sou e sempre fui contra grandes funerais públicos – disse Gray, cuja simplicidade de caráter, total e autêntica, era um de seus pontos fortes –, mas o clamor das pobres criaturas que conheciam Loreen foi tão grande que não pude deixar de atender ao desejo que tinham de vê-la e prestarem-lhe uma última e pequena homenagem. O que o senhor acha, senhor Maxwell? Vou me deixar guiar por seu julgamento sobre o assunto. Tenho certeza de que o que o senhor e a senhorita Page decidirem será o melhor a ser feito.

– Penso como o senhor – respondeu o senhor Maxwell. – Sob tais circunstâncias, tenho grande aversão por aquilo que mais parece um espetáculo em momentos como esse. Mas esse caso parece diferente. As pessoas do Retângulo não virão aqui para o culto. Acho que, como cristãos, devemos permitir que elas participem da cerimônia na tenda. O que acha, senhorita Virginia?

– Sim – respondeu Virginia. – Pobre alma! No momento eu não soube, mas ela deu sua vida por mim. É claro que não podemos e não usaremos a ocasião para fazer um espetáculo. Vamos atender ao desejo dos amigos dela. Não vejo nenhum mal nisso.

Assim, mesmo com certa dificuldade, foram feitos os preparativos para a cerimônia na tenda; Virginia com o tio e Rollin, acompanhados por Maxwell, Rachel, o diretor Marsh e o quarteto da Primeira Igreja, foram à tenda e testemunharam uma das coisas mais estranhas que já haviam visto.

Naquela tarde, o correspondente de um jornal de certo prestígio estava passando por Raymond a caminho de uma convenção editorial em uma cidade vizinha. Ele ficou sabendo do culto na tenda e foi até lá. Sua descrição do culto foi escrita com um estilo vívido que chamou a atenção de muitos leitores no dia seguinte. Um trecho de seu texto pertence a esta parte da história de Raymond:

"Nesta tarde, um culto fúnebre bastante singular e incomum foi realizado na tenda de um evangelista, o reverendo John Gray, em um bairro muito pobre conhecido como Retângulo. O motivo do culto foi o assassinato de uma mulher durante um tumulto na noite do último sábado, dia em que foram realizadas as eleições na cidade. Ao que parece, ela havia se convertido recentemente durante as reuniões do evangelista e foi morta quando retornava de uma desses encontros na companhia de outros convertidos e de alguns amigos. Apesar de a jovem ser uma típica bêbada que vivia nas ruas, o culto na tenda foi tão impressionante quanto o de qualquer outro cidadão mais ilustre a que já assisti em uma igreja de cidade grande.

Em primeiro lugar, um hino muito bonito foi entoado por um coral bem ensaiado. Sendo um estranho no local, emocionei-me, sem dúvida, com considerável surpresa ao ouvir, em uma reunião como aquela, vozes que alguém naturalmente esperaria ouvir apenas em grandes igrejas ou concertos. Mas a parte mais notável da música foi o solo cantado por uma jovem impressionantemente bela, a senhorita Winslow, que, se bem me lembro, é a jovem cantora que foi procurada por Crandall, gerente da Ópera Nacional, e que, por algum motivo, não aceitou a proposta de apresentar-se nos palcos. Seu estilo de cantar pareceu maravilhoso, e todos já estavam chorando antes mesmo de ela ter entoado as primeiras palavras. É claro que não é tão estranho criar esse efeito em um funeral, mas a voz em si era uma daquelas que só se encontra uma em milhares. Sei que a senhorita Winslow canta na Primeira Igreja de Raymond e provavelmente poderia ganhar o salário que quisesse como cantora profissional. Provavelmente logo ouviremos muito sobre ela. Uma voz dessas poderia alcançar qualquer público.

Além da música, o culto foi peculiar. O evangelista, aparentemente muito simples e de estilo despretensioso, falou algumas palavras, e foi seguido por um homem de boa aparência, o reverendo Henry Maxwell, pastor da Primeira Igreja. O senhor Maxwell falou sobre o fato de que a mulher morta estava totalmente preparada para partir, mas falou de uma maneira particularmente delicada sobre o efeito da venda de bebidas na vida de homens e de mulheres como aquela jovem. Raymond, sem dúvida, sendo uma cidade ferroviária e o centro de grandes interesses de distribuição de alimentos e produtos para a região, está cheia de bares. Percebi nas observações do ministro que fazia pouco tempo que ele havia mudado de opinião em relação à permissão do comércio de bebidas. Com certeza, ele fez um discurso muito impressionante, e, não obstante, o discurso não foi, de modo algum, inapropriado para um funeral.

Então se seguiu o que talvez tenha sido a parte mais peculiar desse estranho culto. As mulheres na tenda, pelo menos uma boa parte delas que estava perto do caixão, começaram a cantar baixinho e com lágrimas: "Eu era uma ovelha perdida". Então, à medida que o canto era entoado, uma fileira de mulheres se levantou e passou lentamente ao lado do caixão, e, enquanto as mulheres passavam, cada uma colocava uma flor de alguma espécie sobre ele. Então, elas se sentaram e outra fileira de mulheres passou e fez o mesmo, deixando flores sobre o caixão. Durante todo o tempo, o canto continuou baixinho, como uma chuva que cai sobre o telhado quando o vento está suave. Foi uma das cenas mais simples e, ao mesmo tempo, mais impressionantes que já testemunhei. As laterais da tenda estavam levantadas, e centenas de pessoas que não conseguiram entrar permaneciam do lado de fora, tão imóveis quanto a própria morte, com uma tristeza e solenidade admiráveis para pessoas de aparência tão rústica. Deviam estar presentes ali cem dessas mulheres, e me disseram que muitas delas haviam acabado de se converter durante as reuniões. Não consigo descrever o efeito daquele canto. Nenhum homem entoou sequer uma nota. Todas as vozes eram de mulheres, tão suaves e, ainda assim, tão distintas que o efeito foi surpreendente.

O culto terminou com outro solo da senhorita Winslow, que cantou: 'Havia 99 ovelhas'. E então o evangelista pediu a todos que curvassem a cabeça enquanto ele orava. Para chegar a tempo de pegar o trem, fui obrigado a sair durante a oração, e a última coisa que vi do culto enquanto o trem passava pelas oficinas foi a grande multidão saindo da tenda e formando fileiras enquanto o caixão era carregado por seis mulheres. Fazia muito tempo que eu não via uma imagem como essa nesta República nem um pouco poética."

Se o funeral de Loreen impressionou assim um estranho que apenas passava pelo local, não é difícil imaginar os sentimentos profundos daqueles que estavam tão intimamente ligados à vida e à morte dela. Nada havia acontecido no Retângulo que o tivesse comovido tão profundamente quanto o corpo de Loreen naquele caixão. E o Espírito Santo parecia abençoar com especial poder a presença daquele corpo inerte. Naquela noite, o Espírito trouxe dezenas de almas perdidas, na maioria mulheres, para o rebanho do Bom Pastor.

Deve-se dizer aqui que as declarações do senhor Maxwell sobre a abertura do bar de onde saiu a garrafa que matou Loreen foram quase todas verdadeiras. O lugar permaneceu fechado na segunda e na terça-feira enquanto as autoridades prendiam os proprietários acusados pelo assassinato. Mas nada pôde ser provado contra ninguém, e, antes do sábado daquela semana, o bar já estava funcionando normalmente. A justiça humana não condenou ninguém neste mundo pelo assassinato de Loreen.

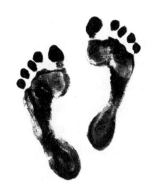

CAPÍTULO 16

Ninguém em toda a cidade de Raymond, incluindo o Retângulo, sentiu mais profundamente a morte de Loreen do que Virginia. Foi uma grande perda pessoal para ela. Aquela curta semana em que a jovem havia se hospedado em sua casa abriu o coração de Virginia para uma nova vida. Era sobre isso que ela falava com Rachel no dia seguinte ao funeral. As duas estavam sentadas no salão da mansão dos Page.

– Vou usar meu dinheiro para ajudar essas mulheres a ter uma vida melhor. – Virginia olhou para a extremidade do salão onde, no dia anterior, o corpo de Loreen havia sido velado. – Tracei um bom plano, pelo que me parece. Conversei muito com Rollin. Ele vai investir grande parte do dinheiro dele nesse plano também.

– Quanto dinheiro você vai investir nisso, Virginia? – perguntou Rachel. Em outros tempos, ela nunca teria feito uma pergunta tão pessoal. Agora, parecia tão natural falar abertamente sobre a questão do dinheiro quanto falar sobre qualquer outra coisa que pertencesse a Deus.

– Tenho disponível para isso pelo menos 450 mil dólares. Rollin tem muito mais. Um dos maiores arrependimentos dele agora é que seus hábitos extravagantes de vida antes de se converter praticamente acabaram com metade do dinheiro que o papai deixou para ele. Nós dois queremos muito reparar tudo o que estiver ao nosso alcance. "O que Jesus faria com esse dinheiro?" Queremos responder a essa pergunta com honestidade e sabedoria. Tenho certeza de que o dinheiro que investirei no *News* está alinhado com o que Jesus faria. É tão necessário que tenhamos um jornal diário cristão em Raymond, sobretudo agora que temos de enfrentar a influência dos bares, quanto ter uma igreja ou uma faculdade. Por isso, estou contente em saber que os quinhentos mil dólares que o senhor Norman saberá empregar bem serão um recurso poderoso em Raymond para fazer o que Jesus faria.

– Quanto ao meu outro plano, Rachel, eu gostaria de contar com você. Rollin e eu vamos comprar uma boa parte da propriedade do Retângulo. O local onde fica a tenda no momento está em litígio há anos. Pretendemos garantir a posse do local tão logo os tribunais julguem o processo. Já faz um tempo que venho estudando várias formas de construir escolas e abrigos que possam ser usados na obra cristã e no trabalho da igreja como instituição no seio dos bairros mais pobres da cidade. Ainda não sei dizer qual é o tipo de trabalho mais inteligente e eficaz que pode ser feito em Raymond. Mas de uma coisa eu sei: o meu dinheiro, ou melhor, o dinheiro de Deus que Ele quer que eu use, pode construir abrigos, pensões para mulheres pobres, albergues para prostitutas, dando segurança a muitas jovens perdidas como Loreen. E não quero ser apenas a pessoa que provê esse dinheiro. Deus me livre! Eu quero me envolver com o problema. Mas, sabe, Rachel, tenho a estranha sensação de que, independentemente do que todo esse dinheiro e sacrifício pessoal ilimitados podem fazer, isso não aliviará muito a terrível condição do Retângulo enquanto os bares continuarem funcionando legalmente ali. Eu acho que esse raciocínio é válido para qualquer trabalho cristão que esteja sendo realizado em toda cidade grande. Os bares proporcionam alívio mais rápido do que abrigos, albergues ou missões de resgate.

De repente, Virginia se levantou e começou a andar pela sala. Rachel respondeu com tristeza, mas, ainda assim, com um tom de esperança na voz:

– É verdade. Mas, Virginia, muita coisa maravilhosa pode ser feita com esse dinheiro! E os bares não estarão lá para sempre. Chegará o momento em que as forças cristãs na cidade triunfarão sobre eles.

Virginia parou perto de Rachel, e seu rosto pálido e sério iluminou-se.

– Eu também acredito nisso. O número de pessoas que se comprometeram a fazer o que Jesus faria está aumentando. Se tivermos, digamos, quinhentos discípulos em Raymond, os bares estarão condenados. Mas agora, querida, quero que você pense no seu papel no plano de conquistar e resgatar o Retângulo. Sua voz é poderosa. Tenho tido muitas ideias ultimamente. Aqui está uma delas: você poderia organizar uma escola de música para as jovens; proporcionar-lhes o benefício de sua instrução. Há vozes incríveis que podem ser exploradas lá. Alguém já ouviu alguém cantar como aquelas mulheres ontem? Rachel, veja que bela oportunidade! Você terá o que há de melhor em termos de órgãos e orquestras que o dinheiro pode comprar, e o que não pode ser realizado com a música para ganhar almas ali, levando-as a ter uma vida mais elevada, mais pura e melhor?

Antes mesmo que Virginia terminasse de falar, Rachel estava com o rosto completamente transformado pela ideia de realizar o trabalho de sua vida. A cena fluía para seu coração e sua mente como um dilúvio, e a torrente de seus sentimentos transbordava em lágrimas que não podiam ser contidas. Era o que ela mesma sonhava fazer. Representava para ela algo que estava alinhado com o uso correto de seu talento.

– Sim – disse ela, levantando-se e abraçando Virginia, enquanto as duas, com alegria e entusiasmo, andavam pela sala. – Sim, vai ser um prazer dedicar minha vida a esse tipo de serviço. Acredito que Jesus gostaria que eu usasse meu talento dessa maneira. Virginia, veja quantos milagres não poderão acontecer na vida das pessoas se pudermos usar um dinheiro consagrado para realizar projetos!

– Some a isso um entusiasmo como o seu, e, com certeza, grandes coisas poderão ser realizadas – disse Virginia, sorrindo. E, antes que Rachel pudesse responder, Rollin entrou na sala.

Ele hesitou por um instante e, então, começou a andar em direção à biblioteca quando Virginia o chamou e fez algumas perguntas sobre o trabalho dele.

Rollin voltou e sentou-se, e, juntos, os três discutiram os planos futuros. Ao que parecia, Rollin estava totalmente à vontade na presença de Rachel enquanto Virginia estava com eles; apenas a forma como ele a tratava era quase formal, para não dizer fria. O passado parecia ter sido totalmente apagado por sua maravilhosa conversão. Ele não havia se esquecido dele, mas parecia estar completamente envolvido com o propósito de sua nova vida no momento. Depois de um tempo, Rollin teve de sair, e Rachel e Virginia começaram a conversar sobre outras coisas.

– A propósito, o que houve com Jasper Chase? – Virginia fez a pergunta de forma inocente, mas, uma vez que Rachel ficou vermelha, acrescentou com um sorriso: – Suponho que ele esteja escrevendo outro livro. Será que ele vai colocar você nele, Rachel? Você sabe que eu sempre suspeitei que Jasper Chase fez isso no primeiro romance.

– Virginia – respondeu Rachel com a franqueza que sempre existiu entre as duas amigas –, Jasper Chase me disse em uma noite dessas que ele... na verdade... ele me pediu em casamento... ou iria, se...

Rachel parou e sentou-se com as mãos cruzadas no colo, e havia lágrimas em seus olhos.

– Virginia, até pouco tempo eu achava que o amava, como ele dizia que me amava. Mas, quando ele se declarou para mim, meu coração o rejeitou, e eu disse o que deveria dizer. Eu disse que não. Eu não o vejo desde aquele dia. Foi na noite das primeiras conversões no Retângulo.

– Que bom! – disse Virginia, calmamente.

– Por quê? – perguntou Rachel um pouco surpresa.

– Porque nunca gostei muito de Jasper Chase mesmo. Ele é muito frio e... eu não gostaria de julgá-lo, mas sempre desconfiei da sinceridade dele em assumir o compromisso na igreja com os outros.

Pensativa, Rachel olhou para Virginia.

– Eu nunca entreguei meu coração a ele, tenho certeza. Ele mexia com minhas emoções, e eu admirava seu talento como escritor. Cheguei a pensar algumas vezes que me importava muito com ele. Acho que, quem sabe, se ele tivesse falado comigo em outro momento que não aquele, eu facilmente teria me convencido de que o amava. Mas não agora.

Mais uma vez, Rachel fez uma pausa repentina e, quando olhou para Virginia novamente, tinha lágrimas no rosto. Virginia foi até ela e abraçou-a com ternura.

Quando Rachel foi embora, Virginia ficou sentada na sala, pensando na confiança que sua amiga havia acabado de lhe demonstrar. Pelo comportamento de Rachel, Virginia tinha certeza de que ainda havia algo a ser dito, mas não ficou chateada por Rachel tê-lo omitido. Ela simplesmente sabia que havia mais na mente de Rachel do que a jovem havia revelado.

Logo Rollin voltou, e ele e Virginia, de braços dados como estavam habituados a fazer ultimamente, caminharam de um lado para o outro do salão. Foi fácil a conversa dos dois se voltar finalmente para Rachel por causa do lugar que ela ocuparia nos planos que estavam sendo feitos para a compra da área no Retângulo.

– Você já conheceu uma garota com tanto talento para a música que estaria disposta a dedicar-se às pessoas como Rachel vai fazer? Ela vai dar aulas de música na cidade, ter alunos particulares para conseguir seu sustento pessoal e, ainda, oferecer ao povo do Retângulo o benefício de sua cultura e sua voz.

– Com certeza, é um belo exemplo de autossacrifício – concordou Rollin de modo um pouco rígido.

Virginia olhou para ele sem muita cerimônia.

– Mas você não acha que é um exemplo muito incomum? Dá para imaginar – então Virginia citou meia dúzia de cantores de ópera famosos – fazendo algo desse tipo?

– Não, não dá – respondeu Rollin prontamente. – Também não posso imaginar a senhorita – e falou o nome da jovem com a sombrinha vermelha que implorou a Virginia que levasse as moças ao Retângulo – fazendo o que você está fazendo, Virginia.

– Da mesma forma, não consigo imaginar o senhor – Virginia falou o nome de um jovem líder da sociedade – indo aos clubes e fazendo o que você tem feito, Rollin.

Os dois andaram em silêncio durante um tempo pelo salão.

– Voltando à Rachel – começou Virginia –, Rollin, por que você a trata de uma maneira tão distinta e escrupulosa? Eu acho, Rollin, e me perdoe se eu o magoar, que ela está incomodada com isso. Você precisa ser mais sociável. Não acho que Rachel esteja gostando dessa mudança.

Rollin parou de repente. Parecia profundamente agitado. Soltou o braço de Virginia e foi sozinho até o outro lado da sala. Então, virou-se com as mãos nas costas, parou perto da irmã e perguntou:

– Virginia, você ainda não sabe meu segredo?

Virginia pareceu confusa, e depois seu rosto corou estranhamente, revelando que ela havia entendido.

– Eu nunca amei ninguém além de Rachel Winslow. – Rollin falava com bastante calma agora. – Naquele dia em que ela esteve aqui e vocês conversaram sobre o fato de ela ter rejeitado se juntar à companhia de concertos, eu a pedi em casamento, lá na avenida. Ela recusou, como eu imaginava que faria. E disse que o motivo era o fato de que eu não tinha nenhum propósito na vida, e isso era verdade. Agora que eu tenho um propósito, agora que sou um novo homem, você não vê, Virginia, como é praticamente impossível para mim dizer alguma coisa? Devo minha conversão à voz de Rachel naquela música. E, no entanto, naquela noite, enquanto ela cantava, posso dizer honestamente que, naquele momento, não pensei uma só vez em sua voz, apenas na mensagem de Deus que ela transmitia. Acredito que, naquele dia, todo o amor que eu sentia por ela se juntou a um amor pessoal por meu Deus e meu Salvador. – Rollin ficou em silêncio, depois continuou, mais emocionado: – Eu ainda a amo, Virginia. Mas acho que ela nunca poderá me amar. – Ele parou e olhou para o rosto da irmã com um sorriso triste.

"Eu não sei de nada disso", pensou Virginia consigo mesma. Olhava para o belo rosto de Rollin, agora quase sem as marcas do estilo de vida desregrado que ele levava, os lábios firmes mostrando masculinidade e coragem, os olhos claros examinando com franqueza os dela e sua forma forte e graciosa. Rollin era um homem agora. Por que Rachel não o amaria com o tempo? É claro que os dois combinavam muito bem, sobretudo agora que o propósito de vida de ambos era motivado pela mesma força cristã.

Ela disse algo sobre isso a Rollin, mas ele não se sentiu muito consolado. Quando terminaram a conversa, Virginia ficou com a impressão de que o irmão pretendia seguir o caminho que havia escolhido, tentando alcançar os homens da sociedade que frequentavam os clubes e, mesmo não evitando Rachel, procurando não criar oportunidades para encontrá-la. Ele não confiava que era capaz de controlar seus sentimentos. E Virginia pôde perceber que Rollin temia até mesmo a ideia de uma segunda recusa, caso ele deixasse transparecer a Rachel que seu amor por ela ainda era o mesmo.

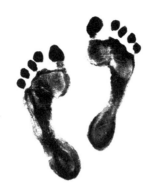

CAPÍTULO 17

No dia seguinte, Virginia foi até a redação do *News* para conversar com Edward Norman e cuidar dos detalhes de sua participação no novo formato do jornal. O senhor Maxwell estava presente nessa reunião, e os três concordaram que tudo o que Jesus faria como editor de um jornal diário seria regido pelos mesmos princípios gerais que direcionavam sua conduta como o Salvador do mundo.

– Tentei escrever aqui de forma concreta algumas coisas que, em minha opinião, Jesus faria – disse Edward Norman. Pegou um papel que estava em sua mesa, e, com isso, Maxwell se lembrou de novo do próprio esforço para escrever suas ideias sobre a provável atitude de Jesus e também de que Milton Wright havia tentado fazer o mesmo na empresa dele.

– Coloquei o título de "O que Jesus faria no lugar de Edward Norman, editor de um jornal diário em Raymond?".

1. Ele nunca permitiria uma frase ou imagem em seu jornal que pudesse ser considerada prejudicial, grosseira ou impura.
2. Ele provavelmente conduziria o lado político do jornal sob o ponto

de vista do patriotismo apartidário, sempre considerando todas as questões políticas à luz da relação delas com o Reino de Deus e defendendo as medidas de acordo com a ligação delas com o bem-estar das pessoas, sempre com base em "O que é certo?", nunca com base em "O que é melhor para esse ou aquele partido?". Em outras palavras, Jesus trataria todas as questões políticas como trataria todos os outros assuntos, tomando por base o avanço do Reino de Deus neste mundo.

Edward Norman parou de ler e tirou os olhos do texto.

– Quero que entendam que esta é a minha opinião sobre o que Jesus provavelmente faria em se tratando de questões políticas em um jornal diário. Não estou julgando outros editores que podem ter uma ideia diferente quanto ao que Jesus provavelmente faria. Estou simplesmente tentando responder de forma honesta à pergunta: "O que Jesus faria no lugar de Edward Norman?". E a resposta que encontrei foi esta que escrevi no papel.

3. A meta e objetivo de um jornal diário conduzido por Jesus seria fazer a vontade de Deus. Ou seja, seu principal objetivo em levar adiante um jornal não seria obter lucro nem exercer influência política, mas Ele teria como principal norma conduzir o jornal de modo que fosse evidente para todos os seus assinantes que Ele estava tentando buscar primeiro o Reino de Deus por meio de sua publicação. Esse propósito seria tão distinto e inquestionável quanto o propósito de um pastor, de um missionário ou de qualquer mártir altruísta no trabalho cristão em qualquer lugar.

4. Todos os anúncios questionáveis seriam descartados.

5. A relação de Jesus com os colaboradores do jornal teria o caráter mais amoroso possível.

– Até onde eu fui – disse Norman, erguendo os olhos mais uma vez–, sou da opinião de que Jesus empregaria de forma prática algum modelo de cooperação que representasse a ideia de um interesse mútuo em um negócio em que todos trabalhariam em conjunto para o mesmo objetivo. Estou elaborando algo nesse intuito e tenho certeza de que será um sucesso. De qualquer forma, uma vez que introduzimos o elemento do amor pessoal em um negócio como este, eliminamos o princípio egoísta de fazê-lo apenas visando a lucros pessoais para um homem ou uma empresa, e não vejo outra maneira de realizar isso senão por uma forma de interesse pessoal mais amoroso entre editores, repórteres, impressores e todos os que contribuem de algum modo para que o jornal seja uma realidade. E esse interesse seria expresso não apenas pela simpatia e pelo amor entre as pessoas, mas também pela distribuição dos lucros gerados.

6. Como editor de um jornal diário em nossos tempos, Jesus daria grande espaço às notícias sobre a obra cristã pelo mundo. É possível que dedicasse uma página aos fatos da Reforma, dos problemas sociológicos, do trabalho institucional da igreja e de movimentos semelhantes.

7. Em seu jornal, Ele faria tudo o que estivesse ao seu alcance para combater o funcionamento dos bares, tendo-os como inimigos da raça humana e uma parte inútil de nossa civilização. Ele faria isso independentemente da opinião pública sobre o assunto e, é claro, do efeito que isso teria em sua lista de assinantes.

Mais uma vez, Edward Norman ergueu os olhos.

– Reitero minha sincera convicção a esse respeito. É claro que não julgo os cristãos que estão editando outros tipos de jornal atuais. Mas, ao interpretar a postura de Jesus, acredito que Ele usaria a influência de seu jornal para eliminar definitivamente os bares da vida política e social da nação.

8. Jesus não publicaria uma edição aos domingos.

9. Ele publicaria as notícias do mundo que as pessoas precisassem saber. Entre as questões que elas não precisam saber e que não seriam publicadas estariam matérias sobre lutas de boxe violentas, longos

relatos de crimes, escândalos familiares privados ou quaisquer outros eventos humanos que, de alguma forma, entrariam em conflito com o primeiro ponto mencionado neste esboço.
10. Se tivesse a quantidade de dinheiro que temos para investir em um jornal, Jesus provavelmente cuidaria para que os melhores e mais influentes homens e mulheres cristãos fossem colaboradores do jornal. Este será meu objetivo, como poderei mostrar-lhes em alguns dias.
11. Quaisquer detalhes que surgirem à medida que o jornal estiver sendo feito para cumprir o plano que definimos, o princípio mais importante que o guiará sempre será a instauração do Reino de Deus no mundo. Esse amplo princípio geral guiará necessariamente todos os pormenores.

Ao terminar de ler o plano, Edward Norman ficou muito pensativo.
– O que acabei de ler é apenas um esboço. Tenho uma centena de ideias para fortalecer o jornal que ainda não terminei de elaborar. Essas são apenas sugestões. Conversei sobre elas com outros editores. Alguns deles dizem que vou apenas criar um tipo de revista de escola dominical superficial e sem graça. Se eu conseguir algo tão bom quanto uma escola dominical, já será muito gratificante. Por que as pessoas, quando querem dizer que algo é particularmente fraco, sempre usam como base de comparação a escola dominical? Será que não sabem que a escola dominical é uma das influências mais fortes e poderosas na civilização de nosso país hoje? Mas o jornal não será necessariamente fraco por ser bom. E as coisas boas têm mais poder que as ruins. O que eu quero saber basicamente é a questão do apoio do povo cristão de Raymond. Existem mais de vinte mil membros de igrejas nesta cidade. Se metade deles apoiar o *News*, a vida do jornal está garantida. O que o senhor acha sobre a probabilidade de tal apoio, senhor Maxwell?
– Eu não sei muita coisa sobre isso para dar uma resposta precisa. Acredito no jornal de todo o coração. Se ele sobreviver um ano, como

disse a senhorita Virginia, não dá para dizer o que poderá fazer. O importante é distribuir um jornal o mais próximo possível daquilo que podemos imaginar que Jesus faria, publicar nele todos os elementos da inteligência, da força, do raciocínio e do espírito cristãos e exigir respeito pela liberdade que temos contra a intolerância, o fanatismo, a estreiteza de visão ou qualquer outro fator contrário ao espírito de Jesus. Tal jornal exigirá o melhor que as ações e os pensamentos humanos puderem oferecer. As maiores mentes do mundo deveriam investir ao máximo sua energia para publicar um jornal cristão.

– Sim – respondeu Edward Norman com humildade. – Cometerei muitos erros, sem dúvida. Preciso de muita sabedoria. Mas quero fazer como Jesus faria. "O que Ele faria?" é o que eu tenho perguntado e continuarei a perguntar, e me guiarei pelos resultados que Ele me mostrar.

– Acho que estamos começando a entender – disse Virginia – o significado deste mandamento: "Cresçam, porém, na graça e no conhecimento de nosso Senhor e Salvador Jesus Cristo" (2Pe 3.18). Tenho certeza de que só saberei identificar tudo o que Ele faria depois de o conhecer melhor.

– Isso é verdade – concordou Henry Maxwell. – Estou começando a entender que só posso interpretar o que Jesus provavelmente faria depois que conhecer melhor seu espírito. A grande questão de toda a vida humana se resume a esta pergunta: "O que Jesus faria?"; ou seja, ao fazer essa pergunta, tentamos dar uma resposta baseada em um conhecimento cada vez maior do próprio Jesus. Precisamos conhecê-lo antes de podermos imitá-lo.

Uma vez fechado o acordo entre Virginia e Edward Norman, ele se viu com quinhentos mil dólares em mãos para serem investidos na publicação de um jornal diário de cunho cristão. Quando Virginia e Maxwell foram embora, Norman fechou a porta e, sozinho na Presença Divina, pediu, com o coração de uma criança, a ajuda de seu Pai Todo--Poderoso. Enquanto estava ajoelhado de frente para sua mesa, ele orou com base nesta promessa: "Se algum de vocês tem falta de sabedoria, peça-a a Deus, que a todos dá livremente, de boa vontade; e lhe será concedida" (Tg 1.5). Sem dúvida, sua oração seria respondida, e o reino avançaria por meio desse instrumento do poder de Deus, essa imprensa poderosa, que tanto havia se degradado por causa do mau uso, devido à avareza e à ambição, que o homem fez dela.

Dois meses se passaram. Foram meses repletos de ações e de resultados na cidade de Raymond, sobretudo na Primeira Igreja. Apesar do calor do verão que se aproximava, as reuniões pós-culto dos discípulos que se comprometeram a fazer o que Jesus faria continuavam cheias de entusiasmo e poder. Gray havia terminado seu trabalho no Retângulo, e, se passasse uma pessoa de fora pelo local, talvez não conseguisse perceber nenhuma diferença nas velhas condições do lugar, embora houvesse uma mudança real em centenas de vidas. Mas os bares, os antros, os cortiços e as casas de jogos ainda funcionavam, transbordando sua maldade sobre novas vítimas para que ocupassem o lugar daquelas almas recém-resgatadas pelo evangelista. E o diabo recrutava seus soldados muito rapidamente.

Henry Maxwell não viajou para o exterior naquelas férias. Em vez disso, investiu o dinheiro que estava economizando em uma viagem que organizou discretamente para as férias de verão de uma família inteira que morava no Retângulo e que nunca havia saído do bairro degradante e repleto de cortiços. O pastor da Primeira Igreja nunca se esquecerá da semana que passou com essa família cuidando dos preparativos da viagem. Ele foi ao Retângulo em um dia tão quente que o terrível calor começava a ser sentido naqueles horrendos cortiços; ajudou a família a chegar à estação e depois foi com ela a um belo lugar na costa onde, na casa de uma mulher cristã, os hóspedes da cidade, maravilhados, puderam respirar pela primeira vez em anos o ar fresco e salgado, enquanto sentiam no corpo o vento perfumado de uma nova oportunidade de vida.

Ali estavam a mãe com um bebê doente e outros três filhos, entre eles um deficiente físico. O pai, que estava desempregado e esteve várias vezes à beira do suicídio, como depois confessou a Maxwell, sentou-se com o bebê nos braços durante a viagem e, quando Maxwell se preparava para voltar a Raymond depois de ver a família acomodada, apertou a mão do reverendo para se despedir, tentando não expressar sua emoção, mas não conseguiu. Isso deixou Maxwell muito aturdido. A mãe, uma mulher de aparência cansada e abatida que havia perdido três filhos no ano anterior por causa de um surto de febre no Retângulo, sentou-se junto à janela do trem durante toda a viagem, deliciando-se com a vista do mar, do céu e do campo. Tudo lhe parecia um milagre. E Maxwell, de volta a Raymond no fim daquela semana e sentindo ainda mais o calor escaldante depois de ter experimentado um pouco da brisa do oceano, agradeceu a Deus pela alegria que havia testemunhado e voltou para seu discipulado com humildade no coração, conhecendo pela primeira vez na vida esse tipo especial de sacrifício. Ele nunca havia abdicado de viajar no verão para fugir do calor de Raymond, sentindo necessidade de descanso ou não.

– O fato é que – disse em resposta a várias perguntas por parte de sua igreja – não sinto necessidade de tirar férias neste ano. Estou muito bem e prefiro ficar por aqui.

Foi com um sentimento de alívio que ele conseguiu esconder de todos, menos da esposa, o que havia feito por essa família. Ele sentiu a necessidade de fazer algo desse tipo sem precisar mostrar-se aos outros ou obter a aprovação deles.

Então o verão chegou, e Maxwell crescia em seu conhecimento do Senhor. A Primeira Igreja continuava sob a influência do poder do Espírito. Maxwell estava maravilhado com a ideia de o Espírito continuar ali. Ele sabia muito bem que, desde o início, nada além da presença do Espírito havia impedido a divisão da igreja na grande provação pela qual passava em seu discipulado. Ainda havia muitos membros que não haviam assumido o compromisso, que tinham a mesma opinião que a senhora Winslow em relação a todo esse movimento, julgando-o como uma interpretação fanática do dever cristão e que esperavam que a igreja voltasse ao que era antes. Enquanto isso, todo o corpo de discípulos estava sob a influência do Espírito, e o pastor seguiu seu caminho naquele verão, fazendo sua obra na paróquia com grande alegria, mantendo suas reuniões com os homens da estrada de ferro, como havia prometido a Alexander Powers, e crescendo diariamente no conhecimento do Mestre.

No início de uma tarde de agosto, depois de um dia mais fresco que veio após uma longa onda de calor, Jasper Chase foi até a janela de seu apartamento na avenida e olhou para fora.

Sobre sua escrivaninha havia uma pilha de manuscritos. Desde aquela noite em que falara com Rachel Winslow, ele nunca mais a encontrou. Sua natureza singularmente sensível, a ponto de beirar a extrema irritabilidade quando ele era contrariado, levou-o a um isolamento que foi intensificado por seus hábitos de escritor.

Durante todo o período de verão, ele escrevera, e seu livro já estava quase concluído. Ele havia mergulhado na escrita com uma força descomunal que ameaçava abandoná-lo e deixá-lo incapaz a qualquer momento. Jasper não havia esquecido a promessa que fizera juntamente com os outros membros da Primeira Igreja. Era algo que sempre lhe vinha à mente enquanto estava escrevendo, e, desde que Rachel havia rejeitado seu amor, ele se perguntara muitas vezes: "Jesus faria isso? Ele escreveria essa história?". Era um romance social, escrito em um estilo que se mostrava bem popular, cujo objetivo era apenas entreter. A linha moral da história não era ruim, mas também não era nem um pouco cristã. Jasper Chase sabia que esse romance provavelmente seria um sucesso de vendas. Ele também estava ciente de que a sociedade em geral acalentava e apreciava histórias como essa. "O que Jesus faria?" Para ele, Jesus nunca escreveria um livro assim. Essa pergunta brotava nos momentos mais inoportunos, a ponto de se irritar com ela. O padrão de Jesus para um autor estava muito fora da realidade. Com certeza, Jesus usaria suas habilidades para produzir algo útil, proveitoso ou que tivesse algum propósito. Então, para que ele, Jasper Chase, estava escrevendo esse romance? Ora, o motivo era o mesmo pelo qual quase todo escritor escrevia: por dinheiro, mais dinheiro e fama. Não era segredo para Jasper que estava escrevendo essa nova história com esse fim. Ele não era pobre e, por isso, não tinha a grande tentação de escrever por dinheiro. Entretanto, era motivado por seu desejo de fama, mais do que por qualquer outra coisa. Precisava escrever sobre aquele tipo de assunto. Mas o que Jesus faria? A pergunta o atormentava ainda mais do que a rejeição de Rachel. Ele quebraria a promessa?

– Afinal, a promessa é tão importante assim? – perguntou.

Enquanto Jasper estava junto à janela, Rollin Page saiu do clube do outro lado da avenida. Jasper notou o belo rosto e a postura elegante do rapaz quando ele começou a descer a avenida. Voltou para sua escrivaninha e revirou alguns papéis. Então voltou para a janela. Rollin já estava no quarteirão seguinte, e Rachel Winslow andava ao seu lado. Rollin deve tê-la alcançado quando ela voltava da casa de Virginia naquela tarde.

Jasper observou os dois até que desapareceram no meio da multidão. Então se virou para a escrivaninha e começou a escrever. Quando terminou a última página do último capítulo de seu livro, já estava quase escuro. "O que Jesus faria?" Ele havia finalmente respondido à pergunta, negando seu Senhor. Seu quarto ficou mais escuro. Depois de refletir e instigado por sua decepção e perda, Jasper tinha a cabeça feita e já havia escolhido seu caminho.

"Jesus respondeu: 'Ninguém que põe a mão no arado e olha para trás é apto para o Reino de Deus'" (Lc 9.62).

CAPÍTULO 18

"Quanto a você, siga-me!" (Jo 21.22, Nova Versão Transformadora)

Quando começou a descer a rua na tarde em que Jasper ficou a observá-lo pela janela, Rollin não estava pensando em Rachel Winslow nem esperava encontrá-la em nenhum lugar. Ele a encontrou inesperadamente ao virar a esquina na avenida, e seu coração disparou ao vê-la. Começou a caminhar ao lado dela, alegrando-se com essa pequena oportunidade de estar com esse amor que ele não conseguia arrancar de sua vida.

– Acabei de passar na casa de Virginia – disse Rachel. – Ela me falou que os documentos para a compra do Retângulo estão quase prontos.

– Sim. Foi um processo bem cansativo nos tribunais. Virginia lhe mostrou todos os planos e especificações para a construção?

– Vimos muitos. Para mim, é impressionante como Virginia conseguiu ter tantas ideias sobre essa obra.

– Virginia agora sabe mais sobre Arnold Toynbee, o East End, em Londres, e o trabalho da Igreja Institucional nos Estados Unidos do que muitos profissionais que trabalham nos bairros pobres. Ela passou quase o verão inteiro buscando informações.

Rollin estava começando a se sentir mais à vontade enquanto conversavam sobre o trabalho humanitário que logo se iniciaria. Era um assunto comum e tranquilo para ele.

– O que você fez no verão? Eu não o vi muito – perguntou Rachel de repente, e, em seguida, seu rosto foi tomado por um rubor tropical como se a jovem tivesse insinuado muito interesse por Rollin ou muito pesar por não tê-lo visto com mais frequência.

– Estive ocupado – respondeu Rollin rapidamente.

– Conte-me algo – insistiu Rachel. – Você fala tão pouco. Você me dá o direito de perguntar?

Ela fez a pergunta de maneira muito franca, virando-se para Rollin com muita sinceridade.

– Sim, claro – respondeu com um sorriso gracioso. – Não tenho tanta certeza de que há muita coisa para contar. Tenho tentado encontrar uma maneira de alcançar os homens que conheço e ajudá-los a levar uma vida mais útil.

Ele parou de repente como se estivesse com receio de continuar. Rachel não se aventurou a sugerir nada.

– Pertenço ao mesmo grupo do qual você e Virginia fazem parte – continuou Rollin, recomeçando a conversa. – Assumi o compromisso de fazer o que acredito que Jesus faria e venho fazendo meu trabalho na tentativa de responder a essa pergunta.

– É isso que não entendo. Virginia comentou algo a respeito em outra ocasião. Que ótimo saber que você está tentando cumprir a mesma promessa que nós também fizemos. Mas o que você poderia fazer com o pessoal do clube?

– Você me fez uma pergunta direta e eu terei que lhe dar uma resposta agora – disse ele sorrindo de novo. – Ouça, eu me perguntei, depois daquela noite na tenda, você se lembra (ele falava apressadamente e sua voz estava um pouco trêmula), que propósito eu poderia ter agora na vida para redimi-la, para satisfazer meu conceito de discipulado cristão? E quanto mais eu pensava nisso, mais eu me conscientizava de que devia tomar minha cruz. Você já pensou que, de todas as pessoas negligenciadas em nosso sistema social, ninguém é tão ignorado quanto os jovens que enchem os clubes e desperdiçam tempo e dinheiro como eu fazia? As igrejas cuidam dos pobres e miseráveis como aqueles que vivem no Retângulo; elas se esforçam para alcançar o trabalhador, têm um grande número de seguidores entre os assalariados, enviam dinheiro e missionários a outros países, mas os jovens da alta sociedade que levam uma vida fútil, os frequentadores dos clubes, ficam de fora de todos os planos de missão e evangelismo. E, no entanto, não há outra classe de pessoas que mais precise disso. Eu digo para mim mesmo: "Eu conheço esses jovens, suas qualidades e seus defeitos. Já fui um deles. Não estou preparado para alcançar as pessoas do Retângulo. Não sei como fazer isso. Mas acho que posso alcançar alguns jovens que têm dinheiro e tempo para gastar". Então é isso que estou tentando fazer. Quando fiz a mesma pergunta que você fez, "O que Jesus faria?", essa foi a minha resposta. Também tem sido a minha cruz.

A voz de Rollin foi tão baixa nessa última frase que Rachel teve dificuldade de ouvi-lo em meio ao barulho ao redor deles, mas percebeu o que ele havia dito. Ela queria perguntar quais eram os métodos que ele estava usando, mas não sabia como perguntar. Seu interesse no plano dele ia além de mera curiosidade. Rollin Page estava tão diferente agora do jovem esnobe que a havia pedido em casamento que ela não podia deixar de pensar nele e conversar com ele como se fosse alguém completamente novo.

Eles saíram da avenida e subiam a rua até a casa de Rachel. Era a mesma rua onde Rollin havia perguntado a Rachel por que ela não o amava. Os dois foram tomados por uma súbita timidez enquanto seguiam a rua. Rachel não havia esquecido aquele dia, e Rollin também não conseguia. Ela finalmente rompeu o longo silêncio ao perguntar o que não havia conseguido expressar antes.

– No seu trabalho com os jovens do clube, seus velhos conhecidos, como é que eles recebem você? Como você os aborda? O que eles dizem?

Rollin sentiu-se aliviado quando Rachel falou. Ele respondeu rapidamente:

– Ah, isso depende de cada um. Muitos acham que eu sou um louco varrido. Continuo como sócio dos clubes, e isso me coloca em uma posição confortável nesse sentido. Tento ser inteligente e não provoco críticas desnecessárias. Mas você ficaria surpresa em saber quantos deles têm respondido ao meu apelo. Vai ser difícil fazer você acreditar; mas, há apenas algumas noites, uns dez homens se engajaram em uma conversa honesta e séria sobre assuntos religiosos. Tenho tido a grande alegria de ver alguns deles abandonarem os maus hábitos e começarem uma nova vida. "O que Jesus faria?", eu continuo a perguntar. A resposta vem devagar, por isso estou trilhando meu caminho devagar. Descobri uma coisa. Os rapazes não estão me evitando. E eu acho que isso é um bom sinal. E mais: consegui fazer que alguns deles se interessassem pelo trabalho no Retângulo, e, quando o trabalho começar, eles contribuirão para torná-lo mais sólido. Além de tudo, encontrei uma maneira de impedir que vários jovens adquiram o péssimo hábito de jogar.

Rollin falava com entusiasmo. Sua expressão estava transformada pelo interesse no assunto que agora havia se tornado parte de sua vida. Rachel, mais uma vez, notou o tom forte e viril do discurso do rapaz. Com tudo isso, ela sabia que havia uma seriedade profunda e implícita que fazia com que a cruz, mesmo estando eles sob o peso dela, fosse uma alegria. Em seguida, Rachel falou com um sentimento imediato de justiça que devia a Rollin e à nova vida dele.

– Você lembra que o censurei uma vez por não ter nenhum propósito pelo qual valia a pena viver? – perguntou, enquanto seu lindo rosto parecia mais bonito do que nunca para Rollin, mas ele teve autocontrole suficiente para erguer os olhos. – Quero dizer, sinto a necessidade de dizer, para ser justa com você, que o admiro por sua coragem e por sua obediência à promessa que você fez. A vida que você está levando é muito nobre.

Rollin estremeceu. Sua agitação fugia ao controle. Rachel não pôde deixar de perceber. Eles caminharam em silêncio. Por fim, Rollin agradeceu:

– Obrigado. Fogem-me as palavras para expressar como é bom ouvi-la dizer isso. – Ele ficou olhando para o rosto dela por um instante. Ela percebeu naquele olhar que ele ainda a amava, mas ele não disse nada.

Quando se separaram, Rachel entrou em casa e, sentando-se em seu quarto, levou as mãos ao rosto e disse para si mesma: "Estou começando a entender o que significa ser amada por um bom homem. Enfim, vou acabar me apaixonando por Rollin Page. O que estou dizendo! Rachel Winslow, você esqueceu...".

Ela se levantou e começou a andar de um lado para o outro. Estava profundamente emocionada. No entanto, era evidente que o que sentia não era arrependimento nem tristeza. De alguma forma, Rachel havia sido tomada por uma nova alegria. Tinha entrado em outro nível de experiência e, mais tarde, naquele mesmo dia, alegrou-se com muito entusiasmo e sinceridade em ver que seu discipulado cristão havia dado espaço nessa crise a esse sentimento. Ela de fato fazia parte disso, pois, se estava começando a amar Rollin Page, era pelo homem cristão que ela havia começado a se apaixonar; o antigo Rollin nunca a teria levado a essa grande mudança.

E Rollin, enquanto voltava, acalentava uma esperança que não conhecia desde que Rachel havia rejeitado seu pedido naquele dia. Com essa esperança, ele continuou seu trabalho à medida que os dias passavam rapidamente, e em nenhum outro momento teve mais êxito em alcançar e salvar seus velhos conhecidos do que no tempo que se seguiu àquele encontro casual com Rachel Winslow.

O verão já havia terminado, e Raymond mais uma vez enfrentava o rigor do inverno. Virginia havia conseguido concluir parte de seu plano de "Conquista do Retângulo", como ela o denominava. No entanto, a construção de casas no local, a transformação de seu aspecto triste e desinteressante em um parque atraente, o que estava incluído em seu plano, era uma obra muito grande para ser concluída naquele outono, logo depois de ter adquirido a propriedade. Mas um milhão de dólares nas mãos de uma pessoa que de fato deseja fazer o que Jesus faria pode realizar maravilhas pela humanidade em pouco tempo, e Henry Maxwell, ao passar pelo local em uma tarde, logo depois de encontrar com o pessoal da ferrovia, ficou surpreso ao ver quanto já havia sido feito externamente.

No entanto, voltou para casa, pensativo, e, no caminho, não pôde evitar considerar o problema que os bares continuamente causavam. Afinal, até onde foram feitas ações em favor do Retângulo? Mesmo contando com o trabalho de Virginia, de Rachel e do senhor Gray, onde se podiam ver os resultados concretos? Sem dúvida, disse para si mesmo, a obra de redenção iniciada e realizada pelo Espírito Santo em Suas maravilhosas demonstrações de poder na Primeira Igreja e nas reuniões da tenda teve efeito sobre a vida de Raymond. Entretanto, enquanto passava pelos bares e notava a multidão que entrava e saía deles, enquanto observava aqueles antros deploráveis, que pareciam ser os mesmos de sempre, enquanto via a brutalidade, a imundície, a miséria e a degradação em inúmeros rostos de homens, mulheres e crianças, sentiu-se muito mal. Ele se viu perguntando até que ponto um milhão de dólares poderia limpar toda aquela podridão. A origem de quase toda a miséria humana que eles procuravam aliviar não permaneceria intocada, enquanto os bares continuassem com sua atividade mortal, mas com o aval da lei? O que um discipulado cristão tão altruísta como o de Virginia e de Rachel poderia fazer para diminuir a enxurrada de vícios e de crimes, uma vez que a grande fonte desses vícios e dessa criminalidade fluía com a mesma força e profundidade de sempre? Não seria praticamente um desperdício da vida maravilhosa dessas jovens lançar-se assim ao inferno, uma vez que, para cada alma resgatada pelo sacrifício delas, os bares faziam outras duas vítimas que precisavam de resgate?

Ele não conseguia evitar essa pergunta. Era a mesma que Virginia havia feito a Rachel quando disse que, em sua opinião, algo de fato permanente só poderia ser feito se os bares fossem eliminados do Retângulo. Henry Maxwell voltou às suas atividades na paróquia naquela tarde com uma convicção ainda mais forte sobre a questão da permissão da venda de bebidas naquele local.

Entretanto, se os bares eram parte dos problemas na vida de Raymond, a Primeira Igreja e seu pequeno grupo de discípulos que se comprometeram a fazer o que Jesus faria não eram menos importantes. Henry Maxwell, estando no centro do movimento, não estava em posição de julgar os resultados desse movimento como alguns de fora poderiam ter feito. A própria cidade de Raymond sentia o reflexo de muitas maneiras, sem conhecer todas as razões dessa mudança.

O inverno se foi, e o período de um ano que Henry Maxwell havia estipulado para que eles cumprissem a promessa de fazer as coisas como Jesus faria também chegou ao fim. O domingo, aniversário de um ano da promessa, foi de muitas maneiras o dia mais extraordinário que a Primeira Igreja já presenciou. Foi mais importante do que seus discípulos puderam imaginar. O ano havia feito história de maneira tão rápida e tão séria que as pessoas ainda não conseguiam entender todo o seu significado. E o dia que completava um ano dedicado a esse discipulado foi marcado por tantas revelações e confissões que os protagonistas dos eventos em si não conseguiam entender o valor daquilo que havia sido feito nem a relação de sua tentativa com as demais igrejas e cidades do país.

Na semana anterior àquele domingo de aniversário, o reverendo Calvin Bruce, doutor em Divindade, da Igreja da Nazareth Avenue, em Chicago, estava em Raymond, onde visitou alguns velhos amigos e um antigo colega de seminário, Henry Maxwell. Ele estava presente na Primeira Igreja e foi um ouvinte extremamente atento e interessado. O modo como relatou os acontecimentos em Raymond, sobretudo daquele domingo, pode elucidar toda a situação melhor do que qualquer descrição ou registro de outras fontes.

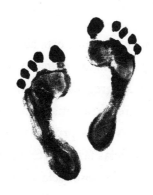

CAPÍTULO 19

[Carta do reverendo Calvin Bruce, doutor em Divindade, da Igreja da Nazareth Avenue, em Chicago, ao reverendo Philip A. Caxton, doutor em Divindade, da cidade de Nova Iorque.]

"Meu caro Caxton

Já é tarde da noite neste domingo, mas estou tão desperto e tão extasiado com o que vi e ouvi que me sinto motivado a lhe escrever agora um relato sobre a situação em Raymond que eu vinha analisando e que, ao que parece, chegou ao auge hoje. Assim, esta é minha única desculpa para escrever uma carta tão extensa a esta hora.

Você deve se lembrar de Henry Maxwell do seminário. Se não me engano, você disse da última vez em que o visitei em Nova Iorque que não o via desde que nos formamos. Ele era um rapaz culto e estudioso, você deve se lembrar, e, quando foi convidado para ser pastor da Primeira Igreja de Raymond um ano depois de deixar o seminário, eu disse à minha esposa: 'Raymond fez uma boa escolha. Maxwell agradará àquelas pessoas por ser um bom pregador'. Faz onze anos que está aqui, e eu sei que, até um ano atrás, ele mantinha o curso normal do ministério, atendendo às necessidades da congregação e atraindo um bom público para as reuniões. Sua igreja era considerada a maior e mais rica de Raymond. As pessoas mais proeminentes da cidade a frequentavam, e a maioria delas fazia parte da membresia da igreja. O quarteto de vozes era famoso pela música que apresentava, sobretudo pela soprano, a senhorita Winslow, sobre quem terei mais a dizer; e, no geral, como entendo os fatos, Maxwell estava em uma posição confortável, com um salário muito bom, um ambiente agradável, uma paróquia que não exigia muito e formada por pessoas cultas, ricas e respeitáveis – uma igreja e paróquia que quase todos os seminaristas de nossa época consideravam muito desejável.

Mas, há exatamente um ano, Maxwell entrou em sua igreja em uma manhã de domingo e, ao final do culto, fez esta surpreendente proposta aos seus membros: que se voluntariassem por um ano a não fazer nada sem antes perguntarem 'O que Jesus faria?' e, depois de responderem, fizessem o que, na opinião sincera deles, Jesus faria, independentemente de quais fossem as consequências para eles.

O resultado dessa proposta, uma vez aceita e cumprida por uma série de membros da igreja, foi tão notável que, como você sabe, a atenção de todo o país se voltou para esse movimento. Eu chamo isso de 'movimento' porque, pela atitude tomada hoje, parece provável que o que se experimentou aqui chegará a outras igrejas e causará uma revolução em termos de métodos, mas, sobretudo, uma nova definição de discipulado cristão.

Em primeiro lugar, Maxwell me contou que ficou surpreso com a reação à sua proposta. Alguns dos membros mais proeminentes da igreja assumiram o compromisso de fazer o que Jesus faria. Entre eles estavam: Edward Norman, editor do *Daily News*, que tem causado um alvoroço no mundo jornalístico; Milton Wright, um dos principais comerciantes de Raymond; Alexander Powers, cuja atitude na questão das ferrovias contra as leis do comércio interestadual causou uma grande agitação há cerca de um ano; a senhorita Page, uma das herdeiras mais ricas da alta sociedade de Raymond, que ultimamente tem investido toda a sua fortuna, pelo que entendi, no jornal diário cristão e no trabalho de reforma do bairro pobre conhecido como Retângulo; e a senhorita Winslow, cuja reputação como cantora é agora nacional, mas que, em obediência ao que julgou ser a atitude que Jesus provavelmente teria, tem dedicado seu talento como voluntária entre as jovens e as mulheres que compõem grande parte da população mais carente e mais desamparada da cidade.

Além dessas pessoas conhecidas, tem aumentado o número de cristãos da Primeira Igreja e, ultimamente, de outras igrejas de Raymond. Uma grande parte desses voluntários que se comprometeram a fazer o que Jesus faria vem dos ministérios de jovens. Os jovens dizem que já incorporaram aos seus grupos o mesmo princípio das palavras: 'Eu prometo a Jesus que me esforçarei para fazer o que Ele quer que eu faça'. Não é exatamente isso que está incluído na proposta de Maxwell, que diz que o discípulo deve tentar fazer o que Jesus provavelmente faria em seu lugar. Mas o resultado de uma obediência honesta a qualquer um dos compromissos, afirma ele, será praticamente o mesmo, e ele não se surpreende com o grande número de jovens da Christian Endeavor Society que se juntaram ao novo modelo de discipulado.

Tenho certeza de que a primeira pergunta que você fará é: 'Qual foi o resultado disso? O que já se alcançou ou de que forma isso tem mudado a vida regular da igreja ou da comunidade?'

Charles M. Sheldon

Você já deve ter ouvido alguma coisa sobre o que tem acontecido pelos relatos de Raymond que estão por todo o país. No entanto, é preciso vir aqui e ver as mudanças na vida de cada indivíduo e, sobretudo, as mudanças na vida da igreja, para entender o que significa seguir os passos de Jesus de forma tão literal. Para contar tudo, seria preciso escrever uma longa história ou uma série de histórias. Não estou em condições de fazer isso, mas posso lhe dar uma ideia, talvez, do que tem sido feito, como me contaram alguns amigos aqui e o próprio Maxwell.

O resultado do cumprimento assumido na Primeira Igreja foi duplo. Trouxe um espírito de comunhão cristã que, pelo que Maxwell me relatou, nunca existiu e que agora o tem impressionado por se aproximar muito daquilo que deve ter sido a comunhão cristã das primeiras igrejas apostólicas; e esse compromisso tem dividido a igreja em dois grupos distintos. Os que não assumiram o compromisso acham que os outros são tolos por tentarem literalmente imitar o exemplo de Jesus. Alguns deles abandonaram a igreja e não a frequentam mais, ou se tornaram membros de outras igrejas. Outros estão ali apenas para causarem conflitos internos, e ouvi rumores de que estão tentando forçar a renúncia de Maxwell. Não sei se isso é um elemento muito forte na igreja. Tem sido controlado não só por uma ação maravilhosa do poder do Espírito, que remete ao primeiro domingo em que o compromisso foi assumido, há um ano, mas também pelo fato de muitos dos membros mais importantes se identificarem com o movimento.

O efeito disso tudo sobre Maxwell é notável. Eu o ouvi pregar em nossa Associação Estadual há quatro anos. Ele me impressionou na época com a força de sua pregação dramática, da qual ele mesmo estava bem ciente. Seu sermão estava bem escrito e repleto daquilo que os alunos do seminário chamavam de 'belas passagens'. O efeito disso era o que uma congregação normal chamaria de 'agradável'. Nesta manhã, ouvi Maxwell pregar novamente pela primeira vez desde aquela época. Falarei disso mais adiante. Ele já não é o mesmo homem. Dá-me a impressão de ser alguém que passou por uma crise provocada por uma revolução. Ele me disse que essa revolução é simplesmente uma nova definição de discipulado cristão. Sem dúvida, ele mudou muitos de seus velhos hábitos e de suas antigas visões. A posição dele sobre a questão dos bares é radicalmente oposta à que ele tinha há um ano. E, em se tratando de como ele imaginava seu ministério, seu púlpito e seu trabalho paroquial, acredito que tenha mudado radicalmente. Até onde posso ver, a ideia que o está motivando agora é a de que o cristianismo de nossos tempos deve representar uma imitação mais literal de Jesus, sobretudo no que diz respeito ao sofrimento. Durante nossa conversa, ele citou várias vezes o versículo de Pedro: 'Para isso vocês foram chamados, pois também Cristo sofreu no lugar de vocês, deixando-lhes exemplo, para que sigam os seus passos' (1Pe 2.21); e ele parece estar plenamente convicto de que nossas igrejas precisam hoje, mais do que qualquer outra coisa, sofrer com alegria por Jesus. Não sei se concordo inteiramente com ele; mas, meu caro Caxton, é surpreendente observar os resultados dessa ideia à medida que vão se imprimindo nesta cidade e nesta igreja.

Você me pergunta sobre os resultados na vida dos indivíduos que assumiram esse compromisso e tentam honestamente manter-se fiéis a ele. Os resultados são, como eu disse, parte da história individual e não podem ser contados em detalhes. Posso falar a respeito de alguns para que você possa observar que essa forma de discipulado não é meramente um sentimento ou uma bela postura capaz de impressionar.

Veja, por exemplo, o caso do senhor Powers, que era superintendente das oficinas ferroviárias da L. and T. R. R. aqui em

Raymond. Ao agir contra a empresa com base nas evidências que a incriminavam, ele acabou perdendo o emprego, e, mais do que isso, eu soube por meus amigos aqui que a família e as relações sociais dele mudaram a tal ponto de ele e a família já não aparecem em público. Eles se retiraram do círculo social no qual eram figuras proeminentes. A propósito, Caxton, eu soube que a Comissão, por uma razão ou outra, adiou as medidas sobre esse caso, e agora há rumores de que a L. and T. R. R. passará para as mãos de um credor muito em breve. O presidente da empresa, que, de acordo com as evidências apresentadas por Powers, era o principal infrator, renunciou ao cargo, e as complicações que surgiram desde aquele momento sugerem a liquidação judicial. Por enquanto, o superintendente voltou ao seu antigo trabalho como operador de telégrafo. Eu o conheci na igreja ontem. Ele me deu a impressão de ser um homem que, como Maxwell, passou por uma mudança de caráter. Não pude deixar de pensar nele como um bom homem para a igreja do século I, quando os discípulos tinham tudo em comum.

Ou veja o caso do senhor Norman, editor do *Daily News*. Ele arriscou toda a sua fortuna em obediência ao que acreditava ser a atitude de Jesus e revolucionou toda a sua forma de dirigir o jornal, correndo o risco de levá-lo à falência. Eu lhe envio um exemplar do jornal de ontem. Quero que você o leia com atenção. Em minha opinião, é um dos jornais mais interessantes e notáveis já impressos nos Estados Unidos. Existem alguns pontos passíveis de crítica, mas quem poderia tentar algo nessa linha sem estar sujeito a críticas? De modo geral, o jornal está tão acima da concepção comum de uma publicação diária que o resultado me surpreendeu. Ele me disse que o jornal está começando a ser lido cada vez mais pelos cristãos da cidade. Ele está muito confiante no sucesso do jornal. Leia o editorial sobre as questões econômicas e também a matéria sobre as próximas eleições em Raymond, quando a questão do funcionamento dos bares será novamente discutida. Ambos os artigos apresentam um ótimo ponto de vista. Ele diz que nunca inicia um editorial ou, na verdade, qualquer parte de seu trabalho no jornal sem antes perguntar: 'O que Jesus faria?'. O resultado, sem dúvida, é evidente.

Há também o comerciante Milton Wright. Disseram-me que ele revolucionou seus negócios de tal modo que ninguém é mais querido hoje em Raymond do que ele. Seus escriturários e funcionários têm uma afeição por ele que é muito comovente. Durante o inverno, quando esteve muito doente e acamado em casa, dezenas de funcionários se ofereceram para estar com ele e ajudá-lo de todas as maneiras possíveis, e seu retorno à loja foi recebido com demonstrações de muito afeto. Tudo isso aconteceu porque o elemento do amor pessoal foi introduzido nos negócios. Esse amor não se resume a meras palavras, mas o negócio em si é gerido sob um sistema de cooperação que não se baseia no mero reconhecimento do patrão em relação a seus inferiores, mas em uma participação real em todo o negócio. Para outros comerciantes da rua, Milton Wright é um homem esquisito. No entanto, é verdade que, embora ele tenha perdido muito em alguns aspectos, seus negócios como um todo aumentaram, e hoje ele é um homem respeitado e honrado como um dos melhores e mais bem-sucedidos comerciantes de Raymond.

E há a senhorita Winslow. Ela optou por dedicar seu grande talento aos pobres da cidade. Seus planos incluem um Instituto de Música cujo foco estará em corais e aulas de canto. Ela está entusiasmada com o que considera ser o trabalho de sua vida. Ao lado da amiga, a senhorita Page, ela planejou um curso de música que, se efetivado, certamente contribuirá muito para erguer a vida das pessoas do local. Não estou tão velho, caro

Caxton, para me interessar pelo lado romântico de muita coisa que também foi trágica aqui em Raymond, mas devo lhe dizer que todos sabem aqui que a senhorita Winslow espera se casar nesta primavera com o irmão da senhorita Page, um rapaz da alta sociedade e ex-frequentador dos clubes da cidade que se converteu em uma tenda onde sua futura esposa participava ativamente do culto. Desconheço os detalhes desse pequeno romance, mas imagino que haja uma boa história por trás dele e que daria uma leitura interessante se conhecêssemos todos os pormenores.

Estas são apenas algumas ilustrações dos resultados na vida de cada indivíduo que resolveu obedecer ao compromisso assumido. Preciso falar também do diretor Marsh, da Lincoln College. Ele se formou na mesma universidade em que me formei, e cheguei a ter um pouco de contato com ele quando estava no último ano. Ele participou ativamente da última campanha municipal, e sua influência na cidade é considerada um fator decisivo nas próximas eleições. Ele me impressionou muito, assim como todos os outros discípulos desse movimento, tendo enfrentado algumas questões complicadas e assumido certas responsabilidades que causaram e ainda causam aquele sofrimento a que Henry Maxwell se refere, um sofrimento que não elimina a alegria na prática, mas parece intensificá-la."

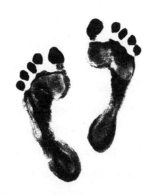

CAPÍTULO 20

"Mas estou estendendo muito esta carta, e talvez você já esteja cansado. Não consigo evitar o sentimento de fascínio que só aumenta durante este tempo em que estou aqui. Agora eu gostaria de lhe contar um pouco sobre a reunião que aconteceu hoje na Primeira Igreja.

Como eu disse, ouvi Maxwell pregar. Atendendo a um pedido dele, preguei no domingo anterior, e hoje foi a primeira vez que o ouvi desde a reunião da Associação quatro anos atrás. Seu sermão nesta manhã foi tão diferente daquele naquela época que era como se tivesse sido pensado e pregado por um ser de outro planeta. Fui profundamente tocado. Acho que cheguei a derramar algumas lágrimas. Outros na congregação foram tocados como eu. Este foi o texto que ele usou: 'Quanto a você, siga-me!' (Jo 21.22, Nova Versão Transformadora). Foi um impressionante apelo para que os cristãos de Raymond obedecessem aos ensinamentos de Jesus e seguissem os passos dele, independentemente do que os outros pudessem fazer. Eu não conseguiria lhe dar nem o esboço do sermão. Levaria muito tempo. Após o encerramento do culto, houve a tal reunião que se tornou uma prática regular na Primeira Igreja. Na reunião estavam todos os que haviam assumido o compromisso de fazer o que Jesus faria, e o tempo foi usado para comunhão mútua, confissão, perguntas sobre o que Jesus faria em casos especiais e a oração para que o Espírito Santo guiasse a conduta de todos os discípulos.

Maxwell me pediu que participasse da reunião. Nada em toda a minha vida ministerial, Caxton, me emocionou mais do que essa reunião. Nunca senti a presença do Espírito de maneira tão poderosa. Foi uma reunião repleta de velhas lembranças e de uma comunhão muito amorosa. Sem que eu pudesse resistir, meu pensamento foi levado aos primeiros anos do cristianismo. Havia algo nisso tudo que era apostólico em sua simplicidade e imitação de Cristo.

Fiz perguntas. Uma que pareceu despertar mais interesse do que qualquer outra tinha a ver com até onde deveria ir o sacrifício do discípulo cristão em se tratando de seus bens pessoais. Maxwell me disse que, até o momento, ninguém interpretou o espírito de Jesus de maneira que indicasse que a pessoa deveria abandonar seus bens terrenos, distribuir sua riqueza ou imitar de alguma forma literal os cristãos da ordem, por exemplo, de São Francisco de Assis. Era consenso, no entanto, que, se algum discípulo sentisse que Jesus, em seu caso específico, faria isso, haveria apenas uma resposta a essa pergunta. Maxwell admitiu que, até certo ponto, ainda não sabia muito bem qual seria a provável atitude de Jesus quanto aos detalhes da vida em família, da posse de riquezas e de certos luxos. No entanto, é bem evidente que muitos desses discípulos têm muitas vezes levado sua obediência a Jesus ao extremo, sem se importarem com a perda financeira. O que não falta é coragem ou consistência nesse sentido.

Também é verdade que alguns dos homens de negócios que assumiram o compromisso perderam grandes quantias de dinheiro ao imitarem Jesus, e muitos, como Alexander Powers, perderam um bom emprego por não poderem continuar a fazer o que estavam acostumados a fazer e, ao mesmo tempo, por perceberem o que Jesus faria em seu lugar. Em relação a esses casos, é com prazer que registro o fato de que muitos que passaram por isso foram de imediato assistidos financeiramente por aqueles que ainda têm recursos. Dessa forma, acredito que seja verdade que esses discípulos têm tudo em comum. Posso afirmar, com certeza, que essas cenas que testemunhei depois do culto desta manhã na Primeira Igreja nunca vi em minha igreja nem em qualquer outra. Nunca imaginei que uma comunhão cristã como essa pudesse existir em nossos tempos. Eu mal podia acreditar no que estava testemunhando. Ainda pareço me perguntar se estamos mesmo no fim do século XIX nos Estados Unidos.

Mas agora, caro amigo, cheguei ao verdadeiro motivo desta carta, o verdadeiro xis de toda a questão à que a Primeira Igreja de Raymond me expôs. Antes do encerramento da reunião de hoje, foram tomadas medidas para assegurar a cooperação de todos os outros discípulos cristãos deste país. Acredito que Maxwell tenha dado esse passo depois de refletir muito. Foi isso que ele me disse certo dia quando estávamos discutindo o efeito desse movimento sobre a igreja em geral.

'Suponha', disse ele, 'que todos os membros das igrejas deste país assumissem e cumprissem esse compromisso! Que revolução isso causaria na cristandade! E por que não? Isso vai além daquilo que um discípulo deveria fazer? Ele estaria seguindo Jesus se não estivesse disposto a fazer isso? A prova do discipulado é mais fácil hoje do que nos tempos de Jesus?'.

Não sei se tudo isso veio antes ou depois de ele pensar no que deveria ser feito fora de Raymond, mas a ideia concretizou-se em um plano para assegurar a comunhão de todos os cristãos nos Estados Unidos. As igrejas, por meio de seus pastores, serão solicitadas a organizar reuniões de discípulos como a que acontece na Primeira Igreja. Os voluntários serão chamados a fazer parte do grande corpo de membros da igreja nos Estados Unidos e assumirão o compromisso de fazer o que Jesus faria. Maxwell falou sobretudo do resultado que essa ação em massa teria sobre a questão dos bares. Tem sido enfático sobre isso. Ele me disse que não tinha dúvida de que os bares seriam derrotados nas eleições que se aproximavam em Raymond. Sendo assim, eles poderiam seguir com coragem na realização da obra de redenção iniciada pelo evangelista e agora assumida pelos discípulos de sua igreja. Se os bares triunfarem mais vez, haverá um terrível e, na opinião dele, desnecessário, sacrifício cristão em vão. Entretanto, por mais que discordemos nesse ponto, ele convenceu sua igreja de que havia chegado o tempo de uma aliança com outros cristãos. Sem dúvida, se a Primeira Igreja puder realizar essas mudanças na sociedade e em suas imediações, a igreja em geral, desde que esteja unida nessa aliança, não de credo, mas de conduta, instigará toda a nação a levar uma vida mais nobre e a ter um novo conceito do que é seguir Cristo.

Essa é uma grande ideia, Caxton, mas é aqui que me sinto hesitante. Não nego que o discípulo cristão deva seguir os passos de Cristo tão de perto quanto têm tentado estes irmãos aqui em Raymond. No entanto, não posso deixar de perguntar qual seria o resultado se eu pedisse à minha igreja em Chicago para fazer o mesmo. Estou escrevendo isso depois de sentir o toque solene e profundo da presença do Espírito e confesso a você, meu velho amigo, que não seria capaz de convocar em minha igreja cerca de doze homens de negócios ou profissionais proeminentes a se submeter a essa provação sob o risco de perder tudo o que lhes é precioso. Você conseguiria fazer isso em sua igreja? O que deveríamos dizer? Que as igrejas não responderiam ao chamado 'Venham e sofram'? Nosso padrão de discipulado cristão está errado? Ou será possível que estejamos enganando a nós mesmos e ficaríamos decepcionados se pedíssemos ao nosso rebanho que assumisse esse compromisso com fidelidade? Os resultados reais do compromisso assumido, à medida que é cumprido aqui em Raymond, são suficientes para fazer qualquer pastor tremer e, ao mesmo tempo, desejar que ocorram na própria paróquia. Com certeza, nunca vi uma igreja tão abençoada pelo Espírito como esta. Mas... será que eu mesmo estou pronto para assumir esse compromisso? Faço essa pergunta com honestidade e tenho medo de encarar uma resposta honesta. Sei muito bem que teria de mudar muito em minha vida se me comprometesse a seguir os passos de Jesus tão de perto. Eu me considero cristão há muitos anos. Nos últimos dez anos, desfrutei de uma vida com pouco sofrimento. Digo honestamente que tenho vivido longe dos problemas do município e da vida dos pobres, dos excluídos e dos abandonados. O que a obediência a esse compromisso exigiria de mim? Hesito em responder. Minha igreja é rica e cheia de pessoas satisfeitas e prósperas. Estou ciente de que o modelo de discipulado delas não é, por natureza, responder ao chamado do sofrimento ou da perda pessoal. Eu digo que "estou ciente", mas posso estar enganado. Posso ter errado por não incentivar minha igreja a levar uma vida com mais sentido. Caxton, meu amigo, eu lhe escrevo para falar do que está em meu íntimo. Devo voltar à minha igreja na cidade grande no próximo domingo, colocar-me diante dela e dizer: 'Sigamos Jesus mais de perto; andemos em seus passos de modo que nos custe algo mais do que está nos custando agora; assumamos o compromisso de não fazer nada sem antes perguntar "O que Jesus faria?"' Se eu aparecesse diante de meus membros com essa mensagem, seria algo estranho e surpreendente para eles. Mas por quê? Não estamos prontos para seguir Jesus até o fim? O que é ser um seguidor de Jesus? O que significa imitá-lo? O que significa andar em seus passos?"

    O reverendo Calvin Bruce, doutor em Divindade, da Igreja da Nazareth Avenue, em Chicago, deixou a pena com que escrevia cair sobre a mesa. Ele havia chegado a uma encruzilhada, e tinha certeza de que sua pergunta era a de muitos outros homens no ministério e na igreja. Foi até a janela e a abriu. Sentiu-se oprimido pelo peso de suas convicções e quase sufocado pelo ar da sala. Queria ver as estrelas e sentir a brisa do mundo.
    A noite estava muito calma. O relógio na Primeira Igreja havia acabado de bater meia-noite. Quando parou, uma voz nítida e forte na direção do Retângulo veio flutuando até ele como se levada por asas resplandecentes.
    Era a voz de um dos primeiros convertidos de Gray, um vigia noturno do centro de distribuição de alimentos, que às vezes se

consolava em suas horas solitárias cantando um ou dois versos de algum hino conhecido:

"Jesus deve carregar a cruz sozinho
E o mundo inteiro seguir livremente?
Não, há uma cruz para cada um,
E há uma cruz para mim."

O reverendo Calvin Bruce afastou-se da janela e, depois de hesitar um pouco, ajoelhou-se. "O que Jesus faria?" Era nisso que se concentrava sua oração. Ele nunca havia se entregado tão completamente à revelação minuciosa que o Espírito lhe dava de Jesus. Permaneceu de joelhos por um bom tempo. Retirou-se para seu quarto e dormiu, acordando muitas vezes durante a noite. Levantou-se antes de amanhecer e abriu a janela novamente. À medida que a luz no oriente ficava mais forte, ele repetia para si mesmo: "O que Jesus faria? Devo seguir seus passos?".

O Sol nasceu e inundou a cidade com sua luz. Quando romperá o dia em que um novo discipulado possibilitará uma caminhada mais próxima com Jesus? Quando a cristandade trilhará mais de perto o caminho que ele percorreu?

"Este é o caminho que o Mestre trilhou;
O servo não deveria trilhar o mesmo caminho?"

Com essa pergunta palpitando em seu ser, o reverendo Calvin Bruce, doutor em Divindade, voltou para Chicago, e uma grande mudança em sua vida cristã no ministério, de repente, lhe sobreveio de maneira irresistível.

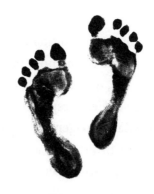

CAPÍTULO 21

"Mestre, eu te seguirei por onde quer que fores."
(Mt 8.19)

A matinê de sábado no Auditorium em Chicago havia terminado há pouco, e cada uma das pessoas na multidão de sempre pelejava para chegar à sua carruagem antes das outras. O porteiro do Auditorium gritava o número respectivo das carruagens para que elas se aproximassem, as portas das carruagens se abriam e logo se fechavam enquanto os cavalos eram conduzidos rapidamente até o meio-fio, mantidos ali pelos cocheiros impacientes que tremiam de frio com o vento do Leste, depois se juntavam precipitadamente à avalanche de carruagens que passavam sob a ferrovia elevada e finalmente subiam a avenida.

– Próximo, número 624 – gritou o porteiro do Auditorium. – Número 624! – repetiu. E veio desfiando até o meio-fio um grupo magnífico de cavalos negros presos a uma carruagem com as iniciais "C. R. S." em letras douradas na porta.

Duas jovens saíram do meio da multidão em direção à carruagem. A mais velha entrou e sentou-se enquanto o porteiro ainda segurava a porta aberta para a mais jovem, que hesitava no meio-fio.

– Entre, Felicia! O que você está esperando? Vou morrer de frio! – gritou a jovem de dentro da carruagem.

A jovem do lado de fora tirou apressadamente um ramalhete de amores-perfeitos que estava preso ao seu vestido e o entregou a um menino que tremia de frio à beira da calçada, quase junto às patas dos cavalos. Ele o aceitou com um olhar espantado e um "obrigado, moça!" e, no mesmo instante, enterrou o rosto sujo nas flores perfumadas. A garota entrou na carruagem, a porta se fechou com uma batida forte, característica de carruagens bem-feitas, e em alguns instantes o cocheiro fez sinal para os cavalos seguirem rapidamente por uma das avenidas.

– Você está sempre fazendo alguma coisa esquisita, Felicia – disse a garota mais velha enquanto a carruagem passava pelas grandes residências com as luzes já acesas.

– Estou? Que coisa esquisita eu fiz agora, Rose? – perguntou a outra, erguendo os olhos de repente e virando o rosto na direção da irmã.

– Ah, dar aquelas flores para aquele menino! Parecia que ele estava precisando mais de um bom prato de comida quente do que de um ramalhete de flores. Foi um milagre você não o ter convidado para ir para casa conosco. Eu não teria ficado surpresa se isso tivesse acontecido. Você está sempre fazendo essas coisas esquisitas.

– Seria esquisito convidar um menino assim para comer um prato de comida quente em nossa casa? – perguntou Felicia baixinho, quase como se estivesse sozinha.

– "Esquisito", com certeza, não é a palavra certa – respondeu Rose, indiferente. – Seria o que a madame Blanc chama de "exagero". Decididamente. Portanto, por favor, não convide esse menino nem qualquer outro como ele para jantar em casa só porque comentei o ocorrido. Ah, querida! Estou muito cansada.

Ela bocejou, e Felicia olhou para fora em silêncio.

– O concerto foi muito ruim, e o violinista era muito sem graça. Eu não entendo como você conseguiu ficar tão quieta durante aquilo tudo – exclamou Rose um pouco impaciente.
– Eu gostei da música – respondeu Felicia, calma.
– Você gosta de qualquer coisa. Eu nunca vi uma garota com tão pouco senso crítico.
Felicia ficou um pouco corada, mas não respondeu. Rose bocejou mais uma vez e depois cantou baixinho um pedaço de uma música conhecida. Então, exclamou abruptamente:
– Estou farta de quase tudo. Espero que o espetáculo "Sombras de Londres" seja empolgante hoje à noite.
– "Sombras de Chicago" – murmurou Felicia.
– "Sombras de Chicago!" "Sombras de Londres", a peça, o grande drama com um cenário maravilhoso, a sensação em Nova Iorque por dois meses. Você sabe que temos um camarote com os Delano para hoje à noite.
Felicia virou o rosto na direção da irmã. Seus grandes olhos castanhos eram muito expressivos e sempre refletiam um brilho radiante.
– E, mesmo assim, nunca lamentamos as coisas que realmente acontecem no palco da vida. O que são as "Sombras de Londres" no palco quando comparadas com as sombras de Londres ou de Chicago na vida real? Por que não nos impressionamos com os fatos como realmente são?
– Porque as pessoas reais são sujas e desagradáveis, e isso incomoda muito, imagino – respondeu Rose sem se preocupar demais. – Felicia, você nunca vai conseguir consertar o mundo. Que adianta isso? Não devemos nos culpar pela pobreza e pela miséria alheias. Sempre houve ricos e pobres; e sempre haverá. Devemos ser gratos por sermos ricas.
– Suponhamos que Cristo tivesse seguido esse princípio – respondeu Felicia com uma persistência incomum. – Você se lembra do sermão do doutor Bruce sobre aquele versículo alguns domingos atrás: "Pois vocês conhecem a graça de nosso Senhor Jesus Cristo, que, sendo rico, se fez

pobre por amor de vocês, para que por meio de sua pobreza vocês se tornassem ricos" (2Co 8.9)?

– Eu me lembro muito bem! – respondeu Rose com certa petulância –, mas o doutor Bruce não continuou dizendo que não se pode atribuir culpa aos ricos se eles forem generosos e suprirem as necessidades dos pobres? E tenho certeza de que ele mesmo está em uma situação bastante confortável. Ele nunca abriria mão de seus luxos porque algumas pessoas passam fome. De que adiantaria se ele fizesse isso? Eu lhe garanto, Felicia, que sempre haverá ricos e pobres, apesar de tudo o que possamos fazer. Desde que Rachel Winslow escreveu sobre aquelas coisas esquisitas em Raymond, você tem aborrecido toda a família. As pessoas não conseguem viver daquele jeito o tempo todo. Você vai ver que Rachel vai desistir logo. É uma pena que ela não venha cantar nos concertos do Auditorium em Chicago. Ela recebeu um convite. Vou escrever para ela e insistir para que venha. Estou morrendo de vontade de ouvi-la cantar.

Felicia olhou pela janela e ficou em silêncio. A carruagem passou por dois quarteirões de residências magníficas e virou em uma ampla entrada sob uma passagem coberta, e as irmãs correram para dentro da casa. Era uma mansão elegante, feita de pedras cinzentas e decorada como um palácio, tendo cada canto adornado com o luxo de pinturas, esculturas, peças de arte e objetos sofisticados modernos.

O proprietário de tudo, o senhor Charles R. Sterling, estava fumando um charuto em frente a uma lareira. Havia ganhado dinheiro com negócios de especulação no ramo de grãos e ferrovias, e estimava-se que sua fortuna estava em torno de dois milhões de dólares. A esposa dele era irmã da senhora Winslow, de Raymond. Já não saía da cama havia vários anos. As duas jovens, Rose e Felicia, eram as únicas filhas do casal. Rose tinha 21 anos, era bela e cheia de vida, havia estudado em uma prestigiada faculdade e, mal havia entrado na alta sociedade, já havia se tornado cética e indiferente. Uma moça muito difícil de agradar, dizia o pai, às vezes brincando, às vezes duramente. Felicia tinha

19 anos e uma beleza tropical um pouco semelhante à da prima Rachel Winslow. Era movida pela cordialidade e pela generosidade, começava a despertar para a fé cristã, era capaz de todo tipo de expressão e era um mistério para o pai e uma fonte de irritação para a mãe. Tinha um grande e desconhecido universo de ideias e de ações do qual ela ainda não estava bem ciente. Havia em Felicia a disposição de suportar facilmente qualquer situação na vida se tão somente lhe fosse dada a liberdade de agir plenamente de acordo com suas convicções.

– Chegou para você, Felicia – disse o senhor Sterling, entregando-lhe uma carta.

Felicia sentou-se, abriu a carta no mesmo instante e disse:

– É de Rachel.

– E então? Quais são as últimas notícias de Raymond? – perguntou o senhor Sterling, tirando o charuto da boca e olhando para Felicia com os olhos um pouco fechados, como se a estivesse examinando.

– Rachel diz que o doutor Bruce esteve em Raymond por dois domingos e pareceu muito interessado no compromisso assumido pelo senhor Maxwell na Primeira Igreja.

– O que Rachel diz sobre si mesma? – perguntou Rose, que estava deitada em um sofá, quase escondida sob almofadas elegantes.

– Ela ainda está cantando no Retângulo. Desde que as reuniões na tenda foram encerradas, ela está cantando em um antigo teatro até que estejam concluídos os novos edifícios que sua amiga Virginia Page está construindo.

– Preciso escrever para Rachel vir nos visitar em Chicago. Ela não devia desperdiçar a voz naquela cidade ao lado da estrada de ferro com esse tipo de gente que não sabe apreciá-la.

O senhor Sterling acendeu outro charuto, e Rose exclamou:

– Rachel é tão esquisita. Ela podia levar Chicago à loucura com aquela voz se cantasse no Auditorium. Mas lá está ela, desperdiçando a voz com gente que não sabe apreciar o que está ouvindo.

– Rachel só virá para cá se puder fazer isso e manter o compromisso que assumiu ao mesmo tempo – disse Felicia após uma pausa.

– Que compromisso? – perguntou o senhor Sterling, mas acrescentou logo em seguida: – Ah, eu sei, sim! Aquilo é algo muito peculiar. Alexander Powers era meu amigo. Aprendemos telegrafia no mesmo escritório. Ele provocou um alvoroço quando se demitiu e entregou provas de corrupção à Comissão Interestadual do Comércio. E voltou a trabalhar com o telégrafo. Aconteceram coisas esquisitas em Raymond durante o ano passado. Eu fico me perguntando o que o doutor Bruce pensa sobre tudo isso. Preciso conversar com ele a respeito.

– Ele já está em casa e pregará amanhã – disse Felicia. – Talvez ele nos conte algo.

Houve silêncio por um minuto. Então Felicia disse abruptamente, como se continuasse um pensamento com algum ouvinte invisível:

– E se ele propusesse o mesmo compromisso à Igreja da Nazareth Avenue?

– Quem? Do que você está falando? – perguntou o pai um pouco ríspido.

– Estou falando do doutor Bruce. E se ele propusesse à nossa igreja o que o senhor Maxwell propôs à igreja dele e pedisse às pessoas que voluntariamente se comprometessem a fazer tudo, mas só depois de responderem à pergunta "O que Jesus faria?".

– Não corremos esse perigo – disse Rose, levantando-se de repente do sofá enquanto tocava o sino para a hora do chá.

– Na minha opinião, é algo impraticável – disse o senhor Sterling rapidamente.

– Pelo que entendi na carta de Rachel, a igreja de Raymond vai tentar estender a ideia desse compromisso a outras igrejas. Se der certo, com certeza haverá grandes mudanças nas igrejas e na vida das pessoas – disse Felicia.

– Ah, pois bem, vamos tomar chá primeiro! – disse Rose, indo para a sala de jantar. O pai e Felicia foram atrás dela, e a hora do chá passou em silêncio. As refeições da senhora Sterling eram servidas no quarto. O senhor Sterling estava preocupado. Comeu pouco e logo se retirou da mesa, e, embora fosse uma noite de sábado, comentou ao sair da sala que iria até o centro da cidade para resolver alguns assuntos especiais de negócios.

– Você não tem achado o papai muito inquieto ultimamente? – questionou Felicia pouco depois que ele saiu.

– Ah, eu não sei! Não notei nada fora do comum – respondeu Rose. Depois de um momento de silêncio, ela perguntou: – Você vai à peça agora à noite, Felicia? A senhora Delano passará aqui às sete e meia. Eu acho que deveria ir. Ela vai ficar chateada se você não for.

– Eu vou. Mas não me interesso pelo tema. Já vejo sombras suficientes sem ir à peça.

– É um comentário triste vindo de uma garota de 19 anos – respondeu Rose. – Mas, enfim, suas ideias são esquisitas, Felicia. Se você subir para ver a mamãe, diga que passo lá para falar com ela depois da peça, se ela ainda estiver acordada.

Felicia subiu para ver a mãe e ficou com ela até a carruagem dos Delano chegar. A senhora Sterling estava preocupada com o marido. Ela falava sem parar e ficava irritada com cada comentário que Felicia fazia. Não queria saber das tentativas da filha de ler ainda que fosse um trecho da carta de Rachel, e, quando Felicia se ofereceu para ficar com ela durante a noite, recusou a oferta com bastante rispidez.

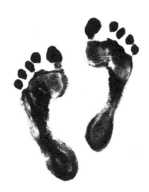

CAPÍTULO 22

Felícia não estava muito feliz quando saiu para ver a peça, mas estava acostumada com isso, embora em certas ocasiões se sentisse mais infeliz do que em outras. Nessa noite, seu sentimento se expressava em uma atitude de voltar-se para si mesma. Quando todos já estavam no camarote e a cortina se abriu para o início do espetáculo, Felicia sentou-se atrás dos outros e assim permaneceu durante a noite, sozinha. A senhora Delano, como dama de companhia de meia dúzia de jovens, conhecia Felicia bem o suficiente para saber que ela era "esquisita", como Rose tantas vezes dizia, e não tentou em nenhum momento arrancá-la daquele canto. Assim, nessa noite, a garota de fato experimentou um dos sentimentos que contribuiria positivamente para a chegada de sua grande transformação.

A peça era um melodrama inglês, cheio de situações surpreendentes, cenários realistas e momentos de clímax inesperados. Houve uma cena no terceiro ato que impressionou até mesmo Rose Sterling.

Era meia-noite na ponte Blackfriars. Debaixo dela passava o Rio Tâmisa, escuro e ameaçador. Imponente, a Catedral de St. Paul erguia-se em meio à penumbra, com sua cúpula parecendo flutuar acima dos prédios que a cercavam. Uma menina chegou à ponte e ficou ali parada por um momento, olhando para os lados como se procurasse alguém. Várias pessoas atravessavam a ponte, mas em um dos recuos no meio dela estava uma mulher em pé, inclinada sobre o parapeito, com tanta agonia que revelava claramente sua intenção. Tão logo ela começou a subir no parapeito para se jogar no rio, a criança a viu, correu na direção dela com um grito agudo que mais parecia o de um animal do que de um humano e, agarrando-a pelo vestido, puxou-a de volta com toda a sua força de criança. Então, de repente, entram em cena dois outros personagens que já haviam aparecido na peça: um cavalheiro alto, bonito, atlético e bem-vestido, acompanhado por um rapaz esbelto, elegante e de boa aparência, que contrastava com a garota agarrada à mãe, lamentavelmente horrenda com aquelas roupas em farrapos e pobreza repulsiva. Esses dois homens, o cavalheiro e o rapaz, impediram a tentativa de suicídio; depois de uma cena na ponte em que a plateia descobre que o homem e a mulher eram irmãos, o cenário passa para o interior de um dos cortiços do Leste de Londres. Aqui o cenógrafo havia feito todo o possível para reproduzir um ambiente exato de uma famosa praça e um beco bem conhecido pelas pobres criaturas que compõem uma parte dos excluídos de Londres. Os trapos, a aglomeração de gente, o estado de degradação, os móveis quebrados, a horrível existência animal imposta às criaturas feitas à imagem de Deus eram exibidos de forma tão real nessa cena, que algumas mulheres elegantes no teatro, sentadas como Rose Sterling em um suntuoso camarote cercado de cortinas de seda e gradis forrados de veludo, encolherem-se um pouco nos assentos como se pudessem se contaminar pela proximidade desse cenário. Era quase demasiado realista e, mesmo assim, causava um terrível fascínio em Felicia, sentada ali sozinha, afundada em um assento almofadado e absorvida em pensamentos que iam muito além do diálogo que acontecia no palco.

Da cena do cortiço, o cenário passa para o interior do palácio de um nobre, e quase se ouviu um suspiro de alívio por todo o teatro diante do luxo com o qual as classes altas estavam acostumadas. O contraste era impressionante. O que permitiu que a cena passasse do cortiço para o palácio em apenas alguns instantes foi um engenhoso aparato cênico. O diálogo continuou, os atores entravam e saíam interpretando seus vários papéis, mas a peça causou uma impressão distinta em Felicia. Na realidade, as cenas na ponte e nos cortiços eram apenas incidentes que faziam parte da história da peça; porém, Felicia se via naquelas cenas várias vezes. Ela nunca havia filosofado sobre as causas da miséria humana por não ter ainda idade suficiente nem temperamento para isso. Entretanto, sentia aquilo intensamente, e não era a primeira vez que havia percebido o contraste entre as condições das classes mais altas e as mais baixas da vida humana. O sentimento foi tomando conta dela de tal maneira até transformá-la na "esquisita", que era como Rose se referia a ela, e na moça muito incomum, como outros de seu círculo de conhecidos abastados a chamavam. Era simplesmente o problema humano em seus extremos de riqueza e pobreza, de requinte e degradação, que estava, apesar das tentativas inconscientes de Felicia de lutar contra os fatos, deixando em sua vida a impressão de que, no final, iria transformá-la ou em uma mulher de raro amor e autossacrifício pelo mundo ou em um enigma triste para si mesma e para todos os que a conheciam.

– Venha, Felicia, você não vai para casa? – perguntou Rose.

A peça havia terminado, a cortina já havia se fechado e as pessoas saíam ruidosamente, rindo e comentando como se "As sombras de Londres" fossem apenas um bom entretenimento, como de fato eram, retratado no palco com muita eficiência.

Felicia levantou-se e saiu em silêncio com os demais, com o sentimento que de fato a deixou ensimesmada em seu assento, sem se dar conta de que a peça havia acabado. Ela nunca se mostrava distraída, mas muitas vezes se perdia nos próprios pensamentos a ponto de se sentir sozinha no meio de uma multidão.

– E então, o que você achou? – perguntou Rose quando as duas já estavam na sala de estar em casa. Rose realmente tinha um considerável respeito pela opinião de Felicia sobre uma peça.

– Eu achei que foi um retrato bastante fiel da vida.

– Eu me refiro às atuações – disse Rose, irritada.

– A cena na ponte foi bem interpretada, especialmente pela mulher. Achei que o homem exagerou um pouco.

– Você achou? Eu gostei. E a cena em que os dois rapazes descobrem que são primos foi engraçada, não foi? Mas a cena dos cortiços foi horrível. Acho que não deviam mostrar essas coisas em uma peça. Elas são muito dolorosas.

– Pois devem ser muito dolorosas na vida real também – exclamou Felicia.

– Sim, mas não precisamos pensar na realidade. É muito ruim pagar para ver isso no teatro.

Rose foi para a sala de jantar e começou a comer algumas frutas e bolos que estavam no aparador.

– Você vai subir para ver a mamãe? – perguntou Felicia depois de algum tempo. Ela ainda estava em frente à lareira na sala de estar.

– Não – respondeu Rose da outra sala. – Não vou incomodá-la agora à noite. Se você for, diga a ela que estou cansada demais, e minha visita talvez não seja agradável.

Então Felicia subiu a grande escadaria, seguiu pelo corredor no andar de cima e virou na direção do quarto da mãe. A luz estava acesa, e a empregada que sempre servia à senhora Sterling fez sinal para que Felicia entrasse.

– Diga à Clara para sair – exclamou a senhora Sterling enquanto Felicia se aproximava da cama.

Felicia ficou surpresa, mas fez o que a mãe pediu e, em seguida, perguntou como ela estava se sentindo.

– Felicia – pediu a mãe –, você pode orar?

A pergunta foi algo tão diferente de tudo o que a mãe já havia lhe pedido que Felicia ficou surpresa. Mas ela respondeu:

– Bem, claro que eu posso, mãe. Por que a senhora está me pedindo isso?

– Felicia, eu estou com medo. É o seu pai... tive uma estranha sensação de medo em relação a ele o dia todo. Há algo errado com ele. Eu gostaria que você orasse...

– Aqui, agora, mãe?

– Sim. Ore, Felicia.

Felicia estendeu a mão para segurar a da mãe, que estava trêmula. A senhora Sterling nunca havia demonstrado esse carinho pela filha mais nova, e seu estranho pedido era o primeiro sinal de confiança no caráter de Felicia.

A jovem ajoelhou-se, ainda segurando a mão trêmula da mãe, e orou. Talvez já tivesse alguma vez orado em voz alta ou não. Deve ter dito na oração as palavras que a mãe precisava ouvir, pois, ao terminá-la, a mulher acamada chorava baixinho e sua tensão nervosa havia desaparecido.

Felicia permaneceu ali por um tempo. Quando teve certeza de que a mãe já não precisaria dela, levantou-se para sair.

– Boa noite, mãe. Peça à Clara para me chamar se a senhora se sentir mal durante a noite.

– Eu me sinto melhor agora. – Então, enquanto Felicia se afastava, a senhora Sterling perguntou: – Você não vai me dar um beijo, Felicia?

Felicia voltou e se debruçou sobre a mãe. O beijo foi quase tão estranho para ela quanto a oração antes. Quando Felicia saiu do quarto, seu rosto estava molhado de lágrimas. Desde a infância, ela nunca havia chorado tanto.

As manhãs de domingo na mansão da família Sterling normalmente eram muito tranquilas. As garotas quase sempre iam ao culto das onze horas. O senhor Sterling não era membro da igreja, mas contribuía de forma generosa e, em geral, frequentava o culto da manhã. Nesse dia, ele não desceu para o café da manhã e, por fim, mandou uma empregada avisar que não estava se sentindo muito bem para sair. Então Rose e Felicia foram juntas para a Igreja da Nazareth Avenue e sentaram-se sozinhas no banco que a família sempre ocupava.

Quando o doutor Bruce saiu da sala que ficava atrás do púlpito e subiu nele para abrir a Bíblia, como sempre fazia, aqueles que o conheciam bem não perceberam nada incomum em sua conduta nem em sua expressão. Ele prosseguiu com o culto como de costume. Estava calmo, e sua voz era firme. Sua oração foi a primeira indicação que as pessoas tiveram de que havia algo novo ou diferente no culto. Pode-se dizer que a Igreja da Nazareth Avenue nunca havia ouvido o doutor Bruce fazer uma oração como aquela durante os doze anos em que foi pastor ali. Como seria a oração de um ministro que havia passado por uma revolução em seu entendimento do que era ser cristão que havia mudado completamente sua definição do que significava seguir Jesus? Ninguém na Igreja da Nazareth Avenue fazia a menor ideia de que o reverendo Calvin Bruce, doutor em Divindade, digno, culto e sofisticado, tinha, há poucos dias, chorado como uma criança, de joelhos, pedindo força, coragem e uma atitude semelhante à de Cristo para pregar sua mensagem no domingo; e, não obstante, a oração foi uma revelação involuntária e inconsciente da experiência de sua alma, tal como os membros da Nazareth Avenue raramente haviam ouvido, e nunca daquele púlpito.

No silêncio que sucedeu a oração, uma clara onda de poder espiritual passou por toda a congregação. Até as pessoas mais indiferentes na igreja sentiram-na. Felicia, cuja natureza religiosa sensível respondia rapidamente a cada toque de emoção, estremeceu sob aquele sopro sobrenatural que passava, e, quando levantou a cabeça e olhou para o ministro, havia uma expressão em seus olhos que anunciava sua intensa e ansiosa antecipação da cena que se seguiria. E não foi só ela que se sentiu assim. Algo na oração e no efeito provocado por ela havia despertado muitos discípulos naquela igreja. Por toda a congregação, homens e mulheres se inclinaram para a frente, e, quando o doutor Bruce começou a falar sobre sua visita a Raymond, logo nas primeiras palavras que proferiu nessa manhã antes do sermão, houve uma grande resposta das pessoas atentas a ele enquanto ele falava, e isso o encheu de esperança de um batismo espiritual como ele nunca havia experimentado durante todo o seu ministério.

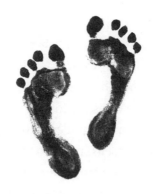

CAPÍTULO 23

— Acabo de voltar de uma visita a Raymond — começou o doutor Bruce — e gostaria de compartilhar com vocês algumas de minhas impressões sobre o movimento que está acontecendo por lá.

Fez uma pausa e passou os olhos pelas pessoas com grande anseio por elas e, ao mesmo tempo, com enorme incerteza no coração. Quantos de seus membros ricos, elegantes, sofisticados e apaixonados pelo luxo entenderiam a natureza do apelo que ele logo lhes faria? Ele não fazia a menor ideia de qual seria a resposta. No entanto, ele havia passado pelo seu deserto e tinha saído dele disposto a sofrer. Continuou após aquela breve pausa e contou à igreja as coisas que aconteceram durante o tempo em que esteve em Raymond. As pessoas já tinham uma ideia desse experimento na Primeira Igreja. O país inteiro havia assistido ao avanço da promessa assumida que havia se tornado a história de tantas vidas. O senhor Maxwell havia, finalmente, decidido que chegara o tempo de procurar contar com a participação de outras igrejas pelo país. O novo modelo de discipulado em Raymond havia mostrado resultados tão valiosos que o senhor Maxwell queria que as igrejas em geral tivessem a mesma experiência. Um movimento de voluntários já havia começado em muitas igrejas por todo o país com base no próprio desejo de seguir mais de perto os passos de Jesus. A Christian Endeavor Society de muitas igrejas havia, com muito entusiasmo, assumido o compromisso de fazer o que Jesus faria, e o resultado já era observado em uma vida espiritual mais profunda e em um poder na influência da igreja que era como um renascimento para seus membros.

O doutor Bruce contou tudo isso a seu rebanho de maneira simples e com um grande interesse pessoal que, evidentemente, preparou o caminho para o anúncio que se seguiria. Felicia ouvia cada palavra com muita atenção. Ela estava sentada ao lado de Rose, como se fosse o fogo contrastando com o gelo, embora até Rose estivesse atenta e entusiasmada na medida do possível.

– Queridos amigos – disse ele, e, pela primeira vez desde sua oração, foi possível notar a emoção da ocasião em sua voz e gesto –, vou pedir à Igreja da Nazareth Avenue que assuma o mesmo compromisso que a igreja de Raymond assumiu. Eu sei o que isso vai significar para mim e para vocês. Vai significar a mudança completa de muitos hábitos. Vai significar, talvez, perda social. Vai significar, muito provavelmente, em muitos casos, perda de dinheiro. Vai significar sofrimento. Vai significar o que seguir Jesus significou no século I, e, na época, significou sofrimento, perda, dificuldade, separação de tudo o que não condiz com a vida cristã. Mas o que significa seguir Jesus? A prova do discipulado agora é tal como foi naquela época. Aqueles de nós nesta igreja que se comprometerem a fazer o que Jesus faria simplesmente prometem seguir os passos dele conforme o mandamento que Ele nos deu.

Mais uma vez fez uma pausa, e agora o resultado de seu anúncio era claramente visível na agitação que se espalhou pela congregação. Ele acrescentou em voz baixa que todos os que assumissem o compromisso de fazer o que Jesus faria estavam convidados a permanecer após o culto da manhã.

No mesmo instante, ele prosseguiu com o sermão. O texto que usou foi este: "Mestre, eu te seguirei por onde quer que fores" (Mt 8.19). Foi um sermão que atingiu os alicerces da conduta cristã; uma revelação para a igreja do conceito novo que seu pastor estava aprendendo; o sermão levou-os de volta ao primeiro século do cristianismo; sobretudo, instigou-os a ir além da ideia convencional que se tinha há anos acerca do significado e do propósito de serem membros da igreja. Foi um daqueles sermões que a pessoa prega só uma vez na vida, e com o suficiente para que as pessoas o coloquem em prática pelo resto da vida.

O culto se encerrou com um silêncio que foi sendo quebrado aos poucos. As pessoas se levantavam aqui e ali, com algumas se pondo em pé de uma vez. Outras se movimentavam com uma relutância que chamava muito a atenção. Rose, no entanto, saiu rapidamente do banco e, ao chegar ao corredor, virou-se e fez um sinal para Felicia. Nesse momento, todos estavam se levantando na igreja.

– Eu vou ficar – disse ela, e Rose reconheceu o mesmo tom que a irmã já havia usado em outras ocasiões e soube que não conseguiria fazê-la mudar de ideia. No entanto, voltou para o banco, dando dois ou três passos, e encarou Felícia.

– Felicia – sussurrou com o rosto vermelho de raiva –, isso é tolice. O que você pode fazer? Você vai envergonhar a nossa família. O que o papai vai dizer? Venha!

Felicia olhou para ela, mas não respondeu de imediato. Seus lábios se moviam em uma oração vinda de um sentimento profundo que significava uma nova vida para ela. Fez que não com a cabeça.

– Não, eu vou ficar. Vou assumir o compromisso. Estou pronta para obedecer. Você não sabe por que eu estou fazendo isso.

Rose deu uma olhada para ela e, em seguida, virou-se, levantou-se do banco e atravessou o corredor. Não parou nem para conversar com as pessoas que conhecia. A senhora Delano estava saindo da igreja no momento em que Rose chegou ao vestíbulo.

– Então você não vai se juntar ao grupo de voluntários do doutor Bruce? – perguntou a senhora Delano com um tom estranho que fez Rose corar.

– Não, a senhora vai? Isso é simplesmente um absurdo. Para mim, aquele movimento de Raymond sempre foi um fanatismo. A senhora sabe que a minha prima Rachel nos mantém informados sobre o assunto.

– Sim, eu sei que isso está resultando em uma série de dificuldades em muitos casos. Eu, pessoalmente, acho que o doutor Bruce está só semeando discordância aqui. Isso resultará na divisão de nossa igreja. Você vai ver se não é isso que vai acontecer. Há dezenas de pessoas na igreja que estão tão bem estabelecidas na vida que não vão poder assumir e cumprir esse compromisso. Eu sou uma delas – acrescentou a senhora Delano enquanto saía com Rose.

Quando Rose chegou em casa, seu pai estava, como sempre, fumando um charuto em frente à lareira.

– Onde está Felicia? – perguntou quando Rose entrou.

– Ela ficou para uma reunião após o culto – respondeu Rose rapidamente. Tirou o casaco e começou a subir as escadas quando o senhor Sterling a chamou.

– Uma reunião após o culto? Como assim?

– O doutor Bruce pediu à igreja que assumisse o mesmo compromisso assumido em Raymond.

O senhor Sterling tirou o charuto da boca e começou a girá-lo nervosamente entre os dedos.

– Eu não esperava isso do doutor Bruce. Ficaram muitos membros?

– Eu não sei. Eu não fiquei – respondeu Rose, e subiu as escadas, deixando o pai em pé na sala de estar.

Depois de alguns minutos, ele foi até a janela e ficou ali, observando as pessoas que andavam na avenida. O charuto havia se apagado, mas ele ainda o girava nervosamente. Então, deu as costas para a janela e começou a andar de um lado para o outro na sala. Uma empregada atravessou o corredor e avisou que o jantar estava pronto, mas ele disse que eles esperariam por Felicia. Rose desceu as escadas e foi para a biblioteca. E o senhor Sterling continuou a andar inquieto pela sala de estar.

Por fim, aparentemente cansado de andar, jogou-se em uma poltrona enquanto refletia muito sobre algo, quando Felicia entrou.

Ele se levantou e a encarou. Felicia estava visivelmente muito emocionada com a reunião da qual havia acabado de chegar. Ao mesmo tempo, não queria falar muito sobre o assunto. Assim que entrou na sala de estar, Rose surgiu da biblioteca.

– Quantos ficaram? – perguntou ela. Rose estava curiosa. Ao mesmo tempo, estava cética em relação a todo o movimento em Raymond.

– Cerca de cem pessoas – respondeu Felicia seriamente.

O senhor Sterling pareceu surpreso. Felicia estava saindo da sala, mas ele a chamou:

– Você vai mesmo assumir esse compromisso? – perguntou.

Felicia corou. O sangue quente fluiu por seu rosto e pescoço, e ela respondeu:

– O senhor não faria uma pergunta como essa, pai, se tivesse estado na reunião.

Ela ficou por mais um instante na sala, depois pediu licença para não jantar naquele momento e subiu as escadas para ver a mãe.

Ninguém, exceto as duas, sabia que conversa era aquela entre Felicia e a mãe. Com certeza, ela deve ter contado à mãe algo sobre o poder espiritual que havia maravilhado cada um dos discípulos que esteve com o reverendo Bruce naquela reunião após o culto da manhã. Com certeza também, Felicia nunca havia tido essa experiência, e nunca teria pensado em compartilhá-la com a mãe se não fosse pela oração na noite anterior. Esse é outro fato que também se sabe sobre a experiência de Felicia nesse momento. Quando finalmente se juntou ao pai e a Rose à mesa, ela parecia incapaz de falar muito sobre a reunião. Havia uma relutância em tocar no assunto, como alguém talvez hesitasse em tentar descrever um maravilhoso pôr do sol para uma pessoa que nunca falava sobre outra coisa a não ser o clima.

Quando aquele domingo na mansão dos Sterling estava chegando ao fim, e as luzes suaves e aconchegantes de toda a casa brilhavam através das grandes janelas, em um canto de seu quarto, onde a luz era mais fraca, Felicia se ajoelhou, e, quando levantou o rosto e virou-o na direção da luz, ali estava o rosto de uma mulher que já havia definido para si as grandes questões de sua vida neste mundo.

Naquela mesma noite, após o culto noturno, o doutor Bruce estava conversando sobre os eventos do dia com a esposa. Eles tinham um só coração e um só pensamento sobre o assunto, e encaravam seu novo futuro com toda a fé e coragem de novos discípulos. Nenhum deles decidiu se enganar sobre os prováveis resultados que esse compromisso traria para eles ou para a igreja.

Fazia pouco tempo que eles estavam conversando quando a campainha tocou, e o doutor Bruce, ao ir até a porta, exclamou:

– É você, Edward! Entre.

Uma figura imponente entrou na saleta. O bispo tinha altura e ombros largos fora do comum, mas com proporções tão bem alinhadas que não se notava nada desajeitado nem mesmo anormal em seu tamanho. A impressão que ele causava nos estranhos era, primeiro, de ser um homem muito saudável e, depois, muito afetuoso.

Entrou na sala e cumprimentou a senhora Bruce, que depois de alguns minutos saiu da sala para atender a um chamado, deixando os dois homens sozinhos. O bispo estava sentado em uma poltrona funda e confortável em frente à lareira acesa. Havia umidade suficiente no início da primavera para tornar a lareira agradável.

– Calvin, você deu um passo muito sério hoje – finalmente comentou, olhando com os grandes olhos escuros para o velho colega de faculdade. – Fiquei sabendo hoje à tarde. Não pude resistir ao desejo de vir falar com você agora à noite.

– Que bom que você veio! – O doutor Bruce colocou uma das mãos no ombro do bispo. – Você sabe o que isso significa, Edward?
– Acho que sim. Tenho certeza que sim.
O bispo respondeu de modo muito lento e reflexivo. Estava sentado com as mãos entrelaçadas. Sobre o rosto, marcado por sinais de consagração, serviço e amor pelas pessoas, havia uma sombra que não era causada pela luz do fogo. Mais uma vez, olhou para o velho amigo.
– Calvin, nós sempre nos entendemos bem. Mesmo que nossos caminhos tenham sido diferentes na vida eclesiástica, temos andado juntos na comunhão cristã...
– É verdade – respondeu o doutor Bruce com uma emoção que não tentou esconder nem suavizar. – Graças a Deus por isso. Eu valorizo a comunhão com você mais do que com qualquer outro homem. Eu sempre soube o que ela significava, embora sempre tenha sido mais do que mereço.
O bispo olhou com afeto para o amigo, mas a sombra ainda se projetava em seu rosto. Depois de uma pausa, ele voltou a falar:
– O novo conceito de discipulado significa uma mudança para você em seu trabalho. Se você cumprir esse juramento de fazer todas as coisas como Jesus faria, como eu sei que você cumprirá, não é preciso aparecer um profeta para prever algumas mudanças notáveis em sua igreja.
O bispo lançou um olhar melancólico para o amigo e depois continuou:
– Na verdade, não vejo como uma perfeita revolução no cristianismo, como nós a conhecemos agora, poderá ser evitada se os ministros e as igrejas em geral aceitarem o compromisso de Raymond e o colocarem em prática.
Deu uma pausa como se estivesse esperando que o amigo dissesse algo ou fizesse uma pergunta. Bruce, porém, não sabia da chama que ardia no coração do bispo pela mesma questão que ele próprio e Maxwell discutiam.

– Nesse momento, em minha igreja, por exemplo – continuou o bispo –, receio que seria bem difícil encontrar muitas pessoas que assumissem um compromisso como esse e o colocassem em prática. O martírio é uma arte que se perdeu entre nós. Nosso cristianismo ama tanto a facilidade e o conforto que não está disposto a carregar algo tão rude e pesado como uma cruz. E, afinal, o que significa seguir Jesus? O que é seguir os passos dele?

O bispo agora estava falando consigo mesmo, e é difícil saber ao certo se ele, por um momento, estava consciente da presença de seu amigo. Pela primeira vez, ocorreu ao reverendo Bruce suspeitar da verdade. E se o bispo exercesse todo o peso de sua grande influência em prol do movimento de Raymond? Ele tinha influência sobre as pessoas mais aristocráticas, ricas e sofisticadas, não apenas em Chicago, mas em várias grandes cidades. E se o bispo adotasse esse novo conceito de discipulado?

Esse pensamento já estava prestes a ser expresso por palavras. O doutor Bruce estendeu a mão e, com a familiaridade de uma amizade de longa data, colocou-a no ombro do bispo e estava quase fazendo uma pergunta muito importante quando os dois se assustaram com o toque estridente da campainha. A senhora Bruce foi até a porta e começou a conversar com alguém no salão.

Ouviu-se alguém exclamar algo em voz alta, e então, enquanto o bispo se levantava e Bruce ia em direção à cortina que separava a entrada da casa da sala de estar, a senhora Bruce a abriu. Ela estava branca e trêmula.

– Ah, Calvin! Que notícia terrível! O senhor Sterling... ah, eu não consigo nem falar! Que golpe para aquelas garotas!

– O que aconteceu?

O reverendo Bruce e o bispo correram para o salão e depararam com o mensageiro, um empregado da família Sterling. O homem estava sem chapéu e havia, evidentemente, corrido para trazer a notícia, uma vez que o reverendo Bruce, dentre os amigos íntimos da família, era o que morava mais perto.

– O senhor Sterling suicidou-se com um tiro, senhor, alguns minutos atrás. Ele se matou no quarto. A senhora Sterling...

– Vou para lá agora, Edward. Você vem comigo? Os Sterling são velhos amigos seus.

O bispo estava muito pálido, mas calmo como sempre. Olhou para o amigo e respondeu:

– Sim, Calvin, é claro que vou com você não só a esse lugar de morte, mas também pelo caminho do pecado e da tristeza humana, se Deus o permitir.

E, mesmo naquele momento de horror diante da notícia inesperada, o doutor Bruce entendeu o que o bispo havia prometido fazer.

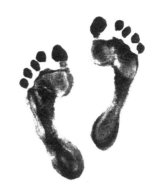

CAPÍTULO 24

> Estes são os que [...] seguem o Cordeiro por onde quer que Ele vá. (Ap 14.4)

Quando o doutor Bruce e o bispo entraram na mansão da família Sterling, tudo o que havia na casa, geralmente bem organizada, era uma verdadeira confusão e terror. Os cômodos grandes no térreo estavam vazios, mas se ouviam passos apressados e barulhos confusos no andar de cima. Uma das empregadas desceu a grande escadaria com uma expressão de horror assim que o bispo e o doutor Bruce começaram a subi-la.

– A senhorita Felicia está com a senhora Sterling – gaguejou em resposta a uma pergunta e, em seguida, rompeu em um choro histérico, atravessou a sala de estar e foi para fora da casa.

No alto da escadaria, os dois homens foram recebidos por Felicia. Ela foi até o doutor Bruce no mesmo instante e pôs as mãos sobre uma das mãos dele. O bispo então pôs a mão na cabeça dela, e os três ficaram ali por um instante em silêncio. O bispo conhecia Felicia desde que ela era criança. Ele foi o primeiro a quebrar o silêncio.

– Que nosso Deus de toda a misericórdia esteja com você, Felicia, nesta hora tão difícil. Sua mãe...

O bispo hesitou. Durante o trajeto apressado da casa de seu amigo para esse lugar de morte, ele arrancou do passado enterrado o doce romance de sua juventude. Nem o reverendo Bruce sabia disso. Mas houve um tempo em que o bispo alimentou uma afeição singular de sua juventude pela bela Camilla Rolfe, e ela havia escolhido o milionário em vez dele. O bispo não carregava nenhuma amargura, mas era uma lembrança que ainda guardava na memória.

Como resposta à frase inacabada do bispo, Felicia se virou e voltou para o quarto da mãe. Ela ainda não havia dito uma palavra, mas os dois homens estavam impressionados com sua admirável calma. Ela voltou para a porta no corredor e fez sinal para eles, e os dois ministros, com a sensação de que estavam prestes a contemplar algo muito incomum, entraram no quarto.

Rose estava deitada com os braços estendidos sobre a cama. Clara, a enfermeira, estava sentada com as mãos no rosto, soluçando com espasmos de terror. A senhora Sterling, com "a luz que nunca estava sobre o mar ou sobre a terra" radiante no rosto, permanecia tão imóvel que até o bispo teve uma impressão equivocada a princípio. Então, quando os dois se deram conta daquela terrível verdade, o bispo estremeceu, e a agonia daquela velha ferida o atingiu em cheio. A dor passou, deixando-o em pé ali, naquela câmara da morte, com a eterna calma e força a que os filhos de Deus têm o direito. E, da mesma forma, ele usou aquela calma e força nos dias que se seguiram.

Logo em seguida, começaram a perceber um tumulto no piso térreo da casa. Quase ao mesmo tempo chegaram o médico, que havia sido chamado, mas morava um pouco distante, e os policiais, que foram chamados pelos empregados assustados. Com eles estavam quatro ou cinco correspondentes de jornais e vários vizinhos. O doutor Bruce e o bispo depararam com essa multidão no alto da escada e conseguiram dispersar quase todos, exceto aqueles cuja presença era necessária. Com eles, os dois amigos ficaram sabendo dos fatos que já se sabiam sobre a "tragédia dos Sterling", como os jornais sensacionalistas se referiram ao caso no dia seguinte.

O senhor Sterling havia ido para seu quarto naquela noite por volta das nove horas, e esta foi a última vez que fora visto até que, meia hora depois, ouviu-se um tiro no quarto, e uma empregada que estava no corredor entrou correndo e o encontrou caído no chão, morto pelas próprias mãos. Naquele momento, Felicia estava sentada com a mãe. Rose estava lendo na biblioteca. Ela subiu as escadas às pressas, viu o pai sendo levantado e colocado no sofá pelos empregados; depois saiu correndo, aos gritos, para o quarto da mãe e desmaiou aos pés da cama. A senhora Sterling, a princípio, desmaiou com o choque, mas se recuperou com uma rapidez admirável e mandou chamar o doutor Bruce. Em seguida, insistiu em ver o marido. Apesar dos esforços de Felicia de impedi-la, ela obrigou Clara a apoiá-la enquanto atravessava o corredor e entrou no quarto onde estava o marido. Olhou para ele sem derramar uma lágrima, voltou para o quarto, foi colocada na cama e, quando o doutor Bruce e o bispo entraram na casa, ela, após uma oração com os lábios trêmulos em que pediu perdão para si mesma e para o marido, morreu, com Felicia debruçada sobre ela e Rose, ainda inconsciente, caída aos seus pés.

Como foi terrível e rápida a entrada da Morte sombria naquele palácio de luxo naquela noite de domingo! Mas só se soube a causa completa do que aconteceu com o senhor Sterling quando os fatos com relação aos seus negócios foram finalmente revelados.

Então se descobriu que, há algum tempo, ele vinha enfrentando a ruína financeira por causa de certas especulações que, em apenas um mês, o levaram à perda total de sua suposta riqueza. Com a astúcia e o desespero de um homem que luta pela própria vida quando viu seu dinheiro, que era tudo o que valorizava neste mundo, escorregando pelas mãos, ele adiou o dia do mal até o último instante. Na tarde de domingo, no entanto, havia recebido notícias que constatavam, sem sombra de dúvida, o fato de sua total ruína. A casa que dizia ser sua, as cadeiras nas quais se sentava, sua carruagem, bem como os pratos nos quais comia, foram todos comprados com o dinheiro que ele de fato nunca havia ganhado honestamente com o suor de seu trabalho.

Tudo vinha de uma rede de fraudes e especulações que não tinha fundamento em valores reais. Sabia disso melhor do que ninguém, mas tinha a esperança, como a que esses homens sempre têm, de que os mesmos métodos que lhe renderam o dinheiro também impediriam que o perdesse. Ele se enganou como muitos outros. Assim que lhe ocorreu a verdade de que praticamente havia se tornado um mendigo, não viu outra saída senão o suicídio. Era a consequência inevitável dessa vida que ele mesmo escolhera. O dinheiro havia se tornado seu deus. Assim que esse deus deixou seu pequeno mundo, não havia mais nada para adorar; e, quando o objeto de adoração de um homem se vai, ele já não tem razão para viver. Assim morreu o grande milionário Charles R. Sterling. E, na verdade, morreu como morrem os tolos, pois o que significa ganhar ou perder dinheiro em comparação com as riquezas insondáveis da vida eterna, que vão além de qualquer especulação, perda ou mudança?

A morte da senhora Sterling foi uma consequência do choque. Fazia anos que o marido não lhe confidenciava nada, mas ela sabia que a fonte da riqueza que ele acumulava era arriscada. Sua vida, por muitos anos, foi viver como se estivesse morta. Os Rolfe sempre deram a impressão de que podiam suportar inabaláveis mais desastres do que qualquer outra família. A senhora Sterling ilustrou bem a antiga tradição da família quando foi levada para o quarto onde estava o marido. Mas o corpo débil não conseguiu conservar o espírito e se rendeu, dilacerado e enfraquecido por longos anos de sofrimento e decepção.

O efeito desse golpe triplo, ou seja, a morte do pai e da mãe e a perda dos bens, foi visível nas irmãs no mesmo instante. O horror dos eventos deixou Rose aturdida por semanas. Permaneceu indiferente à compaixão e sem ânimo para nada. Ao que parecia, ela ainda não tinha percebido que o dinheiro abundante, que fez grande parte de toda a sua existência, já não existia. Mesmo quando soube que ela e Felicia teriam de sair da casa onde moravam e passar a depender da ajuda de parentes e amigos, ela parecia não entender o que isso significava.

Felicia, no entanto, tinha plena consciência dos fatos. Sabia exatamente o que havia acontecido e por quê. Alguns dias após os funerais, estava conversando com a prima Rachel sobre seus planos para o futuro. A senhora Winslow e Rachel saíram de Raymond e foram a Chicago assim que receberam a terrível notícia e, com outros amigos da família, começaram a planejar o futuro de Rose e de Felicia.

– Felicia, você e Rose virão para Raymond conosco. Já está decidido. Minha mãe não vai aceitar outra opção no momento – disse Rachel como lindo rosto iluminado de amor pela prima, um amor que aumentava dia após dia e se intensificava por ambas terem adotado a nova ideia de discipulado.

– A menos que eu encontre algo para fazer aqui – respondeu Felicia.

Ela olhou com tristeza para Rachel, que perguntou com delicadeza:

– O que você poderia fazer aqui, querida?

– Nada. Nunca me ensinaram a fazer nada, exceto um pouco de música, mas não sei o suficiente para ensiná-la ou ganhar a vida com ela. Sei cozinhar um pouco – acrescentou Felicia com um leve sorriso.

– Então você pode cozinhar para nós. A mamãe vive com problemas na cozinha – disse Rachel, entendendo muito bem que Felicia agora dependia da bondade de amigos e de familiares para ter o que comer e onde morar. É verdade que as duas receberam parte do que restou da fortuna do pai, mas, com a loucura de um especulador, ele conseguiu envolver parte do que era da esposa e das filhas em sua ruína.

– Eu posso? Eu posso? – perguntou Felicia diante da proposta de Rachel, como se fosse levá-la a sério. – Estou disposta a fazer qualquer coisa digna para sustentar a mim e a Rose. Pobre Rose! Ela nunca conseguirá superar o trauma dessa dificuldade que estamos enfrentando.

– Vamos cuidar dos detalhes quando chegarmos a Raymond – disse Rachel, sorrindo em meio às lágrimas diante da sôfrega disposição de Felicia de cuidar de si mesma.

Assim, em poucas semanas, Rose e Felicia se viram como parte da família Winslow em Raymond. Era uma experiência amarga para Rose, mas não lhe restara opção senão aceitar o inevitável, remoendo a grande mudança que havia acontecido em sua vida e, em muitos sentidos, colocando uma carga ainda maior sobre os ombros de Felicia e de sua prima Rachel.

Felicia logo se viu em uma atmosfera de discipulado que era como o céu para ela na forma de revelar a questão da comunhão. É verdade que a senhora Winslow não estava de acordo com o caminho que Rachel estava tomando, mas os notáveis eventos em Raymond desde que o compromisso fora assumido tinham consequências muito poderosas para não impressionar até mesmo uma mulher como a senhora Winslow. Com Rachel, Felicia encontrou a comunhão perfeita. Não demorou muito, ela arranjou algo para fazer no novo trabalho que estava sendo realizado no Retângulo. No espírito de sua nova vida, insistia para ajudar nas tarefas domésticas na casa da tia e, em pouco tempo, demonstrou suas habilidades na cozinha de forma tão evidente que Virginia sugeriu que ela fosse a responsável por cozinhar no Retângulo.

Felicia iniciou esse trabalho com grande alegria. Pela primeira vez na vida, tinha o prazer de fazer algo de valor para a felicidade dos outros. Sua decisão de fazer tudo após perguntar "O que Jesus faria?" tocou o mais profundo de sua alma. Ela começou a se desenvolver e a se fortalecer de forma admirável.

Até a senhora Winslow foi obrigada a reconhecer a grande utilidade e a beleza do caráter de Felicia. A tia olhava perplexa para a sobrinha, uma garota criada na cidade, que vivia no maior luxo, filha de um milionário, agora andando de um lado para o outro de sua cozinha, com os braços cobertos de farinha e, de vez em quando, até a ponta do nariz, pois Felicia, no começo, tinha o hábito de coçar o nariz distraidamente quando estava tentando se lembrar de alguma receita, misturando vários pratos com o maior interesse nos resultados, lavando panelas e chaleiras e fazendo o trabalho corriqueiro de uma empregada na cozinha da família Winslow e nas instalações do Retângulo. A princípio, a senhora Winslow protestava.

– Felicia, seu lugar não é aqui fazendo esse trabalho do dia a dia. Eu não posso permitir isso.

– Por que, tia? A senhora não gostou dos bolinhos que eu fiz hoje de manhã? – perguntava Felicia com doçura, mas com um sorriso escondido, conhecendo a fraqueza da tia por esse tipo de bolinho.

– Estavam deliciosos, Felicia. Mas não está certo você ficar fazendo esse tipo de trabalho para nós.

– Por quê? Que outra coisa eu posso fazer?

Pensativa, a tia olhava para ela, notando a admirável beleza de seu rosto e de sua expressão.

– Você não pretende fazer esse tipo de trabalho para sempre, não é, Felicia?

– Quem sabe. Eu tinha o sonho de abrir uma confeitaria em Chicago ou em alguma cidade grande e ir até as famílias pobres em algum bairro como o Retângulo, ensinando as mães a prepararem alimentos da maneira adequada. Lembro-me de ouvir o doutor Bruce dizer certa vez que ele acreditava que um dos grandes infortúnios da pobreza tinha a ver com uma alimentação ruim. Ele até chegou a dizer que achava que alguns tipos de crime podiam ser atribuídos a biscoitos murchos e bifes duros. Eu tenho certeza de que conseguiria sustentar a mim e a Rose e, ao mesmo tempo, ajudar os outros.

Felicia alimentou esse sonho até que ele se realizou. Enquanto isso, foi conquistando o afeto das pessoas de Raymond e do Retângulo, entre as quais era conhecida como o "anjo da cozinha". Por trás do belo caráter que estava desenvolvendo, havia sempre o compromisso assumido na Igreja da Nazareth Avenue: "O que Jesus faria?". Ela orava, esperava, trabalhava e ajustava sua vida de acordo com a resposta a essa pergunta. Era a inspiração de sua conduta e a resposta para toda a sua ambição.

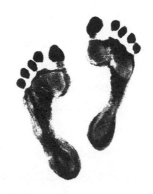

CAPÍTULO 25

Três meses haviam se passado desde a manhã de domingo em que o reverendo Bruce subiu ao púlpito com a mensagem de um novo conceito de discipulado. Foram três meses de grande agitação na Igreja da Nazareth Avenue. O reverendo Calvin Bruce nunca havia se dado conta de como seu rebanho era profundamente sensível. Com humildade, confessou que não havia esperado a resposta inesperada ao seu apelo dada por homens e mulheres que, como Felicia, desejavam algo na vida que o modelo convencional de igreja e de comunhão não lhes tinha dado.

No entanto, o reverendo Bruce ainda não estava satisfeito consigo mesmo. Não podia dizer o que sentia nem o que o havia levado a agir como finalmente agiu, para a grande espanto de todos que o conheciam, sem se referir a uma conversa entre ele e o bispo nesse momento na história do compromisso na Igreja da Nazareth Avenue. Os dois amigos estavam como antes na casa do doutor Bruce, sentados em seu escritório.

– Você sabe por que vim aqui hoje? – perguntou o bispo depois de eles terem conversado sobre os resultados do compromisso assumido pelos membros da Igreja da Nazareth Avenue.

O doutor Bruce examinou o bispo e fez um não com a cabeça.

– Vim para confessar que ainda não cumpri minha promessa de seguir os passos de Jesus da maneira que acredito que serei obrigado a fazer se quiser obedecer àquilo que entendo ser o que significa andar nos passos dele.

O doutor Bruce havia se levantado e estava andando de um lado para o outro pelo escritório. O bispo permaneceu na poltrona confortável com as mãos entrelaçadas, mas seu olhar tinha o brilho que lhe era característico antes de tomar uma grande decisão.

– Edward – disse o doutor Bruce abruptamente –, ainda não consegui me dar por satisfeito no cumprimento do compromisso que assumi. Mas, finalmente, decidi o que vou fazer. Para isso, serei obrigado a renunciar a meu cargo de pastor da Igreja da Nazareth Avenue.

– Imaginei que sim – respondeu o bispo, baixinho. – E eu vim aqui hoje para dizer que serei obrigado a fazer o mesmo em relação ao meu cargo.

O doutor Bruce se virou e foi até o amigo. Ambos estavam sob certa agitação reprimida.

– Isso é necessário no seu caso? – perguntou o doutor Bruce.

– Sim. Deixe-me esclarecer minhas razões. Provavelmente são as mesmas que as suas. Na verdade, tenho certeza de que são.

O bispo fez uma pausa e então continuou, cada vez mais emocionado:

– Calvin, você sabe há quantos anos eu venho realizando esse trabalho e você conhece um pouco a responsabilidade e o cuidado que isso implica. Não estou dizendo que minha vida tem sido livre de fardos ou tristezas. Mas, com certeza, tenho levado uma vida que os pobres e desesperados desta cidade pecaminosa considerariam muito confortável, e, sim, uma vida de muito luxo. Tenho uma bela casa para morar, os alimentos mais caros, roupas e divertimento. Pude viajar ao exterior pelo menos dez vezes e há anos tenho desfrutado da bela companhia das artes, da literatura, da música e de todo o resto, do bom e do melhor.

Eu nunca soube o que significa não ter dinheiro ou algo do tipo. Apesar disso, ultimamente não tenho conseguido silenciar a pergunta: "O que tenho sofrido por amor a Cristo?". Paulo sabia dos sofrimentos terríveis pelos quais passaria por causa de seu Senhor. A posição de Maxwell em Raymond é válida quando ele insiste que andar nos passos de Cristo significa sofrer. Onde está o meu sofrimento? Não vale a pena mencionar as pequenas provações e aborrecimentos de minha vida eclesiástica como tristezas ou sofrimentos. Em comparação a Paulo ou a qualquer um dos mártires cristãos ou primeiros discípulos, tenho levado uma vida de luxo e pecado, cheia de facilidades e prazeres. Não aguento mais isso. Tenho dentro de mim algo que ultimamente tem se levantado para condenar com veemência tal conceito de seguir Jesus. Não tenho andado em seus passos. Sob o atual sistema de igreja e vida social, não vejo como escapar dessa condenação senão dedicar o máximo de minha vida às reais necessidades do corpo e da alma dos pobres miseráveis que vivem na pior parte desta cidade.

O bispo havia se levantado e ido até a janela. A rua em frente à casa estava iluminada como se fosse de dia, e ele ficou observando a multidão que passava, depois se virou e, com uma expressão arrebatada que revelava o fogo intenso que ardia em seu peito, exclamou:

– Esta cidade em que vivemos é terrível, Calvin! A miséria, o pecado, o egoísmo deixam meu coração atemorizado. E há anos tenho lutado contra o medo doentio que sinto do momento em que serei forçado a abandonar o prazer e o luxo de minha posição oficial para me colocar em contato com o paganismo moderno deste século. A terrível condição das moças em alguns lugares comerciais, o brutal egoísmo da moda e da riqueza de uma sociedade insolente que ignora todas as mazelas da cidade, a horrível maldição da bebida e dos jogos de azar, o lamento dos desempregados, o ódio da igreja manifestado por inúmeras pessoas que veem nela apenas grandes colunas de pedras caras, móveis estofados e pastores ociosos e dados a luxos, todo o vasto tumulto dessa vasta torrente de pessoas com suas ideias falsas e verdadeiras, o exagero de males na igreja e a amargura e a vergonha que são consequências de muitas causas complexas, tudo isso como uma realidade total em contraste com a vida fácil e confortável que tenho vivido me dá cada vez mais uma sensação de terror misturado com autoacusação. Ultimamente, tenho meditado muitas vezes nas palavras de Jesus: "O que vocês deixaram de fazer a alguns destes mais pequeninos, também a mim deixaram de fazê-lo" (Mt 25.45). E quando foi que eu mesmo visitei os encarcerados, os desesperados ou os pecadores de uma maneira que de fato me causou sofrimento? Em vez disso, tenho seguido os hábitos tradicionalmente brandos de minha posição e vivido entre os membros ricos, sofisticados e aristocráticos de minhas congregações. Onde entra o sofrimento? O que eu sofri por amor a Jesus? Sabe, Calvin – virou-se abruptamente para o amigo –, ultimamente tenho sido tentado a me flagelar. Se eu tivesse vivido na época de Martinho Lutero, já teria marcas de chicote nas costas.

O doutor Bruce estava muito pálido. Nunca havia visto nem ouvido o bispo sob influência de tamanha paixão. Houve um súbito silêncio na sala. O bispo sentou-se novamente e inclinou a cabeça.

Por fim, o doutor Bruce disse:

– Edward, eu não preciso dizer que você expressou o que sinto também. Estou em uma posição semelhante há anos. Minha vida tem sido luxuosa. É claro que não estou dizendo que não tenho tido provações, desânimos e fardos em meu ministério eclesiástico. Mas não posso dizer que tenho sofrido por Jesus. Aquele versículo de Pedro me vem sempre à mente: "Cristo sofreu no lugar de vocês, deixando-lhes exemplo, para que sigam os seus passos" (1Pe 2.21). Tenho uma vida de luxo. Eu não sei o que significa passar necessidade. Também tenho tido meu tempo livre para viajar e desfrutar de boas companhias. Tenho vivido cercado pelo bem-estar fácil e agradável da civilização. O pecado e a miséria desta grande cidade têm atingido como ondas as paredes de pedra de minha igreja e desta casa onde moro, e quase sempre os ignorei, pois as paredes são muito espessas. Cheguei a um ponto de já não conseguir suportar isso. Não estou condenando a igreja. Eu a amo. Não estou abandonando a igreja. Eu acredito na missão dela e não desejo destruí-la. E muito menos, no passo que estou prestes a dar, desejo ser acusado de abandonar a comunhão cristã. Sinto, porém, que devo renunciar ao meu cargo de pastor da Igreja da Nazareth Avenue para ter a certeza de que estou seguindo os passos de Jesus como eu deveria. Nessa ação, não julgo nenhum outro ministro nem faço nenhuma crítica ao conceito de discipulado dos outros. Mas eu me sinto como você. Devo me colocar em contato direto com o pecado, a vergonha e a degradação desta grande cidade. E eu sei que, para isso, devo cortar minha conexão imediata com a Igreja da Nazareth Avenue. Não vejo outra maneira de sofrer por Cristo que não seja essa.

Mais uma vez, o silêncio repentino caiu sobre aqueles dois homens. Eles não estavam tomando uma decisão sobre algo simples. Ambos haviam chegado à mesma conclusão pelo mesmo raciocínio, e eram bastante cuidadosos e estavam muito habituados a avaliar bem a conduta antes de subestimarem a seriedade da posição que estavam tomando.

– O que você pretende fazer? – perguntou o bispo de forma amável, olhando para o amigo com o sorriso que sempre o embelezava. A glória no rosto do bispo crescia dia após dia.

– Eu pretendo – respondeu o doutor Bruce, devagar –, para resumir, ir ao centro da maior necessidade humana que posso ver nesta cidade e morar lá. Minha esposa está plenamente de acordo comigo. Já decidimos procurar uma casa naquela parte da cidade onde possamos fazer nossa vida pessoal valer a pena.

– Deixe-me sugerir um lugar.

Nesse momento o bispo estava bem animado. Seu belo rosto de fato brilhava com o entusiasmo do movimento em que ele e seu amigo estavam inevitavelmente envolvidos. Ele prosseguiu e apresentou um plano de alcance tão amplo, poderoso e cheio de possibilidades que o doutor

Bruce, ainda que capacitado e experiente, surpreendeu-se com a visão de uma alma maior que a sua.

Ficaram sentados até tarde, ansiosos e até mesmo felizes, como se estivessem planejando uma viagem juntos a uma terra ainda inexplorada. De fato, o bispo repetiu muitas vezes que, no momento em que tomou a decisão de levar uma vida de sacrifício pessoal, ele, de repente, sentiu um alívio como se um grande fardo lhe tivesse sido tirado dos ombros. Ele estava exultante. E o doutor Bruce também estava, pelo mesmo motivo.

O plano que elaboravam e que, finalmente, estava se transformando em algo viável era, na realidade, nada mais do que alugar um grande edifício antes usado como depósito de uma fábrica de cerveja, reformá-lo e viver nele, no centro de um território onde os bares reinavam absolutos, os cortiços eram os mais imundos, o vício, a ignorância, a vergonha e a pobreza se acumulavam nas formas mais horrendas. Esta não era uma ideia nova. Era uma ideia iniciada por Jesus Cristo quando deixou a Casa de Seu Pai e abandonou as riquezas que eram Suas para se aproximar da humanidade e, tornando-se parte da realidade do pecado dela, afastar a humanidade do pecado. A ideia de estabelecer uma comunidade não é um conceito moderno. É tão antigo quanto Belém e Nazaré. E, nesse caso em particular, era a abordagem mais próxima de qualquer coisa que satisfaria o anseio desses dois homens de sofrer por Cristo.

Ao mesmo tempo, surgiu neles um desejo que era quase como uma paixão: aproximar-se da grande pobreza física e da miséria espiritual da grande cidade que palpitava à sua volta. Como poderiam fazer isso se não se tornassem parte dela tanto quanto um homem pode se tornar parte da miséria do outro? Onde estaria o sofrimento se não houvesse algum tipo de abnegação real? E o que tornaria essa abnegação visível para eles mesmos ou para qualquer outro se ela não adotasse essa forma concreta, real e pessoal de tentar participar do mais profundo sofrimento e pecado da cidade?

Em seus passos o que faria Jesus?

Essa era a justificativa que davam para si mesmos, sem julgar os outros. Eles estavam apenas cumprindo o compromisso de fazer o que Jesus faria, como honestamente julgavam que Ele faria. Era isso que haviam prometido. Como poderiam discutir a consequência disso se eram irresistivelmente compelidos a fazer o que planejavam fazer?

O bispo tinha recursos. Todos em Chicago sabiam que ele havia acumulado uma bela riqueza. O doutor Bruce havia adquirido, graças ao seu trabalho literário em paralelo ao seu trabalho eclesiástico, uma situação financeira confortável. Grande parte desse dinheiro os dois amigos haviam concordado em investir na obra, principalmente nas instalações para o funcionamento da comunidade.

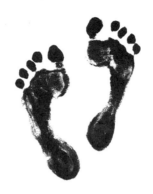

CAPÍTULO 26

Enquanto isso, a Igreja da Nazareth Avenue experimentava algo inédito em toda a sua história. O simples apelo feito por seu pastor para que os membros da igreja fizessem apenas o que Jesus faria havia criado um espírito que ainda persistia. As consequências desse apelo eram muito semelhantes às ocorridas na igreja de Henry Maxwell, em Raymond, mas a igreja de Chicago era muito mais aristocrática, rica e convencional. No entanto, em uma manhã de domingo no início do verão, quando o doutor Bruce subiu ao púlpito e anunciou sua renúncia ao cargo, a novidade se espalhou por toda a cidade, embora ele já tivesse conversado com o conselho de líderes da igreja, e a ação que ele tomaria não era surpresa para eles. Contudo, quando se tornou público o fato de que o bispo também havia anunciado sua renúncia e afastamento do cargo que há muito ocupava para morar no coração da parte mais terrível de Chicago, o espanto do público chegou ao extremo.

– Mas por quê? – perguntou o bispo a um estimado amigo que, quase em meio às lágrimas, havia tentado dissuadi-lo de seu propósito. – Por que o que o doutor Bruce e eu nos propusemos a fazer parece ser tão fora do comum, como se fosse novidade um doutor em Divindade e um bispo desejarem salvar almas perdidas dessa maneira em particular? Se renunciássemos ao cargo com o objetivo de ir a Mumbai, Hong Kong ou qualquer outro lugar na África, as igrejas e as pessoas ficariam espantadas diante de um ato de heroísmo nas missões. Por que tanto alarde com isso se temos sido levados a entregar a própria vida para resgatar os infiéis e os perdidos de nossa cidade da maneira que vamos tentar? Será que é um acontecimento tão extraordinário assim dois ministros cristãos estarem não apenas dispostos, mas ansiosos para viver perto da miséria do mundo a fim de conhecê-la e vivenciá-la? Será que é tão raro que o amor pela humanidade encontre essa forma particular de expressão no resgate das almas?

E, por mais que o bispo tivesse se convencido de que toda aquela situação não deveria ser vista como algo tão extraordinário, as pessoas continuavam a comentar sobre ela, e as igrejas, a expressar seu espanto com o fato de que esses dois homens, tão proeminentes no ministério, deixariam uma casa confortável, renunciariam voluntariamente à posição social privilegiada que tinham e embarcariam em uma vida de dificuldades, abnegação e sofrimento real. Um país cristão! O espanto, tal como aquele que sentimos diante de algo fora do comum, que aqueles que andam nos passos de Jesus sempre provocam ao expressar o verdadeiro sofrimento por Ele é uma maneira de reprovar a forma de nosso discipulado?

Grande parte da Igreja da Nazareth Avenue despediu-se de seu pastor com pesar, embora esse pesar tenha se convertido em um sentimento de alívio para aqueles que se recusaram a assumir o compromisso. O doutor Bruce levou consigo o respeito de homens que, envolvidos nos negócios de tal maneira que a obediência ao compromisso os teria arruinado, ainda mantinham em sua melhor e mais profunda natureza uma admiração genuína por sua coragem e coerência. Eles conheciam o doutor Bruce havia muitos anos como um homem generoso, conservador e cuidadoso, mas a ideia desse homem à luz de um sacrifício desse tipo não lhes era familiar. Tão logo entenderam a situação, deram ao pastor o crédito de ser totalmente fiel às suas convicções recentes quanto ao que significava seguir Jesus. A Igreja da Nazareth Avenue nunca perdeu o impulso daquele movimento iniciado pelo doutor Bruce. Aqueles que, com ele, aceitaram o compromisso deram à igreja o sopro da vida de Deus, e continuam essa obra vivificante até o presente.

* * * * * *

Era outono novamente, e a cidade estava para enfrentar outro inverno rigoroso. Certa tarde, o bispo saiu da Comunidade e deu a volta no quarteirão com a intenção de visitar um de seus novos amigos no distrito. Ele havia andado cerca de quatro quarteirões quando foi atraído por uma loja que parecia diferente das outras. A vizinhança ainda era uma novidade para ele, e todos os dias ele descobria algum lugar diferente ou deparava com alguém inesperado.

O lugar que atraiu sua atenção era uma pequena casa ao lado de uma lavanderia de uma família chinesa. Havia duas vitrines muito limpas na frente, e isso, para começar, já chamava a atenção. Então, do outro lado das vitrines, havia uma tentadora exibição de iguarias com preços em várias delas que o deixaram curioso, pois estava familiarizado, a essa altura, com muita coisa que acontecia na vida das pessoas que antes lhe eram desconhecidas. Enquanto ele olhava as vitrines, a porta se abriu, e Felicia Sterling apareceu.

– Felicia! – exclamou o bispo. – Quando foi que você se mudou para a minha paróquia sem que eu ficasse sabendo?

– Como o senhor me achou tão rápido? – perguntou Felicia.

– Ora, você não faz ideia? Estas são as únicas vitrines limpas do quarteirão.

– Eu acho que sim – respondeu Felicia com uma gargalhada que o bispo gostou de ouvir.

– Mas como você teve coragem de vir para Chicago sem me dizer nada, e como veio parar em minha diocese sem o meu conhecimento? – perguntou o bispo.

E Felicia lembrava tanto aquele mundo bonito, limpo, educado e refinado tão conhecido pelo bispo que ele poderia muito bem ser perdoado por ver nela um pouco do antigo Paraíso, embora, verdade seja dita, ele não tivesse vontade de voltar para lá.

– Bem, caro bispo – respondeu Felicia, que sempre o chamava assim –, eu soube que o senhor andava muito sobrecarregado com o trabalho. Eu não queria incomodá-lo com meus planos. Aliás, vim lhe oferecer meus serviços. Na verdade, eu estava saindo para ir vê-lo e pedir seus conselhos. Estou morando aqui no momento com a senhora Bascom, uma vendedora que nos aluga três cômodos, e com uma das alunas de música de Rachel, que está fazendo um curso de violino graças à ajuda de Virginia Page. Ela é do povo – continuou Felicia, usando as palavras "do povo" de forma tão séria e inconsciente que o bispo sorriu –, e eu estou cuidando da casa para ela e, ao mesmo tempo, iniciando um experimento com alimentos naturais para o povo. Conheço bem isso e tenho um plano que eu gostaria que o senhor avaliasse e me ajudasse a implementar. O senhor faria isso, meu caro bispo?

– Claro que sim – respondeu ele.

Ver Felicia e sua notável vitalidade, entusiasmo e propósito bem definido quase o deixou perplexo.

– Martha pode ajudar na Comunidade com o violino e eu ajudarei com meus pratos. Sabe, eu pretendia me instalar primeiro, pensar em alguma coisa e só depois procurá-lo com algo concreto para oferecer. Mas eu já consigo me sustentar agora.

– É mesmo? – perguntou o bispo um pouco incrédulo. – Como? Fazendo essas coisas?

– Sim, essas coisas! – disse Felicia com um ar de indignação. – Eu gostaria que o senhor soubesse que "essas coisas" são os alimentos mais naturais e mais bem preparados de toda a cidade.

– Não duvido disso – respondeu ele apressadamente, enquanto seus olhos brilhavam. – Ainda assim, só posso afirmar com certeza se os provar.

– Entre e prove! – exclamou ela. – Pobre bispo! Parece que o senhor não faz uma boa refeição há um mês.

Ela insistiu para que ele entrasse na pequena sala da frente, onde Martha, uma garota sempre atenta, de cabelos curtos e cacheados e com uma inconfundível atmosfera musical à sua volta, estava ocupada com o estudo do instrumento.

– Pode continuar, Martha. Este é o bispo. Você já me ouviu falar dele muitas vezes. Bispo, sente-se ali e deixe-me lhe servir um belo prato de carne, pois, pelo visto, acho que o senhor tem estado em jejum!

Assim, prepararam um almoço improvisado, e o bispo que, para dizer a verdade, há semanas não havia tido tempo para apreciar uma boa refeição, fartou-se com o deleite de sua inesperada descoberta e pôde expressar sua surpresa e satisfação com a qualidade da comida.

– Pensei que o senhor, pelo menos, diria que a comida estava tão boa quanto as refeições que fazia nos grandes banquetes do Auditorium – disse Felicia de modo matreiro.

– E está de verdade! Os banquetes do Auditorium não eram nada comparados com a sua comida, Felicia. Mas você deve ir à Comunidade. Quero que você veja o que estamos fazendo. E eu estou simplesmente surpreso em encontrar você aqui, ganhando a vida desse jeito. Já estou começando a entender qual é o seu plano. Você pode ser de grande ajuda para nós. Não está falando sério quando diz que vai morar aqui e ajudar essas pessoas a conhecer o valor da boa comida, está?

– É claro que estou – respondeu ela, séria. – Este é o evangelho que conheço. Não devo segui-lo?

– Sim, sim! Você está certa. Graças a Deus existem pessoas que pensam como você! Quando deixei o mundo – o bispo sorriu ao usar essa expressão –, as pessoas falavam muito sobre a "nova mulher". Se você é uma delas, eu me converto aqui e agora.

– Bajulação! Não há como escapar disso, nem mesmo nos bairros mais pobres de Chicago?

Felicia gargalhou outra vez. E o coração do bispo, por mais pesado que estivesse depois de tantos meses em meio ao vasto pecado, alegrou-se ao ouvir essas palavras! Aquilo soou bem. Era bom. Era de Deus.

Felicia queria visitar a Comunidade e foi até lá com ele. Ficou impressionada com os resultados obtidos com uma quantia considerável de dinheiro e uma boa dose de inteligência consagrada ao Senhor. Enquanto caminhavam pelo prédio, conversaram sem parar. Ela era a encarnação do entusiasmo, e ele se impressionava com a forma como esse entusiasmo vinha à tona e se irradiava.

Desceram para o porão, e o bispo abriu uma porta de onde vinha o som da plaina de um carpinteiro. Era uma carpintaria pequena, mas bem equipada. Um jovem com um boné de papel na cabeça e vestindo um blusão e um macacão assobiava enquanto passava a plaina sobre um pedaço de madeira. Ele ergueu os olhos quando os dois entraram e tirou o boné. Ao fazer isso, uma lasquinha enrolada de madeira que ele tinha no mindinho ficou presa em seu cabelo.

– Senhorita Sterling, este é o senhor Stephen Clyde – disse o bispo. – Clyde é um dos nossos ajudantes aqui duas vezes por semana.

Nesse momento, o bispo foi chamado no andar de cima e pediu licença por um instante, deixando Felicia e o jovem carpinteiro juntos.

– Nós já nos conhecemos – disse Felicia, olhando com franqueza para Clyde.

– Sim, "lá no mundo", como o bispo diz – lembrou o jovem, e seus dedos tremiam um pouco sobre a madeira que ele estava alisando.

– Sim. – Felicia hesitou. – Que bom ver você!

– É mesmo? – perguntou o jovem carpinteiro com uma satisfação estampada no rosto. – Você tem tido muitos problemas desde... desde... aquela época – disse ele, e então teve receio de tê-la magoado ou despertado lembranças dolorosas. Mas ela já havia superado tudo aquilo.

– Sim, e você também. Como é que você veio trabalhar aqui?

– É uma longa história, senhorita Sterling. Meu pai perdeu todo o dinheiro e eu fui obrigado a trabalhar. O que foi uma coisa muito boa para mim. O bispo diz que eu tenho que ser muito grato por isso. Eu sou. Estou muito feliz agora. Aprendi o ofício, esperando que algum dia me seja útil, e trabalho à noite na recepção de um dos hotéis da região. Naquela manhã de domingo em que você assumiu o compromisso na Igreja da Nazareth Avenue, eu também o assumi com as outras pessoas.

– É mesmo? – perguntou Felicia, devagar. – Que bom!

Nesse momento, o bispo voltou e logo foi embora com Felicia, deixando o jovem carpinteiro com seu trabalho. Alguém notou que ele começou a assobiar mais alto do que nunca enquanto operava a plaina.

– Felicia – disse o bispo, – você já conhecia Stephen Clyde?

– Sim, "lá no mundo", meu caro bispo. Ele era um dos irmãos da Igreja da Nazareth Avenue.

– Ah! – exclamou o bispo.

– Nós éramos bons amigos – acrescentou Felicia.

– Nada mais? – arriscou-se a perguntar.

Felicia sentiu o rosto quente por um instante. Então, olhou com sinceridade para os olhos do bispo e respondeu:

– Nada mais, de verdade.

"Seria muito natural que os dois viessem a gostar um do outro", pensou o bispo consigo mesmo, e, de algum modo, o pensamento o deixou sério. Era quase como a velha dor que ele sentia por Camilla.

Entretanto, aquilo passou, deixando-o mais tarde, quando Felicia foi embora, com os olhos marejados e uma sensação que era quase de esperança de que ela e Stephen se apaixonassem um pelo outro.

– Afinal – disse ele, como o homem bom e sensível que era –, o romance não faz parte da humanidade? O amor é mais velho que eu, e mais sábio.

Na semana seguinte, o bispo teve uma experiência que pertence a esta parte da história da Comunidade. Já era muito tarde quando ele voltava para a Comunidade de uma reunião que havia tido com alfaiates em greve, e, enquanto caminhava com as mãos para trás, dois homens pularam à sua frente, saindo de trás de uma cerca velha de uma fábrica abandonada, e o abordaram. Um dos homens pôs um revólver em seu rosto, e o outro o ameaçou com um pedaço de pau pontiagudo que evidentemente havia sido arrancado da cerca.

– Mãos ao alto! Rápido! – disse o homem com o revólver.

Não havia uma alma viva no lugar, e o bispo não cogitou resistir. Fez o que lhe foi ordenado, e o homem com o pedaço de pau começou a revistar-lhe os bolsos. O bispo estava calmo. Ele não tremeu. Enquanto estava ali com as mãos levantadas, um transeunte, sem saber de nada, poderia pensar que ele estava orando por esses dois homens. E ele estava. Sua oração foi respondida de maneira singular naquela mesma noite.

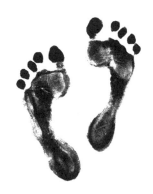

CAPÍTULO 27

"A justiça irá adiante dele e preparará o caminho para os seus passos." (Sl 85.13)

O bispo não tinha o hábito de carregar muito dinheiro, e o homem com o pedaço de pau na mão que o estava revistando começou a praguejar por causa dos trocados que encontrou. Enquanto praguejava, o homem com o revólver gritou de forma bruta:

– Arranque o relógio dele! Já que a gente começou o serviço, vamos levar tudo o que a gente puder!

O homem com o pedaço de pau estava para pôr a mão na pulseira do relógio quando ouviu sons de passos vindo em sua direção.

– Para trás da cerca! Não revistamos nem a metade dele ainda! E você, fique de boca fechada, se não quiser...

O homem com o revólver fez um gesto e, com a ajuda do parceiro de crime, puxou o bispo e o fez passar por um buraco na cerca. Os três ficaram quietos ali no escuro até os passos se afastarem.

– E aí? Já pegou o relógio? – perguntou o homem com o revólver.

– Não, eu não consigo abrir a pulseira! – e o outro praguejou de novo.

– Então quebra!

– Não, não a quebre – disse o bispo, e foi a primeira vez ele que falou.

– A pulseira é presente de um amigo muito querido. Eu ficaria muito sentido ao vê-la quebrada.

Ao ouvir a voz do bispo, o homem com o revólver tremeu como se tivesse sido atingido de repente pela própria arma. Com um movimento rápido da outra mão, ele virou a cabeça do bispo na direção da luz fraca que iluminava o beco e, ao mesmo tempo, se aproximou dele. Então, para espanto de seu comparsa, disse bruscamente:

– Deixa o relógio! A gente já tem o dinheiro. Chega!

– Chega!? Cinquenta centavos! Você não sabe contar...

Antes que pudesse dizer mais uma palavra, o homem com o pedaço de pau viu quando o cano do revólver deixou a cabeça do bispo e foi apontado para a sua.

– Deixa o relógio! E devolve o dinheiro também. É o bispo que a gente pegou... o bispo... entendeu?

– E daí! Seria muito bom pegar o presidente dos Estados Unidos, se...

– Eu disse pra você pôr o dinheiro de volta ou em cinco segundos eu meto um buraco na sua cabeça que, quem sabe, vai te dar mais miolos do que os que você tem aí agora! – disse o outro.

Por um instante, o homem com o pedaço de pau pareceu hesitar diante dessa estranha mudança de planos, como se estivesse avaliando a intenção do outro. Logo em seguida, pôs o dinheiro de volta no bolso de onde o havia tirado.

– Pode abaixar as mãos, senhor.

O homem abaixou a arma devagar e, ainda de olho no comparsa, continuou a falar com respeito, mas de maneira áspera. O bispo lentamente abaixou os braços junto ao corpo e deu uma olhada séria para os dois homens. Na penumbra, era difícil distinguir aqueles rostos. Era óbvio que ele estava livre para seguir seu caminho, mas ficou ali sem fazer nenhum movimento.

– Pode ir. O senhor não precisa mais ficar aqui por nossa causa.

O homem que agia como porta-voz da dupla se virou e se sentou em uma pedra. O outro, furioso, começou a cavar o chão com o pedaço de pau.

– É exatamente por isso que eu vou ficar – respondeu o bispo, enquanto se sentava em uma tábua que havia se soltado da cerca quebrada.

– O senhor deve gostar da nossa companhia. Às vezes é difícil para as pessoas se afastarem de nós – disse o homem, dando uma gargalhada enquanto se levantava.

– Cala essa boca! – exclamou o outro. – A gente está indo pro inferno, com certeza. A gente precisa de gente melhor do nosso lado do que nós mesmos e o diabo.

– Se vocês me deixarem ajudar – disse o bispo de modo amável e até mesmo carinhoso.

O homem sentado na pedra ficou olhando para o bispo no meio da penumbra. Depois de alguns instantes em silêncio, começou a falar devagar como se fosse alguém que, finalmente, havia decidido seguir um caminho que, a princípio, havia rejeitado.

– O senhor se lembra de ter me visto alguma vez?

– Não – respondeu o bispo. – A luz não está muito boa, e eu realmente não consegui ver você direito.

– O senhor me reconhece agora?

O homem, de repente, tirou o chapéu e, levantando-se da pedra, foi em direção ao bispo até que estivessem perto o suficiente para tocarem um no outro.

Seus cabelos eram negros como o carvão, exceto uma mecha branca do tamanho da palma da mão no alto da cabeça.

Assim que notou aquilo, o bispo teve um sobressalto. As lembranças de quinze anos atrás começaram a voltar. O homem ajudou-o.

– O senhor lembra que um dia, no ano de 1881 ou 1882, um homem apareceu em sua casa e contou uma história sobre a esposa e o filho que morreram em um incêndio em um cortiço em Nova Iorque?
– Sim, estou começando a lembrar.
O outro homem parecia estar interessado também. Parou de cavar o chão com o pedaço de pau e ficou quieto, prestando atenção na conversa.
– O senhor se lembra de ter me levado para sua casa naquela noite e de ter passado o dia seguinte inteiro tentando encontrar um emprego para mim? E, quando o senhor conseguiu me arrumar um trabalho como supervisor em um armazém, prometi parar de beber porque o senhor havia me pedido isso?
– Eu me lembro agora. Espero que você tenha cumprido sua promessa.
O homem gargalhou alto. Em seguida, bateu a mão contra a cerca com tanta força que ela começou a sangrar.
– Se eu cumpri a minha promessa!? Em uma semana eu já estava bêbado de novo! E tenho bebido desde aquele tempo. Mas eu nunca me esqueci do senhor nem da sua oração. O senhor se lembra da manhã seguinte em que fui à sua casa? Depois do café da manhã, o senhor fez orações e me convidou para entrar e me sentar com os outros? Aquilo me conquistou! Minha mãe era uma mulher de oração! Posso ver ela ajoelhada aos pés da minha cama quando eu era pequeno. Certa noite, meu pai entrou no quarto e a chutou enquanto ela estava ajoelhada ao meu lado. Nunca me esqueci da oração que o senhor fez naquela manhã. O senhor orou por mim como minha mãe orava e não pareceu se importar com o fato de eu estar malvestido, com um ar muito duro e meio bêbado quando toquei a campainha da sua casa. Ah, que vida eu tenho vivido! Os bares viraram a minha casa, me abrigaram e transformaram este mundo num inferno. Mas aquela oração esteve comigo o tempo todo. Quebrei minha promessa de parar de beber em menos de duas semanas, perdi o emprego que o senhor arrumou para mim e, dois

dias depois, fui parar numa delegacia, mas nunca esqueci o senhor nem a sua oração. Não sei em que sentido ela foi boa pra mim, mas eu nunca me esqueci. E eu não vou fazer mal ao senhor nem deixar que alguém faça isso. Então o senhor está livre para ir. É por isso.

O bispo não se mexeu. Em algum lugar, o relógio de uma igreja bateu uma hora da manhã. O homem pôs o chapéu e voltou a se sentar na pedra. O bispo começou a pensar seriamente.

– Há quanto tempo você está sem trabalho? – perguntou, e o homem em pé respondeu pelo outro.

– Há mais de seis meses que nenhum de nós faz coisa nenhuma; a não ser que, para o senhor, assaltar seja um trabalho. Para mim, é muito cansativo esse tipo de trabalho, principalmente quando saímos numa noite assim e não conseguimos nada.

– E se eu arrumasse um bom trabalho para vocês dois? Vocês deixariam essa vida de crime de lado e começariam uma vida nova?

– Pra quê? – perguntou mal-humorado o homem que estava sentado na pedra. – Já tentei me regenerar umas cem vezes. A cada vez eu fico pior. O diabo já me aprisionou. É tarde demais.

– Não! – exclamou o bispo. E nunca havia sentido a chama pelas almas perdidas queimar em seu peito de forma tão forte. Durante toda aquela cena fora do comum em que ficara sentado ali, ele orou: "Ó, Senhor Jesus, que eu possa ganhar a alma destes dois para ti! Quero ganhá-los. Conceda-me isso!".

– Não! – repetiu o bispo. – O que Deus quer de vocês dois? Não importa tanto o que eu quero. Mas Deus quer exatamente o que eu estou fazendo neste caso. Vocês dois têm um valor infinito para Ele.

E então sua maravilhosa memória veio socorrê-lo em um apelo que ninguém neste mundo poderia fazer sob tais circunstâncias. Ele se lembrou do nome do homem, apesar dos anos maravilhosamente ocupados entre o momento em que o homem chegou à sua casa e aquela hora.

– Burns – disse ele, expressando um anseio indescritível por aquelas almas –, se você e seu amigo forem para casa comigo hoje, arrumarei um emprego honroso para os dois. Acredito e confio em vocês. São relativamente jovens. Por que Deus desistiria de vocês? Ganhar o amor do nosso Grande Pai é o que mais importa. O fato de eu amar vocês não é nada. Mas, se precisam sentir mais uma vez que existe amor neste mundo, vocês devem acreditar em mim quando eu digo, meus irmãos, que eu amo vocês, e, em nome Daquele que foi crucificado por nossos pecados, não suporto vê-los sem a glória da vida humana. Venham! Força! Tentem de novo, pois Deus está ajudando vocês. Ninguém, a não ser Deus, vocês e eu, precisa saber o que se passou aqui nesta noite. Ele vai perdoá-los no momento em que vocês pedirem perdão. Vocês verão que isso é uma verdade. Venham! Vamos lutar juntos, vocês dois e eu. Vale a pena lutar pela vida eterna. Foi o pecador que Cristo veio salvar. Farei o que puder por vocês. Ó, Deus, que eu possa ganhar a alma destes dois homens! – e, assim, ele começou uma oração a Deus que nada mais era do que a continuação do apelo que lhes fazia. Ele não tinha outra forma de extravasar seu sentimento reprimido.

    Alguns instantes depois do início da oração, Burns sentou-se com as mãos no rosto, chorando. Onde estavam as orações de sua mãe agora? Estavam somadas ao poder da oração do bispo. E o outro homem, mais endurecido, menos comovido, sem conhecimento prévio do bispo, encostou-se na cerca, apático a princípio. Entretanto, à medida que a oração prosseguia, ele foi tocado por ela. A força do Espírito Santo invadiu sua vida deturpada, atroz e embrutecida, algo que não pôde escapar dos registros eternos de um dos anjos responsáveis por registrar esses eventos! Mas a mesma Presença sobrenatural que foi ao encontro de Paulo no caminho para Damasco, que sobreveio à igreja de Henry Maxwell na manhã em que ele fez o apelo aos discípulos para que seguissem os passos de Jesus e que se mostrou mais uma vez irresistível à congregação da Nazareth Avenue, agora se manifestava nesse canto imundo da imensa cidade e sobre a natureza desses dois pecadores submersos, aparentemente inacessíveis para as súplicas da consciência e da memória e para Deus. A oração parecia ter quebrado a crosta que durante anos os havia envolvido e afastado da comunicação com Deus. E eles mesmos estavam completamente impressionados com aquilo.

O bispo parou de orar e, a princípio, não entendeu o que havia acontecido. Nem os homens. Burns ainda estava sentado com a cabeça inclinada entre os joelhos. O homem encostado na cerca olhava para o bispo com uma expressão que revelava um novo sentimento de reverência, arrependimento, espanto e alegria. Então o bispo se levantou.

– Venham, meus irmãos. Deus é bom. Vocês vão passar a noite na Comunidade, e eu cumprirei minha promessa em relação ao trabalho.

Os dois homens seguiram-no em silêncio. Quando chegaram à Comunidade, já passava das duas da manhã. O bispo os levou para dentro e direto para um quarto. Parou por um instante à porta. Sua figura alta e imponente ali e seu rosto pálido estavam iluminados pela glória de Deus.

– Deus abençoe vocês, meus irmãos! – disse ele e, depois de dar sua bênção, saiu.

De manhã, ele quase teve medo de encarar os homens, mas a impressão da noite anterior não havia se dissipado. Fiel à sua promessa, ele conseguiu trabalho para os dois. O zelador da Comunidade precisava de um assistente, uma vez que o trabalho havia aumentado ali. Então Burns assumiu o posto. O bispo conseguiu que o outro ficasse com o cargo de motorista em uma firma de empilhadeiras, não muito longe da Comunidade. E o Espírito Santo, operando na vida desses dois pecadores que viviam na escuridão, iniciou sua maravilhosa obra de regeneração.

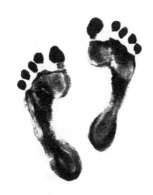

CAPÍTULO 28

Na tarde do dia em que Burns começou seu novo emprego como auxiliar do zelador, ele estava limpando a escada da frente da Comunidade quando parou por um instante e se levantou para olhar ao redor. A primeira coisa que notou foi uma placa com o anúncio de cerveja do outro lado da rua. De onde estava, ele quase podia tocá-la com o cabo da vassoura. Do outro lado da rua, bem à sua frente, havia dois bares grandes e, um pouco mais à frente, outros três.

De repente, a porta do bar mais próximo se abriu e um homem saiu. Ao mesmo tempo, outros dois entraram. Um forte cheiro de cerveja chegou a Burns enquanto estava em pé na escada. Ele apertou o cabo da vassoura com força e começou a varrer de novo. Tinha um pé na varanda e outro na escada logo abaixo. Desceu mais um degrau, ainda varrendo a escada. O suor escorria-lhe pela testa, embora o dia estivesse gelado, e o ar, frio. A porta do bar se abriu novamente e saíram três ou quatro homens. Uma criança entrou com uma jarra e logo em seguida saiu com um litro de cerveja. Ela passou pela calçada logo abaixo de Burns, e o cheiro da cerveja chegou até ele. Ele desceu outro degrau, ainda varrendo de forma desesperada. Seus dedos estavam roxos de tanto apertar o cabo da vassoura.

Então, de repente, subiu um degrau e varreu novamente o lugar que já estava limpo. Em seguida, voltou com muita resistência à varanda e começou a varrer o canto mais distante possível do bar.

– Ah, Deus! – exclamou – Se o bispo estivesse por aqui!

O bispo havia ido a algum lugar com o doutor Bruce, e não havia ninguém ali que Burns conhecesse. Ele varreu o canto por dois ou três minutos. Seu rosto denunciava a agonia que sentia com seu conflito interior. Pouco a pouco foi chegando novamente à escada e começou a descê-la. Olhou na direção da calçada e percebeu que não havia varrido um degrau. A constatação pareceu-lhe uma boa desculpa para descer até lá e terminar o serviço.

Ele estava na calçada agora, varrendo o último degrau, com o rosto voltado para a Comunidade e parcialmente de costas para o bar do outro lado da rua. Varreu aquele degrau uma dezena de vezes. O suor escorria-lhe pelo rosto e caía em seus pés. De degrau em degrau, percebeu que estava sendo cada vez mais atraído ao degrau mais próximo do bar. Agora podia sentir o cheiro da cerveja e do rum à medida que o vapor do ar o envolvia. Era como o enxofre do inferno e, ainda assim, parecia um gigante puxando-o pela mão até lá.

Nesse momento, ele já estava no meio da calçada, ainda varrendo. Limpou a área em frente à Comunidade e até foi à sarjeta para varrê-la. Tirou o chapéu e esfregou a manga da blusa no rosto. Seus lábios estavam brancos e os dentes batiam uns contra os outros. Burns tremia mais que vara verde e cambaleava para a frente e para trás como se já estivesse bêbado. Ele tinha a alma agitada em seu íntimo.

Atravessou a calçada de pedra que tinha a largura da rua e agora estava parado em frente ao bar, olhando para a placa e para a pilha de garrafas de uísque e de cerveja dispostas em uma grande pirâmide dentro do bar. Passou a língua nos lábios e deu um passo à frente, olhando à sua volta furtivamente. De repente, a porta se abriu mais uma vez e alguém saiu. De novo, o cheiro forte e penetrante da bebida se espalhou pelo ar frio, e Burns deu outro passo em direção à porta do bar, que havia se fechado depois que o cliente saiu. Quando pôs os dedos na maçaneta, uma figura alta apareceu na esquina. Era o bispo.

Ele segurou Burns pelo braço e o arrastou de volta para a calçada. O homem agitado, agora louco por uma bebida, praguejou alguma coisa e atacou o amigo com violência. Não é possível saber se ele realmente reconheceu, a princípio, quem o estava afastando de sua ruína. O golpe acertou o rosto do bispo e fez um corte em sua bochecha. Ele não disse uma palavra, mas seu olhar era de grande tristeza. Levantou Burns como se fosse uma criança, carregou-o escada acima e entrou na casa. Colocou-o no chão do saguão, fechou a porta e bloqueou-a com as costas.

Burns caiu de joelhos, chorando e orando. O bispo ficou ali parado, ofegante pelo esforço que havia feito, embora Burns fosse magro e não muito pesado para ser carregado por um homem com força. Foi tomado por uma compaixão indescritível pelo homem.

– Ore, Burns... ore como nunca você orou! Nada mais poderá salvar você!

– Ah, Deus! Ore comigo. Me salve! Ah, me salve desse inferno! – clamou Burns.

E o bispo se ajoelhou ao lado dele e orou como só ele sabia orar.

Depois disso, eles se levantaram e Burns foi para seu quarto. De lá saiu à noitinha como se fosse uma criança cheia de vergonha. E o bispo saiu mais maduro daquela experiência, levando no corpo as marcas do Senhor Jesus. De fato, ele estava aprendendo o que significava andar nos passos de Jesus.

Mas e o bar? Continuava ali, com todos os outros que, enfileirados pela rua, eram como armadilhas para Burns. Por quanto tempo o homem conseguiria resistir ao cheiro daquela maldita? O bispo foi até a varanda. O ar de toda a cidade parecia impregnado do cheiro de cerveja.

– Por quanto tempo, ó Senhor, por quanto tempo? – orou.

O doutor Bruce apareceu, e os dois amigos conversaram sobre Burns e a tentação pela qual ele havia passado.

– Você já procurou se informar quem é o dono desse imóvel aqui ao lado? – perguntou o bispo.

– Não, não tive tempo. Vou fazer isso agora, se você achar que vale a pena. Mas o que podemos fazer, Edward, contra os bares desta grande cidade? São instituições tão sólidas quanto as igrejas ou a política. Quem teria poder para acabar com eles?

– Deus fará isso na hora certa, assim como Ele acabou com a escravidão – foi a resposta séria do bispo. – Enquanto isso, acho que temos o direito de saber quem é o dono desse bar tão perto da Comunidade.

– Vou descobrir – disse o doutor Bruce.

Dois dias depois, ele foi ao escritório de um dos membros da Igreja da Nazareth Avenue e perguntou se poderia vê-lo por alguns minutos. Foi recebido com cordialidade por seu antigo paroquiano, que o acolheu em sua sala e insistiu para que usasse o tempo que fosse necessário.

– Quis vê-lo para falar sobre aquele imóvel próximo à Comunidade onde o bispo e eu estamos vivendo agora, sabe. Vou ser o mais direto possível, porque a vida é muito curta e muito séria para termos alguma hesitação tola sobre esse assunto. Clayton, você acha certo alugar aquele imóvel para um bar?

A pergunta do doutor Bruce foi tão direta e firme quanto ele pretendia que fosse. O efeito disso em seu antigo paroquiano foi instantâneo.

Todo o sangue quente se concentrou no rosto do homem que estava sentado ali, debaixo de um quadro que retratava as atividades comerciais de uma grande cidade. Em seguida, ele empalideceu, pôs a cabeça entre as mãos e, quando a levantou novamente, uma lágrima escorreu por seu rosto, o que causou surpresa no doutor Bruce.

– Reverendo, o senhor sabia que eu assumi o compromisso naquela manhã junto com os outros?

– Sim, eu me lembro.

– Mas o senhor não faz ideia de como tenho sido atormentado por não conseguir manter esse compromisso. Esse imóvel onde está o bar tem sido uma tentação do diabo para mim. É o investimento que mais me dá retorno no momento. E, ainda assim, um minuto antes de o senhor chegar aqui, eu estava angustiado e com remorso, pensando em como estou deixando que um pequeno ganho neste mundo me leve a negar o próprio Cristo que prometi seguir. Eu sei muito bem que Ele nunca alugaria um imóvel para esse fim. Doutor Bruce, o senhor não precisa dizer nem mais uma palavra.

Clayton estendeu a mão para o doutor Bruce, que a segurou e apertou com força. Pouco depois, foi embora. Mas foi só muito tempo depois que soube de toda a verdade sobre a luta que Clayton enfrentava. Era apenas uma parte da história que pertencia à Igreja da Nazareth Avenue desde aquela manhã memorável em que o Espírito Santo sancionou o compromisso dos irmãos de seguirem os passos de Cristo. Nem mesmo o bispo nem o doutor Bruce, no meio agora daquela movimentação de Deus, sabiam que por toda aquela cidade pecaminosa o Espírito estava agindo com grande impacto, esperando que os discípulos respondessem ao chamado com sacrifício e com sofrimento, tocando corações há muito insensíveis e frios, incomodando homens de negócios e investidores em sua compulsão por buscarem mais riquezas e movendo-se pela igreja como nunca em toda a história da cidade. O bispo e o doutor Bruce já haviam visto algumas coisas maravilhosas no pouco tempo em que estavam envolvidos na Comunidade. Logo teriam revelações muito maiores e mais surpreendentes do poder divino do que imaginavam ser possíveis neste mundo.

Em um mês, o bar próximo à Comunidade foi fechado. O contrato de aluguel expirou, e Clayton não só fechou o imóvel para tal fim, mas ofereceu o prédio ao bispo e ao doutor Bruce para ser usado no trabalho da Comunidade, que agora havia crescido tanto que o prédio que haviam alugado já não era suficiente para as diferentes atividades industriais que estavam sendo desenvolvidas.

Uma das atividades mais importantes era a criação do departamento de alimentos naturais sugerido por Felicia. Nem um mês depois de

Clayton ter oferecido à Comunidade o imóvel onde ficava o bar, Felicia se viu instalada no mesmo local onde várias almas haviam se perdido como responsável não apenas pelo departamento de culinária, mas por um curso de serviços de limpeza para moças que precisavam trabalhar fora. Ela já era uma das moradoras da Comunidade, e encontrou um lar com a senhora Bruce e as outras jovens da cidade que moravam ali. Martha, a violinista, continuou no local onde o bispo encontrou-se com as duas meninas pela primeira vez e ia à Comunidade algumas noites para dar aulas de música.

– Felicia, conte-nos tudo o que você pretende fazer agora – disse o bispo em uma noite na qual, em um raro momento livre da grande pressão do trabalho, estava com o doutor Bruce, e Felicia chegou, vinda do outro prédio.

– Bem, há muito tempo tenho pensado no problema das moças que precisam trabalhar – disse Felicia com um ar de sabedoria que fez a senhora Bruce sorrir enquanto olhava para a beleza empolgante e vital dessa jovem, transformada em uma nova criatura pelo compromisso que havia assumido de levar uma vida semelhante à de Cristo. – E cheguei a certas conclusões a respeito disso que vocês ainda não são capazes de entender, mas a senhora Bruce vai me entender.

– Reconhecemos nossas limitações, Felicia. Continue – disse o bispo com humildade.

– Eis o que proponho fazer: o antigo prédio onde funcionava o bar tem espaço suficiente para se transformar em vários cômodos como os de uma casa normal. Meu plano é ajeitar o lugar e depois dar cursos de serviços domésticos e de culinária às moças que precisam trabalhar fora. Os cursos terão duração de seis meses; nesse período, ensinarei culinária básica, limpeza, rapidez e amor por um bom trabalho.

– Calma, Felicia! – interrompeu o bispo. – Não estamos mais na era dos milagres!

– Então vamos ressuscitá-la – respondeu Felicia. – Eu sei que isso parece impossível, mas quero tentar. Já sei de várias moças que vão fazer o curso e, se pudermos criar algo como um espírito de equipe entre elas, tenho certeza de que será de grande valor para elas. Eu já sei que a alimentação natural está fazendo uma revolução em muitas famílias.

– Felicia, se você conseguir realizar metade do que está propondo, você abençoará muito esta comunidade – disse a senhora Bruce. – Não sei como você vai conseguir, mas digo que Deus vai abençoá-la enquanto estiver tentando.

– É o que todos dizemos! – exclamaram o doutor Bruce e o bispo, e Felicia começou a se dedicar ao seu plano com o entusiasmo de seu discipulado que se tornava cada vez mais prático e útil a cada dia.

É preciso dizer aqui que o plano de Felicia foi um sucesso que superou todas as expectativas. Ela desenvolveu excelentes técnicas de persuasão e começou a ensinar suas alunas a fazer todos os tipos de trabalho doméstico com espantosa rapidez. Com o tempo, as moças que concluíam o curso de culinária de Felicia passaram a ser valorizadas por toda a cidade. Entretanto, estamos antecipando os fatos de nossa história. A história da Comunidade ainda não foi escrita. Quando for, a parte que cabe a Felicia será de grande importância.

O período mais rigoroso do inverno encontrou em Chicago, como toda grande cidade do mundo apresenta aos olhos da cristandade, o acentuado contraste entre riqueza e pobreza, entre cultura, refinamento, luxo e tranquilidade e ignorância, depravação, miséria e a amarga luta pelo pão. Era um inverno rigoroso, mas animado. Por um lado, nunca se viram tantas festas, recepções, bailes, jantares, banquetes, celebrações e momentos festivos. Jamais a ópera e o teatro haviam estado tão cheios de gente chique. Nunca tinha se visto uma exibição tão opulenta de joias, vestidos e acessórios finos. E, por outro lado, jamais a terrível carência e o sofrimento haviam sido tão cruéis, tão intensos, tão fatais. Os ventos nunca tinham soprado tão friamente sobre o lago e atravessado as finas paredes dos cortiços na vizinhança da Comunidade. Jamais a necessidade de comida, de abrigo e de roupas havia acometido de maneira tão urgente o povo da cidade em sua forma mais inoportuna e devastadora. Noite após noite, o bispo e o doutor Bruce, acompanhados de seus ajudantes, saíam e salvavam homens, mulheres e crianças da tortura da privação física. Grandes quantidades de roupas e de alimentos e grandes somas de dinheiro eram doados pelas igrejas, pelas instituições de caridade, pelas autoridades civis e pelas associações filantrópicas. Era muito difícil, porém, assegurar o contato pessoal dos discípulos cristãos. Onde estava o discipulado que obedecia à ordem do Mestre de ir ao encontro dos que sofrem e se doar com os próprios dons para que se tornassem valiosos no futuro? O bispo sentia uma dor no coração enquanto encarava esse fato mais do que qualquer outra pessoa. As pessoas doavam dinheiro, mas não consideravam a possibilidade de se doarem. E o dinheiro que doavam não representava nenhum sacrifício real, porque não lhes fazia falta alguma. Elas doavam o que era mais fácil doar, o que as afetava menos. Onde estava o sacrifício? Isso era seguir os passos de Jesus? Era andar com Ele o tempo todo? Ele mantinha contato com os membros de suas congregações aristocráticas e esplendidamente opulentas e ficava horrorizado com o número tão pequeno de homens e de mulheres daquela classe luxuosa nas igrejas que de fato sofriam qualquer inconveniência com o sofrimento humano. Caridade é doar roupas velhas? É uma nota de dez dólares dada a um funcionário de alguma organização filantrópica na igreja? O homem nunca deveria ir e se doar pessoalmente? A mulher nunca deveria se privar de uma recepção, festa ou concerto, ir e de fato tocar a ferida pecaminosa e repugnante da humanidade enferma enquanto exposta na grande metrópole? A caridade deveria ser feita de maneira conveniente e fácil por meio de alguma organização? É possível organizar os afetos para que o amor opere em situações desagradáveis por meio de uma procuração?

Tudo isso o bispo se perguntava enquanto mergulhava cada vez mais fundo no pecado e na tristeza daquele inverno rigoroso. Ele estava carregando sua cruz com alegria. Mas se consumia e lutava em seu íntimo ao ver que muitos transferiam a responsabilidade do amor pessoal para os poucos dispostos a servir. E, ainda assim, de forma silenciosa, poderosa, irresistível, o Espírito Santo se movia pelas igrejas, embora seus membros aristocráticos, ricos e amantes da facilidade evitassem os terrores dos problemas sociais como se estivessem evitando uma doença contagiosa.

Certa manhã, esse fato foi percebido com espanto pelos que trabalhavam na Comunidade. Talvez nenhum incidente daquele inverno mostrasse com mais clareza o ímpeto já causado pelo movimento da Igreja da Nazareth Avenue e pelas ações do reverendo Bruce e do bispo que cumpriam o compromisso de fazer o que Jesus faria.

CAPÍTULO 29

O café da manhã na Comunidade era a única hora do dia em que todos encontravam um pouco de tempo para recuperar o fôlego e ter um pouco de comunhão. Era um momento para relaxar. Havia conversas boas e animadas, senso de humor e muita diversão nessa hora. O bispo contava suas melhores histórias. O doutor Bruce era ótimo para contar casos engraçados. Esse era um grupo de discípulos bem-humorados, a despeito da atmosfera de tristeza que os cercava o tempo todo. Na verdade, o bispo muitas vezes dizia que o bom humor era um dom dado por Deus como qualquer outro e, em seu caso específico, era a única válvula de escape para a grande pressão sob a qual vivia.

Nessa manhã em particular, ele estava lendo em voz alta trechos de um jornal para que todos pudessem ficar informados. De repente, parou e no mesmo instante mostrou uma expressão séria e triste. Todos ergueram os olhos, e fez-se um grande silêncio à mesa.

– "Morto a tiros enquanto saqueava carvão de um vagão! Família passava frio, e homem não trabalhava havia seis meses. A esposa e os seis filhos dividem um barraco apertado no West Side. Uma das crianças dorme enrolada em trapos em um armário!"

Estas eram as manchetes que ele lia devagar. Em seguida, leu o relato detalhado sobre o tiroteio e a visita feita pelo repórter ao cortiço onde a família morava. Ao terminar a leitura, houve silêncio em torno da mesa. O momento espirituoso desapareceu diante desse fragmento da tragédia humana. A cidade grande rugia para a Comunidade. Um grande fluxo de pessoas passava pela Comunidade como se fosse uma correnteza, e os que tinham emprego se apressavam em meio à multidão para chegar ao trabalho. Entretanto, milhares eram arrastados por aquela correnteza, agarrando-se às últimas esperanças e morrendo literalmente em uma terra de fartura porque lhes havia sido negada a dádiva do trabalho.

Houve vários comentários dos moradores da Comunidade. Um dos recém-chegados, um jovem que se preparava para o ministério, disse:

– Por que o homem não pediu ajuda a uma das instituições de caridade? Ou aos órgãos competentes da cidade? Com certeza não é verdade que, por pior que seja, essa cidade cheia de cristãos permitiria conscientemente que alguém ficasse sem comida ou combustível.

– Não, eu não acredito nisso – respondeu o doutor Bruce. – Mas nós não sabemos bem o que aconteceu com esse homem. Talvez ele tenha pedido ajuda tantas vezes antes disso que, por fim, em um momento de desespero, decidiu resolver o assunto por conta própria. Eu soube de vários casos assim neste inverno.

– E isso não é o pior dessa história – disse o bispo. – O pior é que o homem não tinha um trabalho havia seis meses.

– Por que essas pessoas não tentam a vida no campo? – perguntou o estudante de Teologia.

Uma pessoa à mesa que havia realizado um estudo especial sobre as oportunidades de trabalho no país respondeu à pergunta. De acordo com ela, os lugares no campo onde havia empregos fixos eram pouquíssimos, e, em quase todos os casos, esses empregos eram oferecidos a homens solteiros e sem filhos. Suponha que a esposa ou os filhos estivessem doentes. Como esse homem poderia se mudar para o campo?

Como pagaria pelo transporte, por mais barato que fosse, de seus poucos bens? É provável que houvesse mil razões para esse homem do jornal ter permanecido onde estava.

– E lá ficaram a esposa e os filhos – comentou a senhora Bruce.

– Que coisa horrível! Onde você disse que fica esse lugar?

– Fica só a três quarteirões daqui. É no "distrito de Penrose". Eu acho que o próprio Penrose é dono de metade das casas daquele quarteirão. Lá estão as piores casas dessa parte da cidade. E Penrose é membro de igreja.

– Sim, ele é membro da Igreja da Nazareth Avenue – disse o doutor Bruce em voz baixa.

O bispo levantou-se da mesa como se fosse a própria ira divina. Abriu os lábios para fazer denúncias que raramente fazia quando a campainha tocou e um dos moradores foi até a porta.

– Diga ao doutor Bruce e ao bispo que eu gostaria de vê-los. Eu me chamo Penrose... Clarence Penrose. O doutor Bruce me conhece.

A família à mesa do café ouviu cada palavra. O bispo trocou um olhar com o doutor Bruce, e os dois deixaram imediatamente a mesa e foram até a entrada.

– Entre, Penrose – disse o doutor Bruce, e eles levaram o visitante à sala de recepção, fecharam a porta e ficaram sozinhos.

Clarence Penrose era um dos homens mais elegantes de Chicago. Vinha de uma família aristocrática que tinha muitas posses e distinção social. Era extremamente rico e tinha muitos imóveis em diversas partes da cidade. Era membro da igreja do doutor Bruce havia muitos anos. Ele ficou diante dos dois ministros com um olhar muito agitado que denunciava claramente alguma experiência fora do comum. Estava muito pálido e seus lábios tremiam enquanto falava. Quando foi que Clarence Penrose havia cedido a uma emoção tão estranha?

– Esse tiroteio! Vocês ficaram sabendo? Leram alguma coisa a respeito? A família morava em uma de minhas casas. É um acontecimento terrível. Mas este não é o principal motivo de minha visita.

Ele gaguejava e olhava ansioso para os dois homens. O bispo ainda estava sério. Não conseguia deixar de pensar que esse homem elegante e dado aos prazeres da vida poderia ter feito muita coisa para aliviar os horrores que se passavam em seus cortiços e, talvez, impedido essa tragédia, se tivesse sacrificado parte de seu conforto e de seu luxo para melhorar as condições das pessoas que viviam em seu distrito.

Penrose virou-se para o doutor Bruce.

– Doutor! – exclamou, e sua voz soava quase como a de uma criança apavorada. – Vim aqui contar que tive uma experiência tão incomum que só o sobrenatural pode explicá-la. O senhor se lembra de que fui um dos que assumiram o compromisso de fazer o que Jesus faria. Pensei na época, em minha tolice, que eu vinha fazendo o que era cristão. Eu fazia doações generosas para a igreja e para as instituições de caridade. Nunca me doei pessoalmente a ponto disso me causar algum sofrimento. Tenho vivido um verdadeiro inferno de contradições desde que assumi o compromisso. Minha filhinha Diana, o senhor deve se lembrar, também assumiu o compromisso comigo. Ela tem me feito muitas perguntas ultimamente sobre os pobres e onde eles moram. Fui obrigado a responder. Uma das perguntas que ela me fez ontem à noite tocou em uma de minhas feridas! "O senhor é dono de alguma casa onde esses pobres moram? A casa deles é boa e quentinha como a nossa?" O senhor sabe que crianças fazem perguntas assim. Fui para a cama atormentado com o que agora reconheço serem flechas divinas em minha consciência. Eu não conseguia dormir. Era como se eu estivesse no Dia do Juízo. Eu estava diante do Juiz. Ele me pediu que prestasse contas de minhas ações nesta vida. "Quantas almas pecadoras eu havia visitado na prisão? O que eu havia feito com o que tinha para administrar? E aqueles cortiços onde as pessoas passavam frio no inverno e ficavam sufocadas no verão? Alguma vez pensei nelas exceto quando era para receber o aluguel? Onde estava meu sofrimento? Jesus teria feito o que eu fiz e estava fazendo? Eu havia rompido meu compromisso? Como havia usado o dinheiro, a cultura e a influência social que tinha?

Havia usado isso para abençoar as pessoas, aliviar o sofrimento, trazer alegria aos aflitos e esperança aos desesperados? Eu havia recebido muito. Quanto tinha dado?"

– Tudo isso me ocorreu em uma visão enquanto eu estava acordado e foi tão clara quanto a visão que tenho agora de vocês dois e de mim mesmo. Não consegui perceber o fim da visão. Vi uma imagem mental confusa do Cristo sofredor apontando um dedo para me condenar, e o resto estava envolto em névoa e escuridão. Não durmo há 24 horas. A primeira coisa que vi nesta manhã foi o relato do tiroteio no depósito de carvão. Li a matéria com um sentimento de horror que não consegui esquecer. Sou culpado diante de Deus.

Penrose, de repente, fez uma pausa. Os dois olhavam para ele solenemente. Como o poder do Espírito Santo havia tocado a alma desse homem até então autossuficiente, elegante e culto que levava uma vida social tranquila, não se preocupava com as terríveis tristezas de uma cidade grande e praticamente não sabia o que significa sofrer por causa de Jesus? Sobre a sala sentiu-se um sopro como o que passou pela igreja de Henry Maxwell e pela Igreja da Nazareth Avenue. O bispo pôs a mão no ombro de Penrose e disse:

– Meu irmão, Deus está bem perto de você. Vamos agradecer-lhe por isso.

– Sim! Sim! – soluçou Penrose. Sentou-se em uma cadeira e cobriu o rosto. O bispo orou. Em seguida, Penrose perguntou tranquilamente:

– Os senhores podem ir comigo até aquela casa?

Como resposta, os dois vestiram os casacos e foram com ele à casa da família do homem morto.

Esse era o começo de uma vida nova e estranha para Clarence Penrose. A partir do momento em que pôs os pés naquele barraco miserável e deparou pela primeira vez na vida com o desespero e o sofrimento tal como na matéria que havia lido, mas que não conhecia pessoalmente, ele passou a ter uma nova vida. Seria outra longa história contar como, em obediência ao compromisso que havia assumido, ele começou a fazer com seus imóveis o que sabia que Jesus faria. O que Jesus faria se fosse dono de imóveis como aqueles em Chicago ou em qualquer outra cidade grande do mundo? Qualquer homem capaz de imaginar respostas verdadeiras a essa pergunta pode dizer facilmente o que Clarence Penrose começou a fazer.

Antes que o inverno chegasse ao período mais crítico, aconteceram muitas coisas na cidade em relação à vida de todos os personagens desta história dos discípulos que prometeram andar nos passos de Jesus.

Por uma daquelas coincidências que parecem acontecer graças ao sobrenatural, certa tarde, quando Felicia saía da Comunidade com um cesto de alimentos que deixaria como amostra para um padeiro do distrito de Penrose, Stephen Clyde abriu a porta da carpintaria no porão e saiu a tempo de encontrá-la quando ela chegava à calçada.

– Por favor, deixe-me levar o cesto para você – ofereceu ele.

– Por que você diz "por favor"? – perguntou Felicia ao entregar-lhe o cesto enquanto caminhavam lado a lado.

– Eu gostaria de dizer outra coisa – respondeu Stephen, olhando para ela com timidez e, ao mesmo tempo, com uma ousadia que o assustava, pois estava amando Felicia mais a cada dia desde que a viu pela primeira vez e, sobretudo, desde que ela foi à carpintaria com o bispo, e, depois de algumas semanas, ali estavam eles na companhia um do outro.

– O quê? – perguntou Felicia, inocente, caindo na armadilha de Stephen.

– Ora... – disse ele, virando o rosto belo e nobre na direção de Felicia e olhando para ela como quem tinha o melhor de tudo que existe no mundo –, eu gostaria de dizer: "Deixe-me levar o cesto para você, minha querida Felicia".

Felicia nunca pareceu tão bonita em toda a sua vida. Deu alguns passos sem virar o rosto na direção dele. Não era segredo que havia entregado seu coração a Stephen há algum tempo. Por fim, virou-se e perguntou timidamente, com o rosto rosado e os olhos ternos:

– Por que você não diz isso, então?

– Posso? – perguntou Stephen, e, ao se descuidar por um minuto no modo de segurar o cesto, Felicia exclamou:
– Sim! Mas, olhe lá, não vá deixar cair as minhas guloseimas!
– Ora, eu não deixaria cair algo tão precioso para o mundo, minha querida Felicia – disse Stephen, que agora começara a andar nas nuvens por vários quarteirões, e o que falaram durante esse trajeto é uma conversa particular que não temos o direito de saber.

Só para constar na história, devemos dizer que, naquele dia, o cesto nunca chegou ao seu destino e que, no final da tarde, na direção contrária, o bispo vinha do distrito de Penrose, caminhando tranquilamente por um local isolado, perto da periferia do distrito da Comunidade, quando ouviu uma voz familiar:

– Mas me conte, Felicia, quando foi que você começou a gostar de mim?

– Eu me apaixonei quando vi você naquele dia na oficina com uma lasquinha de madeira abaixo da orelha! – disse a outra voz com um riso tão claro, tão puro, tão doce que fazia bem ouvi-la.

– Aonde vocês vão com esse cesto? – perguntou o bispo, tentando um ar sério.

– Estamos levando para... para onde estávamos levando esse cesto, Felicia?

– Meu caro bispo, estamos levando-o para casa para começar...

– Para começar os nossos arranjos domésticos – concluiu Stephen, vindo em socorro dela.

– É mesmo? – perguntou o bispo. – E espero que vocês me convidem para participar disso. Eu sei que Felicia cozinha muito bem.

– Bispo, meu caro bispo! – exclamou Felicia, sem intenção de esconder sua felicidade. – Na verdade, o senhor será o nosso convidado de honra. Satisfeito?

– Sim, estou – respondeu, interpretando as palavras de Felicia como ela desejava. Em seguida, fez uma pausa por um instante e disse com gentileza:

– Deus abençoe vocês dois! – e seguiu seu caminho com lágrimas nos olhos e uma oração no coração, e os deixou ali para desfrutar da alegria que sentiam.

Sim. O mesmo poder divino do amor que pertence à terra não deveria ser vivido e cantado pelos discípulos do Homem de Dores (Is 53.3), que suportou o peso de nossos pecados? Sim, com certeza! E esse rapaz e essa moça andarão de mãos dadas por esse grande deserto de aflição humana nesta cidade, fortalecendo um ao outro, tornando-se mais amorosos com a experiência das tristezas do mundo, seguindo ainda mais de perto os passos de Jesus por causa do amor que eles têm um pelo outro, trazendo mais bênçãos aos milhares de criaturas miseráveis, pois formarão um lar para compartilhar com os que não têm um teto. "Por essa razão", diz nosso Senhor Jesus Cristo, "o homem deixará pai e mãe e se unirá à sua mulher, e os dois se tornarão uma só carne" (Mt 19.5). Felicia e Stephen, seguindo o Mestre, amam-no com uma disposição para servir e uma devoção mais profunda e mais verdadeira por causa da afeição terrena que o próprio céu sanciona com sua bênção solene.

Mas foi pouco depois de a história de amor ter se tornado parte da glória da Comunidade que Henry Maxwell, de Raymond, foi a Chicago, acompanhado por Rachel Winslow, Virginia Page, Rollin, Alexander Powers e o diretor Marsh, para uma reunião memorável na Comunidade, organizada pelo bispo e pelo doutor Bruce, que finalmente haviam convencido o senhor Maxwell e seus discípulos em Raymond a comparecer a essa reunião.

Foram convidados para a reunião na Comunidade, que ocorreria naquela noite, desempregados, pobres criaturas que haviam perdido a fé em Deus e nos homens, anarquistas e incrédulos, livres-pensadores e não pensadores. Quando a reunião começou, Henry Maxwell e os outros discípulos se viram diante dos representantes de tudo o que havia de pior na cidade, os elementos mais perdidos, mais perigosos e mais depravados. E, ainda assim, o Espírito Santo se moveu sobre a cidade grande, egoísta, amante dos prazeres e manchada pelo pecado, mas que estava nas mãos de Deus, sem ter ideia do que a esperava. Todos os homens e mulheres presentes na reunião daquela noite viram o lema da Comunidade fixado na porta de entrada pelo estudante de Teologia: "O que Jesus faria?".

E Henry Maxwell, ao passar pela porta, foi tomado por uma grande emoção que tinha sentido havia muito tempo quando se lembrou da primeira vez que essa pergunta veio à tona no apelo lastimoso feito pelo jovem maltrapilho que havia aparecido na Primeira Igreja de Raymond no culto da manhã.

Seu grande desejo por comunhão seria atendido? O movimento iniciado em Raymond de fato se espalharia pelo país? Ele havia vindo a Chicago com seus amigos em parte para ver se a resposta a essa pergunta seria encontrada no coração da vida que havia na cidade grande. Em alguns minutos, estaria diante daquelas pessoas. Havia se fortalecido e estava calmo desde que falara pela primeira vez, com tremor, àquele grupo de operários da estrada de ferro, mas agora, como naquele momento, fazia uma oração mais íntima em que pedia ajuda. Então, entrou e, com o restante dos discípulos, experimentou um dos maiores e mais importantes eventos da vida neste mundo. De algum modo, sentiu como se essa reunião indicasse parte de uma resposta à sua constante pergunta: "O que Jesus faria?". E, naquela noite, enquanto olhava para o rosto de homens e mulheres que durante anos foram estranhos à igreja e inimigos dela, clamou: "Ó, meu Mestre, ensina à igreja, à tua igreja, como seguir melhor teus passos!". Essa oração de Henry Maxwell seria respondida? A igreja na cidade responderia ao chamado para seguir Jesus? A igreja escolheria seguir seus passos de dor e de sofrimento? E, entretanto, o Espírito operava por toda a cidade. Ó, cidade, não o entristeça! Pois Ele nunca esteve tão disposto a revolucionar este mundo como está agora!

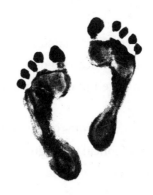

CAPÍTULO 30

"Ao ouvir isso, disse-lhe Jesus: 'Falta-lhe ainda uma coisa. Venda tudo o que você possui e dê o dinheiro aos pobres, e você terá um tesouro nos céus. Depois venha e siga-me'." (Lc 18.22)

Quando Henry Maxwell começou a falar para as pessoas que lotaram o salão da Comunidade naquela noite, é difícil dizer se ele já havia estado diante de uma plateia como essa em toda a sua vida. É quase certo que não havia na cidade de Raymond pessoas tão diferentes. Nem mesmo no Retângulo havia tantos homens e mulheres que estavam completamente fora do alcance da igreja, de toda a influência religiosa e até mesmo de qualquer influência cristã.

Sobre o que ele falou? Já havia decidido isso. Com a linguagem mais simples possível, mencionou alguns dos resultados da obediência ao compromisso que foi assumido em Raymond. Todo homem e toda mulher naquela plateia já haviam ouvido falar de Jesus Cristo. Todos tinham alguma noção do caráter de Jesus, e, por mais ressentidos que estivessem em relação às formas eclesiásticas do cristianismo ou ao sistema social, preservavam certa noção do que era justo e verdadeiro, e o pouco que alguns deles ainda retinham havia sido extraído dos ensinamentos do Homem da Galileia.

Assim, todos estavam interessados no que Maxwell dizia. "O que Jesus faria?" Ele começou a aplicar a pergunta ao problema social em geral, logo depois de terminar a história de Raymond. A plateia permanecia respeitosamente atenta. Mais do que isso, demonstrava um interesse verdadeiro. Enquanto o senhor Maxwell prosseguia, rostos por todo o salão se inclinavam para a frente de uma maneira quase nunca vista nas reuniões da igreja ou em qualquer outro lugar, exceto entre os trabalhadores ou os moradores de rua, uma vez que estavam completamente agitados. "O que Jesus faria?" Suponha que esse fosse o lema não apenas das igrejas, mas também dos homens de negócios, dos políticos, dos jornalistas, dos trabalhadores, das pessoas da sociedade: quanto tempo levaria para esse padrão de conduta revolucionar o mundo? Qual era o principal problema com o mundo? Era sofrer de egoísmo. Ninguém que já tenha vivido conseguiu vencer o egoísmo como Jesus. Se os homens seguissem o exemplo dele, quaisquer que fossem os resultados, o mundo começaria a desfrutar de uma vida nova.

Maxwell não sabia como era importante manter a atenção respeitosa daquele salão cheio de pessoas doentes e pecadoras. O bispo e o doutor Bruce, sentados ali, observando, vendo muitos rostos que representavam o desprezo pela fé, o ódio da ordem social, a desesperada limitação e o egoísmo, estavam maravilhados pelo fato de, tão rapidamente, sob a influência da vida na Comunidade, o processo de sensibilização já haver começado a atenuar a amargura dos corações, que haviam ficado assim por causa da negligência e da indiferença.

E, ainda assim, a despeito da demonstração externa de respeito ao orador, ninguém, nem mesmo o bispo, podia ter a menor ideia dos sentimentos envolvidos naquela sala naquela noite. Entre os que ouviram falar da reunião e responderam ao convite, estavam vinte ou trinta homens desempregados que haviam passado pela Comunidade naquela tarde, lido o anúncio da reunião e entrado por curiosidade e para escapar do frio que o vento do Leste trazia. Era uma noite muito fria, e os bares estavam cheios. Entretanto, em todo o distrito com mais de trinta mil pessoas, com exceção dos bares, a única porta aberta era a porta clara e pura dos cristãos da Comunidade. Para onde iria um homem sem teto, sem trabalho ou sem amigos que não fosse para o bar?

Era costume na Comunidade que houvesse uma discussão livre após qualquer reunião aberta desse tipo, e, quando o senhor Maxwell terminou e se sentou, o bispo, que dirigia a reunião naquela noite, levantou-se e declarou que qualquer pessoa no salão tinha a liberdade para fazer perguntas, expressar seus sentimentos ou declarar suas convicções, sempre dando a entender que quem participasse dessa forma deveria observar as regras simples que regiam órgãos parlamentares e obedecer ao limite de três minutos que, de comum acordo, seria cedido a cada pessoa por causa do grande número de presentes.

No mesmo instante, vários homens que haviam participado de reuniões anteriores desse tipo exclamaram: "Apoiado! Apoiado!".

O bispo sentou-se, e logo em seguida um homem quase no meio do salão levantou-se e começou a falar.

– Eu quero dizer que vivi de perto o que o senhor Maxwell relatou nesta noite. Eu conhecia Jack Manning, o rapaz sobre quem ele falou e que morreu na casa dele. Trabalhei com ele em uma gráfica na Filadélfia por dois anos, Jack era um bom rapaz. Ele me emprestou cinco dólares uma vez, quando eu estava passando dificuldades, e nunca tive a chance de devolvê-los. Ele se mudou para Nova Iorque por causa de uma troca na administração da empresa que levou à sua demissão, e eu nunca mais o vi. Quando chegaram as máquinas de linotipo, eu fui um dos que também perderam o emprego, assim como havia acontecido com ele. Desde aquela época, passo a maior parte do tempo desempregado. Dizem que as invenções são boas. Nem sempre concordo com isso, mas acho que o problema sou eu. Pensar assim é natural quando se perde um emprego estável para uma máquina. Sobre esse cristianismo do qual ele fala, tudo bem. Mas eu nunca espero ver tais sacrifícios por parte do povo da igreja. Até onde eu sei, os cristãos são tão egoístas e tão gananciosos por dinheiro e sucesso no mundo quanto qualquer outro. Eu tiraria dessa lista o bispo, o doutor Bruce e alguns outros. Mas nunca vi muita diferença entre as pessoas do mundo, como são chamadas, e os membros da igreja quando o assunto é fazer negócios e ganhar dinheiro. São todos "farinha do mesmo saco".

Gritos do tipo "é isso mesmo!", "você está certo!", "com certeza!" interromperam o homem, e, no instante em que ele se sentou, dois homens que haviam acabado de se sentar no chão antes de ele parar de falar se levantaram e começaram a falar ao mesmo tempo.

O bispo pediu ordem e mostrou qual dos dois deveria voltar a se sentar no chão. O homem que permaneceu em pé começou a falar de modo ansioso:

– Esta é a primeira vez que venho aqui, e pode ser a última. A verdade é que já estou quase acabado. Perambulei por esta cidade atrás de um emprego até ficar doente. Há muitos na mesma situação. Se não tiver problema, eu gostaria de fazer uma pergunta ao ministro. Acho que é justo. Posso?

– É o senhor Maxwell que vai dizer se pode – disse o bispo.

– Com certeza – respondeu o senhor Maxwell rapidamente. – Mas não posso garantir que a minha resposta deixará o senhor satisfeito.

– A minha pergunta é a seguinte. – O homem se inclinou para a frente e estendeu um dos braços, exibindo uma força impressionante que era natural de sua condição como ser humano. – Eu quero saber o que Jesus faria no meu caso. Faz dois meses que não trabalho. Tenho esposa e três filhos, e eu os amo como se fossem a minha própria vida. Tenho vivido com um dinheirinho que economizei nos meus últimos empregos. Sou carpinteiro por profissão e já tentei de todo jeito conseguir um emprego. O senhor disse que devemos seguir o lema: "O que Jesus faria?". O que Ele faria se estivesse desempregado como eu? Não posso fingir ser outra pessoa para poder fazer a pergunta. Eu quero trabalhar. Daria tudo para chegar cansado depois de dez horas de trabalho por dia como fazia antes. Eu tenho culpa de não conseguir trabalho sozinho? Preciso viver, e a minha esposa e os meus filhos também. Mas como? O que Jesus faria? O senhor diz que é a pergunta que devemos fazer.

O senhor Maxwell ficou sentado ali, olhando para o grande mar de rostos voltados para sua direção, e nenhuma resposta à pergunta desse homem parecia possível nesse momento. "Ó, Deus!", orou em seu coração; "esta é uma pergunta que traz à tona todo o problema social com todas as suas complicações causadas por erros humanos e sua condição contrária a todo desejo de Deus para o bem-estar do ser humano. Existe condição mais terrível para um homem saudável, capaz e afoito para trabalhar, sem meios de se sustentar honestamente se não por meio do trabalho, do que não conseguir nada para fazer e ficar sujeito a uma destas condições: mendigar, depender da caridade de amigos ou de estranhos, suicidar-se ou morrer de fome? 'O que Jesus faria?'". Era uma pergunta justa para o homem fazer. Era a única que ele podia fazer, supondo que fosse um discípulo de Jesus. Mas que pergunta complicada para alguém responder sob tais circunstâncias!

Henry Maxwell refletia sobre tudo isso e muitas outras questões. Todos os outros pensavam na mesma coisa. O bispo ficou sentado ali com um olhar tão austero e triste que não era difícil perceber como a pergunta o havia comovido. O doutor Bruce ficou cabisbaixo. Desde que assumiu o compromisso e deixou sua igreja para participar da Comunidade, o problema humano nunca lhe pareceu tão trágico. O que Jesus faria? Era uma questão terrível. E, ainda assim, o homem permanecia lá, alto, magro, esquálido, com o braço estendido em um apelo que se tornava mais significativo a cada segundo. Finalmente, o senhor Maxwell perguntou.

– Há algum homem aqui, que seja um discípulo cristão, que tenha estado na mesma condição e tentado fazer o que Jesus faria? Se sim, esse homem pode responder a essa pergunta melhor do que eu.

Fez-se um silêncio momentâneo e, em seguida, um homem quase na frente do salão levantou-se devagar. Era um idoso, e a mão que ele usou para se apoiar no encosto do banco à sua frente tremia enquanto falava.

– Eu acho que posso dizer com certeza que muitas vezes estive exatamente nessa condição e sempre tentei agir como um cristão sob todas as circunstâncias. Não sei se sempre me fiz a pergunta "O que Jesus faria?" quando estive desempregado, mas sei que tentei ser discípulo de Cristo o tempo todo. Sim – continuou com um sorriso triste, que era mais comovente para o bispo e para o senhor Maxwell do que o desespero desgostoso do homem mais jovem –, sim, eu mendiguei, procurei instituições de caridade e fiz de tudo enquanto estive desempregado, exceto roubar e mentir, para conseguir comida e algo para me aquecer. Não sei se Jesus teria feito algumas das coisas que fui obrigado a fazer para sobreviver, mas sei que nunca fiz conscientemente algo errado quando estava desempregado. Às vezes, acho que Ele teria passado fome antes de mendigar. Não sei.

A voz do homem tremia, e ele olhava em volta com timidez. Um silêncio se seguiu, interrompido pela voz forte de um homem grande, de cabelos pretos e barba comprida, sentado a três bancos do bispo. No momento em que começou a falar, quase todos no salão se inclinaram para a frente com interesse. O que havia feito a pergunta "O que Jesus faria no meu caso?" sentou-se devagar e sussurrou para o homem ao seu lado:

– Quem é esse homem?

– É Carlsen, o líder socialista. Agora se prepare para ouvir algo interessante.

– Pra mim, isso tudo é bobagem – começou Carlsen, enquanto a barba comprida e crespa tremia por causa da profunda raiva que sentia. – Todo o nosso sistema está falido. O que chamamos de civilização está podre. Não adianta tentar esconder ou encobrir isso. Vivemos em uma época em que as relações comerciais nas empresas e a ganância capitalista simplesmente implicam a morte de milhares de homens, mulheres e crianças inocentes. Eu agradeço a Deus, se é que existe um Deus, o que duvido muito, por pelo menos eu nunca ter tido coragem de me casar e formar uma família. Família! Uma coisa do inferno! Existe algo pior do que isso pelo que esse homem e seus três filhos estão passando neste momento? E ele é apenas um entre milhares. E mais, esta cidade e todas as outras cidades grandes deste país têm milhares de cristãos professos que vivem no luxo e no conforto, vão à igreja aos domingos e cantam seus hinos em que dizem que vão entregar tudo a Jesus, carregar a cruz, segui-lo até o fim e ser salvos! Não digo que não haja gente boa no meio deles, mas garanto que, se o ministro que nos falou nesta noite fosse a qualquer uma dessas igrejas aristocráticas que eu poderia citar e propusesse aos membros que aceitassem esse compromisso como o que ele mencionou aqui, ele veria a rapidez com que as pessoas ririam dele, chamando-o de tolo, pirado ou fanático. Ah, não! Essa não é a solução. Isso nunca leva a nada. Temos que começar do zero, partindo do governo. A estrutura toda precisa ser reconstruída. Não espero que uma reforma que valha algo venha das igrejas. Elas não estão do lado do povo. Estão do lado dos aristocratas, dos homens do dinheiro. Empresas e monopólios têm seus melhores indivíduos dentro das igrejas. Os pastores como uma classe são escravos deles. Nós precisamos de um sistema que tenha como base comum o socialismo, alicerçado nos direitos das pessoas comuns...

Carlsen evidentemente se esqueceu da regra dos três minutos e estava iniciando um discurso frequente que, de acordo com a plateia que já estava familiarizada com ele, levaria pelo menos uma hora, quando o homem logo atrás dele o puxou para baixo sem cerimônia e se levantou. Carlsen ficou contrariado a princípio e ameaçou causar um pequeno tumulto, mas o bispo fez que se lembrasse da regra, e ele cedeu, murmurando várias coisas no meio daquela barba, enquanto o próximo orador iniciava seu discurso enérgico e agradável defendendo a importância de um imposto único como a solução para todos os males sociais. Ele foi seguido por um homem que fez um ataque voraz às igrejas e aos pastores e declarou que os dois grandes obstáculos para a verdadeira reforma social eram os tribunais e as máquinas eclesiásticas.

Quando se sentou, um homem que tinha todos os sinais de um trabalhador de rua levantou-se abruptamente e despejou uma enxurrada de insultos sobre as empresas, sobretudo as ferroviárias. Assim que seu tempo acabou, um sujeito grande e musculoso, que se apresentou como ferreiro por profissão, pediu a palavra e afirmou que a solução para os problemas sociais era o sindicalismo. Os sindicatos, disse ele, garantiriam o avanço da classe trabalhadora mais do que qualquer outra coisa. O próximo a falar esforçou-se para dar alguns motivos pelos quais tantas pessoas estavam desempregadas e condenou as inovações tecnológicas, considerando-as coisas do diabo. Foi aplaudido com grande entusiasmo pelos demais.

Finalmente, o bispo encerrou o tempo que as pessoas tinham para se manifestar e pediu a Rachel que cantasse.

Rachel Winslow havia se tornado uma cristã muito forte, madura e humilde durante aquele ano maravilhoso em Raymond, desde o domingo em que havia assumido o compromisso de fazer o que Jesus faria, e seu grande talento para a música foi totalmente consagrado ao serviço do Mestre. Quando começou a cantar naquela reunião na Comunidade, ela nunca havia orado com tanta fé para que sua voz surtisse efeito, a voz que ela agora considerava ser a do Mestre, para ser usada por Ele.

Com certeza, sua oração estava sendo respondida enquanto ela cantava. Dizia o hino que ela havia escolhido:

"Ouve, a voz divina clama: Quem deseja trabalhar[6]".

Mais uma vez, Henry Maxwell, ali sentado, lembrou-se de sua primeira noite na tenda do Retângulo, quando Rachel cantou e as pessoas ficaram em silêncio. O efeito foi o mesmo. Que poder maravilhoso exerce sempre uma boa voz consagrada ao serviço do Mestre! A grande habilidade natural de Rachel poderia tê-la transformado em uma das cantoras de ópera mais famosas da época. Com certeza, as pessoas ali nunca haviam ouvido uma

---

6   Versão usada no HCC (Hinário para o Culto Cristão), hino 537. (N.T.)

melodia como essa. Como era possível? As pessoas da rua que entravam no salão sentavam-se hipnotizadas por uma voz que "lá no mundo", como dizia o bispo, nunca poderia ser ouvida por gente comum, pois quem a agenciava cobraria muito bem por esse privilégio. A música fluía pelo salão de forma tão livre e agradável que era como se fosse uma prévia da própria salvação. Carlsen ergueu o rosto grande com a barba negra e começou a absorver a música com o profundo amor que era típico de sua nacionalidade, e lágrimas escorriam e reluziam quando chegavam à barba, enquanto seu rosto se suavizava e se tornava quase nobre. O homem desempregado, que queria saber o que Jesus faria em seu lugar, permaneceu sentado com a mão suja apoiada no encosto do banco à sua frente, a boca um pouco aberta, e sua grande tragédia esquecida por um instante. A música, enquanto durou, serviu de alimento, trabalho, calor e comunhão com a esposa e os filhos mais uma vez. O homem que havia se pronunciado de maneira tão impetuosa contra as igrejas e os pastores sentou-se com a cabeça erguida, com uma fria resistência a princípio, como se relutasse em ser apresentado a qualquer coisa que estivesse, ainda que remotamente, ligada à igreja ou às suas formas de adoração. Entretanto, aos poucos, foi cedendo ao poder que estava dominando o coração de todas as pessoas naquele salão e logo expressou um olhar triste de ponderação.

Enquanto Rachel cantava, o bispo disse naquela noite que, se o mundo da humanidade pecadora, doente, depravada e perdida pudesse ouvir a pregação do evangelho nas vozes de sopranos consagradas e de tenores, contraltos e baixos profissionais, ele acreditava que isso aceleraria a vinda do Reino mais do que qualquer outra força.

"Por que, ah, por quê?", clamava em seu coração enquanto ouvia o hino. "Por que o grande tesouro do mundo, que é a música, está tão distante dos pobres, pois aqueles que possuem tanto talento na voz ou nas mãos que são capazes de expressar as melodias mais divinas muitas vezes usam esse dom como algo para ganhar dinheiro? Não haverá mártires entre os mais talentosos deste mundo? Esse grande dom, tal como os outros, não poderá ser doado?"

E Henry Maxwell, mais uma vez, como antes, lembrou-se daquela outra plateia no Retângulo com um desejo crescente de uma maior propagação do novo conceito de discipulado. O que ele havia visto e ouvido na Comunidade confirmava ainda mais sua ideia de que o problema da cidade seria resolvido se os cristãos seguissem Jesus como Ele havia ordenado. Mas o que fazer com essa grande quantidade de pessoas, negligenciadas e pecadoras, o tipo de humanidade que o Salvador veio para resgatar, com todos os seus erros, insuficiências, misérias e falta de esperança, apesar de toda a sua amargura em relação à igreja? Era isso que mais o afligia. A igreja estava tão longe do Mestre que as pessoas já não o encontravam na própria igreja? Era verdade que a igreja havia perdido seu poder de influenciar o tipo de pessoas que, nos primeiros séculos do cristianismo, alcançara aos milhares? Até que ponto era verdade o que o líder socialista havia dito sobre não esperar que viessem da igreja a reforma ou a redenção, por causa do egoísmo, do isolamento e da aristocracia de seus membros?

Ele estava cada vez mais impressionado com a terrível verdade de que aquele grupo relativamente pequeno de pessoas naquele salão, agora em silêncio havia um tempo por causa da voz de Rachel, representava milhares de outras como elas, para quem uma igreja e um pastor representavam menos do que um bar ou uma cervejaria como fonte de conforto ou felicidade. Tinha de ser assim? Se todos os membros da igreja estivessem fazendo o que Jesus faria, o exército de pessoas pelas ruas à procura de emprego ainda seria uma realidade, com centenas delas amaldiçoando a igreja e outras milhares encontrando nos bares seu melhor amigo? Até que ponto os cristãos eram responsáveis por esse problema humano que estava tão bem representado nessa reunião? Será que as igrejas das cidades grandes em geral se recusariam a seguir os passos de Jesus tão de perto a ponto de sofrer, de fato sofrer, por amor a Ele?

Henry Maxwell continuou a fazer essas perguntas mesmo após Rachel ter terminado de cantar e a reunião ter chegado ao fim depois de uma confraternização que foi bem informal. Continuou com essas perguntas enquanto o pequeno grupo de residentes e os visitantes de Raymond estavam fazendo um culto devocional, como era costume na Comunidade. E continuou com elas durante uma reunião com o bispo e o doutor Bruce que durou até uma hora da manhã. E continuou enquanto se punha de joelhos mais uma vez antes de dormir e abria seu coração em uma súplica por um batismo espiritual como nunca se viu nas igrejas dos Estados Unidos. Foi a primeira coisa que pensou pela manhã e durante o dia enquanto percorria o distrito da Comunidade e observava as pessoas levando uma vida tão afastada da vida abundante. Os membros das igrejas, os cristãos, não apenas das igrejas de Chicago, mas por todo o país, se recusariam a seguir os passos de Jesus se, para isso, fosse necessário de fato tomar a cruz e segui-lo? Essa era a pergunta que nunca deixava de exigir uma resposta.

CAPÍTULO 31

Quando chegou a Chicago, Maxwell havia planejado retornar a Raymond para pregar em sua igreja no domingo. Entretanto, na manhã de sexta-feira na Comunidade, recebeu um convite do pastor de uma das maiores igrejas de Chicago para subir ao púlpito no culto da manhã e da noite.

A princípio, hesitou, mas, por fim, aceitou o convite, vendo nele o poder do Espírito a guiá-lo. Ele colocaria à prova a própria pergunta. Provaria se era verdade ou mentira a acusação feita contra a igreja na reunião da Comunidade. Até onde a igreja iria em seu espírito de sacrifício por amor a Jesus? Seguiria de perto os passos dele? A igreja estaria disposta a sofrer por seu Mestre?

Maxwell passou quase a noite inteira de sábado em oração. Nunca houve uma luta tão grande em sua alma, nem mesmo durante as experiências mais profundas que viveu em Raymond. Ele estava de fato experimentando algo novo. O conceito de seu discipulado estava sendo colocado à prova nesse momento, e ele estava sendo confrontado com uma verdade maior sobre o Senhor.

A grande igreja estava lotada na manhã de domingo. Henry Maxwell, subindo ao púlpito depois de uma vigília que durou a noite toda, sentiu a pressão de uma grande curiosidade por parte das pessoas. Como todas as igrejas, elas tinham ouvido falar do movimento em Raymond, e a recente atitude do doutor Bruce havia aumentado o interesse geral pelo compromisso. Além dessa curiosidade, existia algo mais profundo, mais sério. O senhor Maxwell sentia isso também. E, sabendo que a presença do Espírito era sua força viva, levou sua mensagem àquela igreja naquele dia.

Ele nunca havia sido o que chamaríamos de um grande pregador. Não tinha a força nem a qualidade que distinguem os pregadores notáveis. No entanto, desde que havia prometido fazer o que Jesus faria, ele havia adquirido certa qualidade de persuasão que tinha todos os elementos essenciais da verdadeira eloquência. Nessa manhã, as pessoas perceberam a completa sinceridade e humildade de um homem que havia chegado à essência de uma grande verdade.

Depois de falar brevemente sobre alguns resultados obtidos em sua igreja em Raymond desde que o compromisso foi assumido, ele prosseguiu para fazer a pergunta que vinha se fazendo desde a reunião na Comunidade. Havia escolhido como tema de sua mensagem a história do jovem que se aproximou de Jesus perguntando o que deveria fazer para obter a vida eterna. Jesus o havia colocado à prova. "Vá, venda tudo o que você possui e dê o dinheiro aos pobres, e você terá um tesouro no céu. Depois, venha e siga-me" (Mc 10.21). Entretanto, o jovem não estava disposto a sofrer tanto assim. Se seguir Jesus significava sofrer dessa maneira, ele não estava disposto. Ele gostaria de seguir Jesus, mas não se tivesse de dar tanto.

– É verdade – continuou Henry Maxwell, e seu rosto belo e pensativo irradiava a paixão do apelo que havia comovido as pessoas como raramente acontecia –, é verdade que a igreja de nossos dias, a igreja que leva o próprio nome de Cristo, se recusaria a segui-lo se isso significasse sofrimento, perda física, ganho temporário? Em uma grande reunião na Comunidade na semana passada, um líder dos trabalhadores declarou que era inútil recorrer à igreja para obter qualquer reforma ou redenção da sociedade. Em que se baseava essa declaração? É claro que no pressuposto de que fazem parte da igreja homens e mulheres que, em sua maioria, pensam mais "no próprio conforto e luxo" do que nos sofrimentos, nas necessidades e nos pecados das pessoas. Até que ponto isso é verdade? Os cristãos dos Estados Unidos estão dispostos a colocar seu discipulado à prova? E os homens que têm muitas riquezas? Eles estão prontos a tomar essa riqueza e usá-la como Jesus usaria? E os homens e mulheres de grande talento? Eles estão dispostos a consagrar esse talento à humanidade como Jesus, sem dúvida, faria?

Não é verdade que nossa geração está sendo chamada a apresentar um novo modelo de discipulado cristão? Vocês, que vivem nesta cidade grande e pecaminosa, devem saber disso melhor do que eu. É possível seguir com a vida sem se sensibilizar ou se preocupar com a terrível condição de homens, mulheres e crianças que estão morrendo, física e espiritualmente, por falta de ajuda dos cristãos? Não é motivo de preocupação para vocês que os bares matem milhares de pessoas, mais do que a guerra? Não lhes causa algum tipo de sofrimento saber que milhares de homens fortes e dispostos a trabalhar vagueiam pelas ruas desta cidade e de todas as cidades, clamando por trabalho e sendo levados ao crime e ao suicídio por não conseguirem encontrar nada? Vocês conseguem dizer que isso não lhes diz respeito? Que cada um cuide de si mesmo? Imaginem, não seria verdade que, se todo cristão neste país fizesse o que Jesus faria, a própria sociedade, o mundo dos negócios e, sim, o próprio sistema político sob o qual nossas atividades comerciais e governamentais são realizadas seriam tão diferentes que o sofrimento humano seria reduzido ao mínimo possível?

O que aconteceria se todos os membros das igrejas desta cidade procurassem fazer o que Jesus faria? Não é possível afirmar com detalhes qual seria a consequência disso. Mas é fácil dizer, e é verdade, que o problema humano começaria a encontrar uma resposta adequada no mesmo instante.

Qual é a prova do discipulado cristão? Não é a mesma dos tempos de Cristo? Nosso entorno mudou ou será que foi a prova que mudou? Se Jesus estivesse aqui hoje, não convocaria alguns membros desta igreja a fazer exatamente o que Ele ordenou ao jovem do texto bíblico e não lhes pediria que renunciassem as próprias riquezas e, literalmente, o seguissem? Acredito que Ele faria isso se tivesse certeza de que algum membro da igreja pensasse mais nos bens pessoais do que no Salvador. A prova seria a mesma hoje como foi na época. Creio que Jesus exigiria agora, e Ele exige, que o seguíssemos de perto, que sofrêssemos e negássemos a nós mesmos tanto quanto exigiu quando viveu neste mundo e disse: "Qualquer de vocês que não renunciar a tudo o que possui não pode ser meu discípulo". Ou seja, se você não estiver disposto a fazer isso por mim, não pode ser meu discípulo.

Quais seriam as consequências nesta cidade se todos os membros das igrejas começassem a fazer o que Jesus faria? Não é fácil dizer com detalhes quais seriam os resultados, mas todos sabemos que certas coisas que alguns membros das igrejas praticam hoje não seriam possíveis.

O que Jesus faria com a riqueza? Como Ele iria usá-la? Quais princípios orientariam a forma como Ele usaria o dinheiro? Será que Ele viveria com muito luxo e gastaria dez vezes mais com adornos pessoais e entretenimento do que gastaria para aliviar as necessidades dos que sofrem? O que orientaria Jesus na forma como ganharia dinheiro? Ele receberia aluguéis de bares e de outros imóveis com má fama ou mesmo de cortiços construídos de tal maneira que os moradores não tivessem o mínimo de conforto, privacidade e limpeza?

O que Jesus faria a respeito do grande número de desempregados e desesperados que vagueiam pelas ruas e amaldiçoam a igreja ou são indiferentes a ela, perdidos na terrível luta pelo pão que passa a ter um gosto amargo quando é ganho depois de tanto sacrifício? Jesus não se importaria com eles? Ele seguiria sua vida com tranquilidade e conforto? Diria que Ele não tinha nada a ver com isso? Ele se isentaria de toda responsabilidade de eliminar as causas de tal condição?

O que Jesus faria no meio de uma civilização que corre tanto atrás de dinheiro a ponto de as jovens que trabalham em grandes negócios não receberem um salário adequado para se manterem sem que enfrentem tentações terríveis e tão grandes, chegando muitas delas a caírem e serem arrastadas para o grande abismo? O que ele faria em lugares onde as exigências da profissão sacrificam centenas de rapazes em um negócio que ignora todos os deveres cristãos para com eles em se tratando de educação, ensino moral e afeto pessoal? Se estivesse aqui hoje e fizesse parte de nossa indústria comercial, Jesus não sentiria nada, não faria nada, não diria nada, diante desses fatos que todo homem de negócios conhece?

O que Jesus faria? Não é isso que o discípulo deveria fazer? Ele não recebe a ordem de seguir os passos de Jesus? Até que ponto o cristianismo de nossa era está sofrendo por Jesus? Ele está negando a si mesmo, renunciando ao bem-estar, ao conforto, ao luxo e a uma vida cheia de requinte? Do que nossa era mais precisa senão de sacrifício pessoal? A igreja está cumprindo seu dever de seguir Jesus quando doa um pouco de dinheiro para realizar missões ou aliviar casos extremos de necessidade? Para um homem com uma fortuna de dez milhões de dólares, doar dez mil para uma obra de caridade implica algum sacrifício? Ele não está doando algo que não lhe custa praticamente nada em se tratando de algum sofrimento pessoal? É verdade que os discípulos cristãos na maioria de nossas igrejas estão levando uma vida tranquila, fácil e egoísta, bem longe de qualquer sacrifício que possa ser considerado como tal? O que Jesus faria?

O que o discipulado cristão precisa enfatizar é o elemento pessoal. 'Doar sem se doar é algo superficial.' O cristianismo de Cristo não é o que tenta terceirizar o sofrimento. Cada homem de negócios cristão, como cidadão, precisa seguir os passos de Jesus ao longo do caminho do sacrifício pessoal por Cristo. O caminho a ser trilhado hoje não é diferente daquele dos tempos de Jesus. É o mesmo caminho. O chamado deste século e do próximo é um chamado a um novo discipulado, um novo modo de seguir Cristo, mais parecido com o cristianismo apostólico simples e primitivo, quando os discípulos deixavam tudo e literalmente seguiam o Mestre. Nada além de um discipulado nesses moldes pode enfrentar o egoísmo destrutivo do século com alguma esperança de vencê-lo. Existe um grande número de cristãos nominais hoje. Há necessidade de mais cristãos verdadeiros. Precisamos do avivamento do cristianismo de Cristo. De maneira inconsciente, preguiçosa, egoísta e formal, chegamos a um discipulado que o próprio Jesus não reconheceria. Ele diria a muitos de nós quando clamássemos "Senhor, Senhor": "Nunca os conheci!" (Mt 7.21,23). Estamos dispostos a tomar nossa cruz? É possível para esta igreja cantar com toda a verdade as seguintes palavras: "Tua cruz eu tomo; deixo tudo para te seguir"? Se pudermos cantar isso de todo o coração, então podemos afirmar que somos verdadeiros discípulos. Todavia, se ser cristão para nós é simplesmente desfrutarmos dos privilégios da adoração, sermos generosos sem que isso nos custe qualquer coisa, termos momentos bons e agradáveis cercados por amigos queridos e prazeres, levarmos uma vida respeitável e, ao mesmo tempo, evitarmos o grande estresse causado pelo pecado e pela angústia no mundo por ser uma dor muito grande para carregarmos... se essa for a nossa definição de cristianismo, com certeza estamos muito longe de seguir os passos daquele que trilhou seu caminho com gemidos, lágrimas e soluços de angústia pela humanidade perdida; que suou, como dizem, grandes gotas de sangue, que gritou do alto da cruz: "Meu Deus! Meu Deus! Por que me abandonaste?" (Mt 27.46).

Estamos dispostos a desenvolver e a viver um novo discipulado? Estamos dispostos a reconsiderar nossa definição do que é ser cristão? O que é ser cristão? É imitar Jesus. É fazer o que Ele faria. É seguir seus passos."

Quando terminou o sermão, Henry Maxwell fez uma pausa e olhou para as pessoas com uma expressão que jamais esqueceriam e que, naquele momento, não entenderam. Apinhados naquela igreja sofisticada naquele dia estavam centenas de homens e de mulheres que havia anos levavam a vida fácil e satisfeita de um cristianismo nominal. Um grande silêncio sobreveio à congregação. Em meio ao silêncio veio à consciência de todos os presentes a percepção, agora estranha para eles há anos, de um Poder de Deus. Todos esperavam que o pregador convocasse voluntários para fazer o que Jesus faria. Todavia, Maxwell foi levado pelo Espírito a entregar a mensagem dessa vez e esperar pelos resultados.

Ele encerrou o culto com uma oração sensível que manteve a Presença de Deus com todos os ouvintes, e as pessoas foram se levantando devagar para ir embora. Então se seguiu uma cena que teria sido impossível se um simples homem estivesse sozinho em seus esforços para obter resultados.

Um grande número de homens e mulheres se aglomerou em torno do púlpito para falar com o senhor Maxwell e fazer-lhe a promessa de que assumiriam o compromisso de fazer o que Jesus faria. Foi um movimento voluntário e espontâneo que atingiu sua alma com um resultado que ele não podia imaginar. Mas ele não havia orado por isso? Era uma resposta que ia além de satisfazer seus anseios.

Logo depois disso, houve uma reunião de oração que, aparentemente, repetiu a experiência em Raymond. No culto da noite, para a alegria do senhor Maxwell, quase todos os que participavam da Christian Endeavor Society foram à frente, assim como muitos membros haviam feito pela manhã, e, de maneira séria, solene e carinhosa, assumiram o compromisso de fazer o que Jesus faria. Quase no término, veio sobre a reunião uma grande onda de batismo espiritual que foi indescritível em seus resultados em termos de afeto, alegria e empatia.

Foi um dia memorável na história daquela igreja, mas ainda mais na história de Henry Maxwell. Ele saiu da reunião muito tarde. Foi para seu quarto na Comunidade, onde ainda estava hospedado, mas antes conversou por uma hora com o bispo e o com o doutor Bruce, recapitulando com alegria os maravilhosos acontecimentos do dia, e depois se sentou para refletir sozinho sobre toda a experiência que estava vivendo como discípulo cristão.

Ajoelhou-se para orar, como sempre fazia antes de dormir, e foi enquanto estava de joelhos que teve uma visão de como poderia ser o mundo quando o novo discipulado fizesse parte da consciência da cristandade. Ele estava plenamente ciente de estar acordado, e também certo de ter visto alguns resultados com grande clareza, em parte como realidades do futuro e, em parte, como grandes anseios que poderiam se concretizar. E foi isto que Henry Maxwell viu nessa visão em que estava acordado:

Primeiro, ele se viu de volta à Primeira Igreja em Raymond, vivendo ali de uma maneira mais simples e mais abnegada do que estava disposto a viver naquele momento, pois enxergou maneiras pelas quais poderia ajudar outras pessoas que de fato dependiam de sua ajuda. Viu também, de maneira mais vaga, que chegaria o momento em que sua posição como pastor da igreja ia levá-lo a sofrer mais por causa da crescente oposição à maneira como interpretava Jesus e a conduta de seu Mestre. Mas isso aparecia vagamente na visão. Em meio a tudo, ouviu as palavras: "Minha graça é suficiente para você" (2Co 12.9).

Viu Rachel Winslow e Virginia Page dando continuidade ao trabalho no Retângulo e estendendo as mãos amorosas para ajudar as pessoas além dos limites de Raymond. Viu Rachel casada com Rollin Page e ambos totalmente consagrados à obra do Senhor, ambos seguindo os passos de Jesus com uma disposição maior e purificada pelo amor que um sentia pelo outro. E Rachel ainda a cantar nos bairros pobres e lugares sombrios de desespero e de pecado, trazendo almas perdidas de volta para Deus e para o céu mais uma vez.

Viu o senhor Marsh, o diretor da faculdade, usando seu grande aprendizado e sua grande influência para limpar a cidade, enaltecer o patriotismo e inspirar os jovens que o estimavam e admiravam a uma vida de serviço cristão, sempre ensinando-lhes que a educação implica grande responsabilidade pelos fracos e pelos ignorantes.

Viu Alexander Powers enfrentando duras provações em sua vida familiar, com uma constante tristeza pelo afastamento da esposa e dos amigos, mas ainda seguindo em frente com toda a honra, servindo com todas as suas forças ao Mestre a quem obedecia, ainda que isso lhe tenha causado a perda de sua posição social e de sua riqueza.

Viu Milton Wright, o comerciante, enfrentando grandes adversidades. À mercê do futuro por causa de uma combinação de circunstâncias, com vastos interesses comerciais em questão arruinados, não por sua culpa, mas emergindo de suas adversidades com a honra digna de um cristão para recomeçar e chegar a uma posição em que poderia ser de novo para centenas de jovens um exemplo daquilo que Jesus faria nos negócios.

Viu Edward Norman, editor do *News*, graças ao dinheiro oferecido por Virginia, ganhar força no jornalismo e, com o tempo, ser reconhecido como um dos fatores reais que moldaram os princípios e de fato a política da nação, um exemplo diário da força de uma imprensa cristã, e à frente do primeiro de uma série de jornais desse tipo iniciados e conduzidos por outros discípulos que também haviam assumido o compromisso.

Viu Jasper Chase, que havia negado seu Mestre, levando uma vida fria, cética e formal, escrevendo romances que eram sucesso entre o público, mas sempre marcados por uma dor, pelo lembrete de sua negação, pelo amargo remorso que, por mais que ele fizesse, nenhum sucesso social poderia remover.

Viu Rose Sterling, dependendo por alguns anos da tia e de Felicia, finalmente casada com um homem muito mais velho, aceitando o fardo de um relacionamento que não tinha amor de sua parte, por causa de seu desejo de ser esposa de um homem rico e de desfrutar dos luxos materiais que eram tudo na vida para ela. Sobre a vida de Rose, Maxwell viu algumas sombras escuras e horríveis, mas elas não apareceram com detalhes.

Viu Felicia e Stephen Clyde casados e felizes, levando uma bela vida juntos, empolgados, alegres no sofrimento, prestando seu grande, forte e aromático serviço nos lugares pesados, sombrios e terríveis da cidade grande e resgatando almas por meio do toque pessoal de seu lar, dedicado à Saudade do Lar Celestial que ronda todos os seres humanos.

Viu o doutor Bruce e o bispo continuarem com o trabalho na Comunidade. Parecia ter visto ainda maior o grande lema à porta de entrada que dizia "O que Jesus faria?" e, por causa desse lema, todos os que entravam na Comunidade passavam a seguir os passos do Mestre.

Viu Burns, o ex-companheiro de crime dele e um grande grupo de homens como eles redimidos e, por sua vez, se dedicando aos outros, vencendo seus vícios pela graça de Deus e provando, por meio de sua vida diária, a realidade do novo nascimento, mesmo no meio dos homens mais vis e mais desamparados.

E nesse momento a visão ficou tumultuada. Pareceu-lhe que, ao se ajoelhar e começar a orar, a visão era mais um anseio por um futuro do que uma realidade no futuro. A igreja de Jesus na cidade e por todo o país! Ela seguiria Jesus? O movimento iniciado em Raymond chegaria a algumas igrejas como a da Nazareth Avenue e aquela onde ele havia pregado naquela noite e depois desapareceria como um movimento local, uma agitação superficial, sem longo alcance e profundidade? Sentiu novamente certa agonia após a visão. Pensou ter visto a igreja de Jesus nos Estados Unidos abrir o coração para a ação do Espírito e levantar-se para sacrificar sua comodidade e autossatisfação no nome de Jesus. Pensou ter visto o lema "O que Jesus faria?" inscrito na porta de todas as igrejas e gravado no coração de todos os membros da igreja.

A visão desapareceu. E voltou mais clara do que antes, e ele viu as Christian Endeavor Societies [Sociedades de Jovens Cristãos] de todo o mundo, em grandes fileiras em alguma convenção poderosa, carregando bandeiras nas quais estava escrito "O que Jesus faria?". E ele pensou ter visto no rosto dos jovens uma alegria no futuro em meio ao sofrimento, à perda, à renúncia e ao martírio. E, quando essa parte da visão começou a desaparecer lentamente, viu a figura do Filho de Deus acenando para ele e para todos os outros personagens que fizeram parte de sua história de vida. Um coral de anjos estava cantando. Era como o som de muitas vozes e um grito como o de uma grande vitória. E a figura de Jesus era cada vez mais magnífica. Maxwell estava no fim de um longo lance de escadas. "Sim! Sim! Ó, meu Mestre, não é chegado o tempo de despontar o milênio da história do cristianismo? Ó, faz sobrevir a luz e a verdade à cristandade desta era! Ajuda-nos a seguir-te até o fim!"

Por fim, ele se levantou com o assombro de quem havia olhado para coisas celestiais. Sentiu como nunca as forças e os pecados do homem no mundo. E com uma esperança que anda de mãos dadas com a fé e o amor, Henry Maxwell, discípulo de Jesus, deitou-se para dormir e sonhou com a regeneração da cristandade, e, no sonho, viu uma igreja de Jesus sem manchas, sem rugas ou qualquer coisa do tipo, seguindo Jesus até o fim, andando obedientemente nos passos dele.